111 GRÜNDE, PADDELN ZU GEHEN

Arno Boes

111 GRÜNDE, PADDELN ZU GEHEN

Entspannung, Abenteuer, Freizeit und Leistung – mit dem Kanu unterwegs

SCHWARZKOPF & SCHWARZKOPF

INHALT

schaften setzt • Weil Kanu-Polo eine Bundesliga hat • Weil auch der Trendsport Freestyle Weltmeister kürt • Weil der Kanusport für einen sauberen Sport steht

Weil Fritz Briel den Urtyp des Kanurennsports verkörperte • Weil Detlev Lewe ein Vorbild für eine ganze Region war • Weil Andreas Dittmer ein erfolgreicher »Indianer« ist • Weil Sebastian Brendel ein Ausnahmeathlet ist • Weil die bisher erfolgreichste deutsche Olympiasportlerin Kanutin ist • Weil Bälle, Boot und Baby bei Edina Müller eine Rolle spielen • Weil Tony Estanguet seine olympische Sportkarriere auch ohne Boot fortsetzt • Weil Ulrich Feldhoff ein heute noch prägender Präsident war • Weil Joachim Weiskopf ein wichtiger Partner bei der deutschen Wiedervereinigung war

Weil der Deutsche Kanu-Verband ein Partner aller Paddler ist • Weil Sicherheit beim Paddeln ein Muss ist • Weil man fast überall paddeln kann • Weil Paddler die Natur achten und schützen • Weil Pegelstände für Kanuten ein wichtiger Messwert sind • Weil Kanu-Stationen ein beliebter Anlaufpunkt bei Touren sind • Weil man seine Touren nicht selbst planen muss • Weil internationale Touren das Salz in der Suppe sind • Weil viele Gewässer im Ausland locken • Weil jeder Tag »Kanu« sein kann • Weil viel Paddeln Anerkennung bringt

Weil man einfach mal loslegen kann • Weil ein Einstieg in den Kanusport durch den Kanuverleih möglich ist • Weil eine umfassende Ausbildung den Kanusport erst richtig zum Erlebnis macht • Weil viele Kanuschulen eine gute Auswahl ermöglichen • Weil der DKV Ausbildung mit Qualität sicherstellt • Weil gut ausgebildete Trainer im Breiten- und Leistungssport tätig sind • Weil man rund um den Kanusport noch viel mehr lernen kann • Weil die Eskimorolle überlebenswichtig sein kann • Weil der

EPP eine Art Führerschein ist • Weil Paddeln ein Familiensport ist • Weil man zum Paddeln keine teure Ausrüstung braucht

REIN INS BOOT UND LOS GEHT'S!

»Schreib doch mal ein Buch über eine Urlaubsreise! – Okay, wohin soll's gehen? – Egal!« Mit diesem Eindruck, diesem Gefühl saß ich vor den ersten damals noch weißen Seiten dieses Buches. Das Thema Paddeln war klar, aber wie soll ich es anpacken? In welche Richtung soll der Inhalt gehen? Ein Fachbuch für Experten, die sowieso schon alles über den Kanusport wissen? Oder ein Lehrbuch für Anfänger, die vielleicht noch nie in einem Kajak oder Kanu gesessen haben und es nun doch mal versuchen wollen? Wie also soll der – neudeutsch genannte – Plot für das Buch aussehen?

»In die Berge oder an die See?« – so lautet meist die klassische erste Frage bei der Urlaubsplanung. Und so ähnlich war es auch bei diesem Buch. »Leistungs- oder Freizeit- und Breitensport?« Wie wohl die meisten von uns in ihrem Leben schon mal eine Bergwanderung unternommen haben oder sich ein paar Strandtage an einer Meeresküste gegönnt haben, so fiel dann auch die Antwort für dieses Buch aus: »Von allem etwas!«

Der Kanusport in Deutschland definiert sich in der Öffentlichkeit vor allem über die großen Erfolge bei Olympischen Spielen, Welt- und Europameisterschaften. In keiner anderen Sportart haben deutsche Athletinnen und Athleten so viele Medaillen und Titel gesammelt wie im Kanusport. Das gilt sowohl für die Zeit, in der Aktive aus Ost und West für ihre jeweiligen Verbände an den Start gingen, wie auch für die großen Wettkämpfe seit 1990 bis in die aktuellen Jahre. Der Kanusport hat Geschichte und viele Geschichten im deutschen Sport geliefert. Einigen daran Beteiligten, Sportlern wie auch verantwortlichen Sportführern, sind einige Seiten in diesem Buch gewidmet. Sie sollen zeigen, dass der Kanusport auf besondere Weise das Leben der Protagonisten prägen kann. Siege und Niederlagen sind eine gute Schule für den Charakter und spornen an, um für sich ein ganz eigenes Profil mit dem Sport als Mittelpunkt zu entwickeln. Der Leistungssport setzt da besondere Herausforderungen und ist mitverantwortlich für das Bild, das man in der Öffentlichkeit vom Kanusport hat.

Den weit größeren Rahmen des Gesamtbildes dieser Sportart braucht man aber für den Freizeit- und Breitensport. Und damit war dann auch schnell klar, dass sich dies auch in diesem Buch niederschlagen wird. Spätestens, wenn man sich die vielen verschiedenen Disziplinen im Kanusport, die nahezu unbegrenzte Anzahl an befahrbaren Gewässern vom still daliegenden Tümpel über die reißenden Wildwasserflüsse der Gebirge bis hin zu Meeresküsten und Ozeanen anschaut und die umfangreiche Liste von Booten, ihren Formen und dem Zubehör durchgeht, erkennt man, was alles im Kanusport steckt. Da können 111 Gründe nicht in die letzte Tiefe der Sportart eindringen, da muss es dann doch eine Mischung sein, die etwas für Interessierte, mögliche Einsteiger, leicht Erfahrene und Umsteiger zwischen den Disziplinen bietet. Somit findet man etwas über die zahlreichen Formen des Kanusports, zur Historie und Entwicklung der Sportart und zu Grundlagen, die man als Anfänger wissen und beherrschen sollte. Booten, Material, Zubehör und Ausrüstungsgegenständen, die sich zum Einstieg eignen und dann mit der Erfahrung ändern und ergänzen können, widmen sich ebenfalls viele der Gründe.

Der Kanusport als Urlaubsreise? Ja, auch das geht auf Touren in aller oder auch rund um die Welt. Selten steht dabei ein Katalog für die Planung zur Verfügung, aber genau diese Individualität der Paddler, die überwiegend ihre Fahrten und Touren ganz auf sie persönlich zugeschnitten vorbereiten und durchführen, ist mit den zahlreichen Möglichkeiten einer Urlaubsreise vergleichbar. Nimmt man die sportliche Kameradschaft in der Paddelfamilie hinzu, schaut sich an, welch großes Potenzial für die eigene Freizeitgestaltung in Gemeinschaftsfahrten, bei großen Treffen und Paddel-Festivals steckt, versteht man bald, warum Paddeln nicht nur einfach ein Sport ist, sondern zum Lebensinhalt werden kann. Dieses Buch kann dazu ein Leitfaden sein, gute Gründe liefert es in jedem Fall.

Zwei Dinge möchte ich noch an dieser Stelle verdeutlichen. In meinem über 50-jährigen Sporttreiben habe ich die vielen Möglichkeiten kennenlernen dürfen, die man in einem Verein oder Verband geboten bekommt. Deshalb ist an vielen Stellen in diesem Buch auch Bezug genommen auf das Engagement der Kanuverbände. Hier findet man die Experten, die einem mit ihrer Erfahrung das eigene Erleben im Sport bereichern können. Es geht im Kanusport auch ohne eine solche Unterstützung, aber mit ihr wird es doch interessanter.

Und um aller Diskussion vorzubeugen, sei hier auch gleich erklärt, dass zur besseren Lesbarkeit der Texte in diesem Buch meist die Schreibweise in männlicher Form gewählt wurde. Das soll in keinem Fall missverständlich gedeutet werden. Der Kanusport ist für alle Geschlechter gleichermaßen interessant und zugänglich. Er ist vor allem ein Sport für die ganze Familie, und das wird auch durch die im Buch erwähnten großen sportlichen Erfolge der Kanutinnen unterstrichen.

Deshalb – gehen Sie mit mir auf die Reise. Steigen Sie ein ins Boot, machen Sie die ersten Paddelschläge, und dann werden Sie noch viel mehr ganz eigene Gründe finden, warum es sich lohnt, paddeln zu gehen.

Arno Boes

1. KAPITEL

GRUNDLAGEN, HISTORIE UND GEMEINSCHAFT

Weil wohl schon die Urmenschen gepaddelt haben

Wann genau der Urmensch in der Geschichte unserer Erde zeitlich anzusiedeln ist, darüber streiten sich die Gelehrten und Forscher. Dazu trägt auch bei, dass man immer mal wieder neue Frühformen der Gattung Mensch entdeckt, aus denen dann die Wissenschaft neue oder abgeänderte Theorien für die Entwicklung der Menschen ableiten. Die Zahlen schwanken da in einem Zeitraum von etwa 23,5 Millionen bis 2,5 Millionen Jahren.

Irgendwann also in dieser Zeit dürften die damaligen Menschen festgestellt haben, dass bestimmte Bäume und Pflanzen auf dem Wasser schwimmen. Und irgendwann wird sich dann auch ein Mutiger oder eine Mutige daraufgesetzt haben und so unbewusst das erste Wasserfahrzeug der Menschheit erfunden haben. Von da aus ist es dann nur noch ein kleiner Schritt, die Hände und Arme ins Wasser zu tauchen, sie nach hinten oder vorne zu bewegen, um so festzustellen, dass man auf diese Weise die bisher den Lebensraum begrenzende Wasserfläche überwinden kann. Freilich, es wird nicht ganz ohne Unfälle und Verluste abgegangen sein, aber der erste Schritt zum Paddeln war damit sicher gemacht, die Neugier der Urmenschen auf weitere Bewegung auf dem Wasser mithilfe von Baumstämmen, verschlungenen Pflanzen oder Ähnlichem dürfte geweckt worden sein. Dienten zunächst die eigenen Arme und Hände als Paddel, wird dann sicher irgendwann jemand zu einem Stück Holz gegriffen haben, um tiefer ins Wasser eintauchen zu können oder um die eigenen Arme zu verlängern. Auch wenn es dazu keine Überlieferungen gibt und die bisher gefundenen Zeichnungen der damaligen Zeit in den verschiedenen Höhlen mehr Jagd- als Bootsszenen zeigen, kann man mit etwas Fantasie diese Aktivitäten der Urmenschen sicher als das Urpaddeln ansehen. Mit dem Kanusport der heutigen Zeit hatte das

sicher noch nichts zu tun, der entwickelte sich erst viele Millionen
Jahre später. Aber immerhin, ein Anfang war gemacht.

Ob es nun in der wohl eher gutturalen Sprache der Urmenschen
schon ein eigenes Wort für dieses Fortbewegen auf dem Wasser
gab, ist auch nicht überliefert. Erst sehr viel später finden sich in der
Menschheitsgeschichte Begriffe, aus denen sich die Worte »Kanu«
und »Paddel« ableiten lassen. Und bis es dann zu einer Sportart wurde, dauerte es auch noch ein paar Jahrhunderte.

2. GRUND

Weil aus einem Baum ein Einbaum wurde

Der Einbaum wird gemeinhin als das Boot der Indio-Völker Südamerikas angesehen. Wie immer mal wieder in Dokumentationen
im Fernsehen zu sehen, gilt das wohl auch noch bis zum heutigen
Tag. Doch nicht nur im Dschungel des Amazonas kommen die aus
einem Baumstamm durchgehend gefertigten Gefährte zum Einsatz,
auch in Europa und Afrika fuhren schon vor einigen Tausend Jahren
die Menschen mit Einbäumen über das Wasser. Das lassen zumindest archäologische Funde vermuten. In den Niederlanden fand man
einen Einbaum, der wohl aus der Zeit etwa 8000 v. Chr. stammt.
Ähnlich alt sind wohl auch Boote aus der Gegend von Stralsund
in Mecklenburg-Vorpommern und aus dem afrikanischen Nigeria.
Auf ein Alter von etwa 7000 Jahren wird ein vollständig erhaltenes
Exemplar geschätzt, das man 1993 in einem See in Italien fand.

Wie diese Einbäume nun gefertigt wurden, dazu gibt es verschiedene Theorien und wohl auch Bearbeitungsmethoden. Meist wurden
die Stämme in der Frühzeit wohl mit Äxten und ähnlichen Werk-
zeugen ausgehöhlt, Funde belegen aber auch, dass dabei schwelende
Feuer genutzt wurden. So wie die handwerklichen Fertigkeiten der
Menschen sich entwickelten, so kamen auch immer neue Werkzeuge

dazu. Einbäume wurden bis ins 19. Jahrhundert u.a. auch im Spree-wald benutzt. Da kann man sicher davon ausgehen, dass sich im Lau-fe der Jahrhunderte die Kunst der Bootsbauer erheblich verändert haben dürfte. In jedem Fall waren die Einbäume wohl ein beliebtes Wasserfahrzeug über alle diese Epochen mit vielen Variationen in Größe, Ausführung und Ausbauten. Transportiert wurde so ziemlich alles, bei großen und robusten Ausführungen hat man Tragfähig-keiten von bis zu 70 Personen ausgemacht.

Nun gut, der Einbaum ist nicht gerade ein Sportgerät, aber die Fortbewegung auf dem Wasser mittels Muskelkraft und mit Paddeln war es sicher eine grundlegende Erfindung der Menschheit.

3. GRUND

Weil ein Einbaum auch mal politisch wurde

An dieser Stelle ein kleiner Exkurs in die jüngere Geschichte: Die NRW-Landeshauptstadt Düsseldorf war in der zweiten Hälfte des 20. Jahrhunderts vor allem durch ihre Bedeutung für die Mode und die Kunst eine Metropole. Zu den bekanntesten und auch gleich-zeitig umstrittensten Künstlern, die in Düsseldorf wirkten, gehörte zweifelsohne Joseph Beuys (1921–1986). 1961 wurde er an die da schon renommierte Kunstakademie in Düsseldorf als Professor für »monumentale Bildhauerei« berufen. Ein Prinzip von Beuys war stets, dass junge Menschen sich nicht durch Mustermappen oder einen Numerus Clausus für ein Kunststudium qualifizieren müssten, sondern dass grundsätzlich alle Bewerber um einen Kunst-Studien-platz diesen auch erhalten sollen. Das stand im krassen Gegensatz zur Auffassung des NRW-Wissenschaftsministeriums, damals ge-führt von Johannes Rau, dem späteren NRW-Ministerpräsidenten und Bundespräsidenten. 1971 kam es darüber zum heftigen Streit, als Beuys alle 142 in dem Jahr abgelehnten Studenten in seine

Akademieklasse aufnahm. Das Ministerium lehnte die Einschreibung der Studenten ab, und so besetzte Beuys mit 17 Studenten das Sekretariat der Akademie. Nach einigen Gesprächen willigte das Ministerium schließlich ein, diese Studenten aufzunehmen, sprach aber gleichzeitig an Beuys die Warnung aus, ein solches Verhalten des Professors zukünftig nicht mehr zu tolerieren. Beuys war Beuys, und so setzte er sich trotz der klaren Anweisung des Ministers auch 1972 über den Aufnahmestopp hinweg und besetzte erneut das Sekretariat. Daraufhin entließ Minister Rau den unbequemen Professor fristlos. Es folgte ein Rechtsstreit, der erst 1980 vor dem Bundesarbeitsgericht mit einem Vergleich endete. Beuys durfte seine Arbeitsräume in der Akademie weiter nutzen und auch den Professorentitel weiterführen, dafür akzeptierte er die Auflösung seines Arbeitsvertrages mit dem Land NRW.

Und was hat das nun alles mit einem Einbaum zu tun? Die Auflösung folgt jetzt: Zu den Schülern von Joseph Beuys in Düsseldorf gehörte von 1964 bis 1972 auch ein gewisser Karl-Heinz Herzfeld (1931–2019), besser bekannt unter seinem Künstlernamen Anatol. Nach einer Lehre als Kunstschmied trat Herzfeld 1953 in den Polizeidienst ein, bis zu seiner Pensionierung 1991 war er als freundlicher Polizeibeamter vor allem Kindern bekannt. Anatol war nämlich der Puppenspieler der Polizei, der mit seinen Programmen durch die Grundschulen des Landes zog und in kurzweiligen und spielerischen Formen den Unterricht mit dem Thema »Verkehrserziehung« bereicherte. Ich erinnere mich, dass er damit auch in meiner Grundschule im Düsseldorfer Süden irgendwann zwischen 1962 und 1966 gastierte. Diese Aufgabe ließ dem Künstler Anatol genügend Raum, um bei Joseph Beuys noch nebenbei das Studium der Bildhauerei zu absolvieren. Als sein Lehrmeister, zu dessen engem Freundeskreis er inzwischen gehörte, nun 1972 entlassen worden war, wollte Anatol eine Protestaktion starten, die größtmögliche Aufmerksamkeit erregen sollte. Ziel war es natürlich, den geschassten Professor wieder in die Akademie zurückzuholen. Anatol fand einen etwa 30 Meter langen Pappelstamm, den er mit Helfern im Herbst 1973 auf der Terrasse der Kunstakademie aushöhlte und zum Einbaum mit dem Namen »Das Blaue Wunder« machte. Damit überquerte er mit Joseph Beuys und einigen Freunden an Bord am 20. Oktober 1973 den Rhein. Vom linksrheinischen Stadtteil Oberkassel ging es auf die gegenüberliegende Seite, wo man etwa auf Höhe der Kunstakademie anlandete. Natürlich waren vorher die Medien und die Düsseldorfer Öffentlichkeit umfassend informiert worden, und so verfolgten zahlreiche Augenzeugen die spektakuläre Aktion vom Ufer und von Booten aus. Letztlich blieben die Bemühungen Anatols vergeblich, die Auflösung des Arbeitsverhältnisses seines Lehrmeisters und Freundes mit der Kunstakademie Düsseldorf wurde nicht rückgängig gemacht. Aber noch heute spricht man in den einschlägigen Kneipen der Düsseldorfer Altstadt und in der nach wie vor vorhandenen Künstlerszene von diesem Einbaum. Auch später noch widmete sich Anatol in dem ein oder anderen Werk der Verbindung zwischen Wasser und Booten, etwa in seinem »Traumschiff Tante Olga«. Der Einbaum aber blieb einzigartig. Anatol lebte zuletzt im »Museum Insel Homboich« in Neuss, also ganz in der Nähe des Ortes seiner Einbaum-Aktion. Verstorben ist er im niederrheinischen Moers.

4. GRUND

Weil es zwei Arten des Paddelns gibt

Nach dem Ausflug in die Kunst im vorigen Grund kehren wir jetzt zurück zu den Grundlagen des Paddelns. Für den Laien mag das auf den ersten Blick einfach nur der »Kanusport« sein, die Experten unterscheiden aber da deutlich zwischen dem Kanu und dem Kajak.

Wie kann man nun als Anfänger – man ist ja vermutlich erst nach dem vollständigen Lesen dieses Buches ein Fachkundiger – mit einem Blick erkennen, um welche Gattung des Kanusports es sich handelt? Eigentlich ziemlich einfach: Ein Kajak wird mit einem Doppelpaddel gefahren. Das gilt für den Einzelfahrer genau so wie für ein Mannschaftsboot. Dabei sitzen der oder die Paddler meist in der Bootsmitte und haben ein Paddel in der Hand, das an jedem Ende seines Schaftes ein Paddelblatt hat. Das wird abwechselnd links und rechts ins Wasser getaucht und zum Antrieb des Boots durch das Wasser gezogen. Ein Ursprung dieser Technik und der Bootsgattung liegt wohl bei den Eskimos, den indigenen Völkern aus dem nördlichen Polargebiet, die sich in die beiden Hauptgruppen »Inuit« aus den Gebieten in Nordamerika und Grönland sowie die »Yupik« aus dem Bereich um Russland und Alaska aufteilen. Sie besaßen vor allem Einerkajaks, die sie zur Jagd auf Robben und Seehunde einsetzten. Diese Boote bestanden aus einem Rahmen aus Holz oder Knochen, um den dann Tierfelle gespannt wurden, sodass der gesamte Rumpf bis auf den Sitz komplett geschlossen war. Diese Boote waren leicht und wendig, also ideal für die Jagd. Auch heute noch werden von den naturverbundenen Völkern im Norden Amerikas oder Grönlands diese Boote gebaut, wobei statt der Felle vor allem imprägnierte Leinwand als Bespannung zum Einsatz kommt. Diese Bauform war dann auch Vorlage für die später in Deutschland populären Faltboote, die bis heute ihren großen Freundeskreis haben und die nach wie vor unter Verwendung moderner Materialien gebaut werden. Anfang des 19. Jahrhunderts kamen vereinzelt diese Boote über England auch nach Deutschland, wo sie zunächst unter dem Begriff »Grönländer« bekannt waren. Dazu weitere Details in einem späteren Grund.

Als zweite Variante kommen wir dann folgerichtig zum Kanu. Im Gegensatz zum Doppelpaddel wird diese Bootsgattung mit einem einfachen Paddel, dem Stechpaddel, bewegt. Dabei ist am Schaft des Sportgerätes nur an einem Ende ein Blatt vorhanden, am anderen Ende befindet sich meist ein Handgriff. Wie der Name schon sagt, wird dieses Stechpaddel senkrecht ins Wasser »gestochen« und dann mit einem Durchzug das Boot bewegt.

Ein Urkanu datiert etwa aus der Zeit 4000 v. Chr., einem am Euphrat gefundenen Boot wird das entsprechende Alter zugeordnet. Der als Erstes ins Auge fallende Unterschied zum Kajak ist die offene Bauweise ohne Deck. Der Rumpf entspricht dem eines Kajaks, die Fläche zwischen den Bordwänden rechts und links ist aber meist nicht abgedeckt. Somit kann das Kanu von mehreren Insassen mit den Paddeln angetrieben werden, wobei sich die Paddler, Kanuten genannt, meist rechts und links verteilen. Das Boot kann aber auch von einem einzelnen Paddler genutzt werden. Dabei setzt er das Paddel abwechselnd mal auf der einen oder anderen Seite des Bootes ins Wasser. Moderne Rennboote werden auch als Einer gefahren, wobei das Gefährt durch eine asymmetrische Bauform sowie gekonnte Blattführung durch das Wasser in der Spur gehalten wird, ohne ständig die Seite zu wechseln. Im heutigen Rennsport kommen auch Zweier und Vierer zum Einsatz, die dann wieder symmetrisch gebaut sind und bei denen die Sportler verteilt auf den Seiten paddeln. Auch dazu mehr in einem späteren Grund.

Eine andere Bezeichnung für die Kanus lautet Kanadier. Das ist zurückzuführen auf die Boote, die von nordamerikanischen Indianern gebaut und genutzt wurden. Zunächst kam Birkenrinde für den Bootsrumpf zum Einsatz, später dann Holz und Leinwände, um die an beiden Enden spitz zulaufende Bootsform herzustellen. Als Sitze für die Sportler dienen in Freizeit- und Breitensportbooten meist hoch zwischen den Bordwänden befestigte Sitzbänke. In den Booten für den Rennsport oder für den Einsatz im Wildwasser findet man Sitzblöcke, auf denen die Aktiven rittlings Platz nehmen oder sich darüberknien. Typisch für die modernen Rennboote ist die Variante, bei denen die Sportler mit rechtwinklig gebeugten Beinen im Boot aktiv sind, dabei ein Fuß auf dem Bootsboden steht, das andere Bein im Boot kniet. Aktuell und ehemals erfolgreiche Protagonisten dieser Rennklassen werden ebenfalls in einem späteren Grund vorgestellt.

Die ursprüngliche Verwendung der Kanadier war ähnlich dem Einsatz der Kajaks. Auch mit diesen Booten gingen die nordamerikanischen Indianer auf Jagd oder Fischfang. Durch die offene Bauweise konnten die Boote gut für den Transport von Menschen und Waren genutzt werden. Meist recht breit gebaut, haben auch heute noch moderne Kanus einen geringen Tiefgang, womit man sie also in flachen Gewässern mit Hindernissen oder Stromschnellen einsetzen kann.

Mit diesen grundsätzlichen Erklärungen der beiden unterschiedlichen Varianten von Paddelbooten soll es erst mal gut sein. Im Laufe der Jahrhunderte kamen immer wieder neue Materialien zum Einsatz, die den Ideen der Bootsbauer neue Möglichkeiten schufen und die die Grenzen des Machbaren verschoben haben. Das gilt vor allem für die Wettkampfboote im Leistungssport, bei denen die Kunststofftechnik längst die Tierfelle und späteren Holzrümpfe abgelöst hat. Traditionelle Bauformen überwiegen heute noch im Freizeit- und Breitensport, wobei da fast ausschließlich nur noch Kunststoff als Baumaterial verwendet wird.

5. GRUND

Weil Kanufahren zum Freizeitvergnügen und Sport wurde

Im 16. und 17. Jahrhundert brachten die Engländer wohl aus Nordamerika die ersten Boote mit nach Europa. Damit fuhr man zunächst auf den heimischen Flüssen, nutzte diese ebenfalls für den Transport von Menschen und Waren und erweiterte so seinen Lebenskreis. Mehr und mehr folgten Fahrten auch zum Vergnügen, für Ausflüge und Freizeitgestaltung, oft verbunden mit einem Picknick. Wann genau dann die ersten Paddler um die Wette fuhren, ist nicht überliefert, aber da der Wettbewerb dem Menschen im Blut liegt und eben der »Erste« auch beim Entdecken schöner Plätze, neuer Landstriche und auch beim Transport im Vorteil ist, dürfte das nicht lange gedauert haben. Rennen im Sinne einer Regatta waren das sicher noch nicht, aber eben doch eine neue Möglichkeit, sich miteinander zu messen.

Ende des 18. Jahrhunderts kamen die ersten Boote durch den Handel zwischen England und Deutschland auf den Kontinent. Die Fahrt auf den Gewässern fand auch in unserem Land immer mehr Anhänger, und 1860 wurde in Breslau der erste »Grönländer-Club« gegründet, benannt nach der ursprünglichen Bezeichnung der Kajaks. Wenig später war es der Schotte John McGregor, der als Pionier der Wanderpaddler in Europa angesehen werden kann. Er befuhr als Erster die Flüsse in Deutschland wie Rhein, Mosel, Main oder Donau, weitete seine Touren dann auch auf andere Länder auf dem Kontinent bis hinein in das Grenzgebiet zwischen Europa und Asien aus. Über seine Fahrten fertigte er ausführliche Berichte an, die er in mehreren Büchern dann zusammenfasste und somit die legitimen Vorgänger der heutigen in gedruckter oder elektronischer Form angebotenen Flusswanderführer schuf.

Doch McGregor war nicht der erste Paddler in Deutschland. In der Zeit um 1720 sollen dem legendären Sachsenkönig August der Starke schon Boote mit Paddeln vorgestellt worden sein, wobei hier die Überlieferungen die Bewegungsart in den Booten als »Rudern« und auch »Paddeln« bezeichnen. Friedrich Ludwig Jahn gilt als Symbolfigur für den Turnsport, was ihm den Beinamen »Turnvater« einbrachte. Auch er soll um 1820 sich paddelnd auf der Saale bewegt haben.

Immer mehr gewann das Kanu- und Grönländer-Fahren Freunde in Deutschland, der ersten Klubgründung in Breslau folgten weitere Vereine, Leipzig und Hamburg entwickeln sich als Zentren für die neue Sportart. Die Welle schwappt dann auch in die Hauptstadt Berlin, wo 1887 der Verein der Tourenruderer – kein Fehler, das war der offizielle Vereinsname – gegründet wird, die paddelnd (!) die Gewässer der Region erkunden. Doch neben den Vereinen gibt es vor allem zahlreiche Einzelpaddler, die ohne eine organisatorische Bindung mit ihren Booten unterwegs sind.

Wasserwandern war also der große Antrieb für die sportliche Bewegung auf dem Wasser. Anders als bei den Ruderern, die schon frühzeitig Rennen gegeneinander ausfuhren, kamen solche Wettbewerbe im Kanusport erst langsam und ohne nachhaltiges Interesse in der Öffentlichkeit zustande. Dass sich daraus mal die erfolgreichste olympische Sportart in Deutschland nach 1990 entwickeln sollte, war noch lange nicht abzusehen.

6. GRUND

Weil man beim Kanufahren nicht immer selbst paddeln muss

Im Kanu oder Kajak ist es Ehrensache, selbst zum Paddel zu greifen und für den nötigen Bootsvortrieb zu sorgen. Natürlich kann man im Zweier oder größeren Boot auch mal die Mitfahrer für sich »arbeiten« lassen und bei einer kleinen Pause die Landschaft genießen oder neue Kräfte sammeln. Aber wenn man allein unterwegs ist, muss man selbst sehen, dass man vorwärtskommt.

Es gibt allerdings eine Bauform von Booten, die man im weitesten Sinne zu den Kanus zählen kann. Die werden allerdings nicht mit Paddeln angetrieben, sondern mit langen Stangen, den Staken. Genau so lautet auch das Verb für diese muskelbetriebene Fortbewegungsart auf dem Wasser. Basis dafür ist das englische Wort »punt«, aus dem im Deutschen eben das »staken« wurde.

Punt ist aber noch heute der Name für die Bootsbauform. Meist aus Holz gebaut, sind diese Boote von oben betrachtet quasi rechteckig. Der Bug ragt breit vorne aus dem Wasser heraus, das Heck abgedeckt, oft auch so stark ausgeführt, dass die Bootsfahrer darauf stehen können und ihre Stake von dort aus ins Wasser stoßen, um sich vom Grund aus abstoßen und so den Vortrieb erzeugen zu können. Im Innenraum sind Bänke für Passagiere oder Streben für die

Befestigung von Waren eingebaut. Noch heute ist diese Bootsform besonders im Tourismus beliebt, die bekanntesten Exemplare findet man im Spreewald in Brandenburg. Die Kultur dieser Landschaft wurde maßgeblich durch die Sorben geprägt. Sie haben im Laufe der Jahrhunderte zahlreiche Kanäle für den Transport und die Reise angelegt, die zusammen mit den natürlichen Flüssen eine Länge von fast 1000 km haben. Befahren wurden diese meist flachen Gewässer mit den Punt genannten oben beschriebenen Kanus.

Heute sind die Boote vor allem im Tourismus eingesetzt, eine der Hauptattraktionen des Spreewaldes. Eine Tour durch die teils wilden, naturbelassenen, teils romantischen dicht ans Wasser reichenden Waldgebiete gehört für Besucher der Region quasi zum Pflichtprogramm. Wenn Sie, liebe Leser, also mal in den Südosten des Bundeslandes Brandenburg in die Region der Lausitz kommen sollten, planen Sie in jedem Fall einen Tag für eine Fahrt in der Punt ein und lassen sich einfach »paddeln«.

7. GRUND

Weil dem Bootsbau kaum Grenzen gesetzt sind

Weiden- oder Schilfgeflechte, Holz und Tierfelle waren die ursprünglichen Materialien für den Bootsbau der Kanus und Kajaks. Schon damals war es für die Menschen wichtig, dass sie ihre Wasserfahrzeuge bei der Jagd und dem Erkunden ihres Lebensraumes gegebenenfalls eine Strecke allein über Land tragen können mussten. Damit spielte das Gewicht gerade der Einer-Boote eine besondere Rolle, die bis heute noch ihren Bestand hat. Egal in welcher Disziplin des Kanusports – die stellen wir in späteren Gründen noch ausführlich vor – ist es von Vorteil, wenn man sein Boot ohne fremde Hilfe auf der Schulter tragen kann. Sei es auf Wandertouren, um an den An-

und Ablegestellen, die nicht mit einem Steg versehen sind, das Boot sicher lagern zu können. Oder um Hindernisse, Stromschnellen oder Bauten wie Sperrwerke und nicht in Betrieb befindliche Schleusen durch ein Umtragen des Bootes umgehen zu können. Die einfachste Form ist das Heben des Bootes auf die Schulter und das Abstützen mit der Hand einschließlich des Tragens des Paddels in der anderen Hand. Ist man mit Gepäck unterwegs, muss man halt mehrfach laufen. Oder man nutzt die heute leichten und modernen kleinen Radgestelle, die man an Land unter die Boote schnallen und auf dem Wasser oben auf der Heckabdeckung mitführen kann. Bei all diesen Anwendungen gilt in jedem Fall: Je leichter das Boot, umso einfacher die Handhabung.

Das wirkte sich im Laufe der Jahrtausende natürlich auf die verwendeten Materialien aus. Tierfelle oder Baumrinde waren es in den Urzeiten, später dann entwickelten die Menschen das Geschick und die nötigen Werkzeuge, um Gestelle und Rümpfe aus Holz anfertigen zu können. Das wurde immer weiter verfeinert und als man über die Technik verfügte, bestimmte Holzarten bruchfrei für die runde oder winkelige Form der Bootsrümpfe so biegen zu können, dass sie dauerhaft diese Form behielten, war die Ära des modernen Bootsbaus eingeläutet. Das galt natürlich nicht nur für Kanus und Kajaks, sondern für den gesamten Bau von Booten jeglicher Art für den Freizeitgebrauch und den Sport.

Da Bootsbauer sich immer gerne weiteren Herausforderungen stellen, kamen auch andere Werkstoffe zum Einsatz, etwa Aluminium, was sich natürlich gerade bei flachen Gewässern mit felsigem Untergrund positiv auf die Haltbarkeit der Rümpfe gegenüber dem Holzbau auswirkte.

Wer sich heute ein Boot kaufen möchte, kommt kaum noch am Kunststoff vorbei. Der hat in den zurückliegenden Jahrzehnten den Bootsbau in vielen Bereichen beeinflusst, mit ihm ist der Bau sowohl größerer Boote für mehrere Personen wie auch die Fertigung ganz kleiner, besonders leichter und wendiger Boote für den Einsatz in wild fließenden Gewässern möglich. Grenzen sind dabei gerade für den Freizeitbereich kaum gesetzt, immer wieder findet man neue Formen und Farben, die auch den optischen Geschmack der Nutzer befriedigen. War es in den frühen Jahren der Kanutouren nicht immer ganz einfach und auch kostspielig, sein Boot z.B. mit der Eisenbahn zum ausgesuchten Fahrtengebiet oder nach der Tour wieder nach Hause transportieren zu lassen, so brachte da die Entwicklung von teilbaren Booten schon eine Erleichterung. In der modernen und mobilen Gesellschaft der heutigen Prägung stellen sich solche Probleme durch die kleinen und leichten Boote sowie den Einsatz von kompakten Anhängern oder Trägergestellen für den Pkw kaum noch.

Eine besondere Entwicklung mit großer Beliebtheit bis zum heutigen Tag erfolgte Anfang des 20. Jahrhunderts mit dem Faltboot. Neu war diese Technik im Bootsbau nicht, aber was Johann Klepper 1907 in seiner Werkstatt in Rosenheim daraus machte, ist uns an anderer Stelle einen eigenen Grund wert.

8. GRUND

Weil Kanufahren eine besondere Form der Freiheit ist

Der Gedanke des nach Leistung strebenden Wettkampfsportes stand also nicht gerade Pate bei der Entwicklung des Kanusports. Anders als z.B. die Ruderer, die sich schon Mitte des 19. Jahrhunderts regelmäßig zu Rennen und Regatten trafen, standen bei den Kanuten die Idee der Entspannung, der Abwechslung vom nicht immer leichten Lebensalltag und die Lust am Reisen im Vordergrund. Das wirkte sich auf die Gründung von Vereinen und Verbänden im Kanusport aus. Wurden bei den Ruderern gefördert von der Aristokratie und dem Adel rund um den Kaiser vor allem in der Zeit zwischen 1836 und 1900 eine Vielzahl von Vereinen und dann 1883 der Deutsche Ruderverband als der erste reine Sportverband in Deutschland gegründet, lebte der Kanusport in seinen Anfangsjahren von individuellen Aktivitäten. Erste Vereine wurden zwar in Breslau, Bonn oder Berlin für die Kanuten gegründet, sie blieben aber nicht lange bestehen. Erst 1905 wurde in Hamburg der Alster Canoe-Club aus der Taufe gehoben, der heute noch besteht. Schon im Gründungsjahr organisierte der Verein eine erste interne Regatta, die dann zwei Jahre später auch für andere Kanuten und Vereine geöffnet wurde. Erst am 15. März 1914, also in einer für Deutschland national euphorischen Zeit, die aber schon wenig später in die Katastrophe des Ersten Weltkrieges führen sollte, wurde in Hamburg der Deutsche Kanu-Verband (DKV) gebildet. Mit dabei waren gerade mal neun Vereine, dafür aber eine beachtliche Anzahl an Einzelpaddlern. Wurden Sportverbände in dieser Zeit vor allem zur Schaffung einheitlicher Regeln für die jeweiligen Wettkämpfe gebildet, so standen beim DKV als Ziele die gemeinsame Veranstaltung von Wanderfahrten, die Schaffung von Verkehrserleichterungen auf den Wasserwegen, die Einrichtung von Kanustationen für die Wasserwanderer sowie die Einrichtung einer Bücherei mit einer umfangreichen Kartensammlung als erste und vorrangige Ziele in der Verbands-Gründungssatzung. Erst in zweiter Linie waren die Aufstellung von Wettfahrtbestimmungen und die Veranstaltung von Wettbewerben vorgesehen.

Das alles zeigt nachdrücklich, dass sich die Kanuten zunächst als Einzelsportler sahen, die naturverbunden einen Ausgleich zur Arbeitswoche mit regelmäßig 60–70 Stunden suchten. Im Vergleich zu Ruder- oder Segelbooten war die Anschaffung eines Kanus oder Kajaks relativ günstig und für Familien aus dem Mittelstand mit regelmäßigem Einkommen durchaus möglich. Mit einem solchen Boot konnte man aus beengten Wohn- und anstrengenden Arbeitsbedingungen zumindest zeitweise »entfliehen« und ganz nach eigenen Vorstellungen ohne Vorgaben durch Obrigkeit oder Arbeitgeber auf die »Reise« gehen. Der Radius dafür war natürlich begrenzt auf die Region, in der man lebte. Aber nach und nach boten sich dann nach Ende des Krieges die Möglichkeiten, die Fahrtenräume auszuweiten. Durch den Transport der Boote in Eisenbahnwaggons konnte man nun auch die größeren Flüsse befahren und dann auf der Schiene nach Hause zurückkehren. Musste man sich in der Gesellschaft an die geltenden, teils restriktiven Normen anpassen und im Arbeitsleben einer Art von Gehorsam bedingungslos unterwerfen, so war man auf dem Wasser davon befreit. Hier konnte man entweder allein oder im Kreis von »Gleichgesinnten« durch die unternommenen Fahrten einfach nur Sport treiben, ohne feste Regeln und »gleichschaltende« Vorgaben.

Obwohl die gesellschaftlichen Entwicklungen sich durch den aufkommenden Nationalsozialismus nicht gerade einer Individualität näherten, erkannten auch kleine Bereiche der Industrie die Chancen, die sich in dieser Freiheit für die Mitarbeiter ergaben. Selbst Rüstungsbetriebe, vor allem im Flugzeugbau, begannen mit dem Bau von Paddelbooten, womit sich das Angebot an Sportgeräten vergrößerte und die Preise dann doch für den ein oder anderen erschwinglich wurden. Und wer sich dennoch nicht ein solch fertiges Boot leisten konnte, baute sich aus einfachen Mitteln mit Holzlatten, Stangen und Sackleinen sein eigenes Gefährt. Hauptsache, man genoss die Freiheit auf dem Wasser.

Auch wenn sich die gesellschaftlichen Entwicklungen weltweit überwiegend doch in eine andere Richtung verändert haben, so ist die Ungebundenheit, das selbstbestimmte Sporttreiben und die Möglichkeit, sich einfach zu einer kleinen oder größeren Reise aufs Wasser zu begeben, noch heute der Antrieb für viele Menschen, sich dem Kanusport zuzuwenden. Das Dach eines Vereins und die organisatorischen Hilfen von regionalen oder nationalen Verbänden sind zwar hilfreich und nützlich, zwingend erforderlich sind sie aber für den Einzelnen mit seinem Boot nicht. Dennoch bietet der DKV bis heute nicht nur den Vereinen und Landesverbänden per

Mitgliedschaft seine Dienste an, sondern auch unabhängigen Einzelmitgliedern, die damit das Angebot des DKV nutzen können und in Fragen von Verkehrsregelungen und Versicherungen Unterstützung erhalten können. Die Freiheit des Individuums ist damit unbenommen, und darauf legen viele Kanuten weiterhin großen Wert.

Weil der Deutsche Kanu-Verband trotz Individualität ein Motor des Sports ist

Ein wenig haben wir bereits im Grundlagen-Kapitel auf die Historie und Entwicklung des Kanusports in Deutschland geschaut. Die Freiheit des Einzelnen war den Kanuten ein hohes Gut. Trotzdem erkannten sie, dass sich Interessen und Wünsche gegenüber Behörden und Gesetzgebern doch in einer starken Gemeinschaft besser und zielorientierter vorbringen ließen. So kam es dann nach vorbereitenden Sitzungen und Treffen in den vorausgehenden Jahren im März 1914 zur Gründung des Deutschen Kanu-Verbandes (DKV). Erster Vorsitzender wurde Dr. Alfred Korn und damit ein erfahrener und profilierter Wanderfahrer. Mit seinem 1913 erschienenen Kanuführer setzte er Maßstäbe für viele nachfolgende Fachbücher dieses Genres. Ein erhaltenes Foto der Gründerversammlung zeigt etwa 50 honorig wirkende Männer im strengen dunklen Kleidungsstil der Kaiserepoche in Deutschland.

Die ersten Jahre waren kriegsbedingt nicht einfach, die Gemeinschaft eines Verbandes konnte nur mit Mühe aufrechterhalten werden. Erst am 1. April 1918, also mehr als vier Jahre nach der Gründung, kommt es zu einem ersten Verbandstag, der stark durch den herrschenden Krieg gekennzeichnet ist. Viele erscheinen in der grauen Uniform der Armee des Kaisers, die mehr und mehr den großen Verlusten an den Fronten Tribut zollen muss. Man ist sich einig, die Verbandsarbeit dennoch zu intensivieren, wohl auch, um der militärischen ausweglosen Situation der drohenden Kriegsniederlage und den zu erwartenden Folgen etwas entgegensetzen zu können. Der Vorsitzende Dr. Korn unterstützt diese Bemühungen der Versammlung, tritt dennoch von seinem Amt zurück, da er weiterhin seinen Verpflichtungen in der Armee den Vorrang geben muss.

Nach dem Krieg bildet der Sport die Klammer zum Neuaufbau einer gesellschaftlichen Gemeinschaft. Die Zeitschrift *Kanu-Sport* wird erstmals vom DKV herausgegeben, ein Medium, dass noch heute als Zeitschrift des Verbandes ein Informationsmittel und Forum für die Kanuten in Deutschland ist. Trotz Inflation, Wirtschaftskrise und hoher Arbeitslosigkeit wächst der DKV in den Folgejahren. Verbandsfahrten werden unternommen, das »Wandern« mit Boot und Zelt wird zum beliebten Freizeitsport. Kanustationen unter der Leitung des DKV entstehen und sind für die Kanuten eine willkommene Einrichtung für die Übernachtung und Verpflegung auf mehrtägigen Touren. Freundschaft, gegenseitige Hilfe und eine gerade in wirtschaftlichen Krisenzeiten wichtige Solidarität prägen das Erscheinungsbild des DKV, seiner Vereine und Einzelmitglieder. Das gilt auch für die Zeit des Nationalsozialismus, in der die Kanuten so weit es geht nach der Devise leben: »Kanusport und Politik hatten schon ihrem Wesen nach nie etwas miteinander gemein.« Auch wenn es bekanntlich mehr als schwierig war, sich der NS-Partei und dem Tun ihrer Schergen zu entziehen, so standen für die Kanuten weiterhin ihr Sport, ihre Fahrten und die Veranstaltung von Regatten im Vordergrund.

Das war dann die Basis für einen relativ schnellen Aufschwung des Kanusports nach 1945. Hilfreich dabei war, dass man sich auf sportlicher Ebene bald wieder den ehemaligen verfeindeten Nationen annähern konnte. 1950 wurde der DKV wieder in den internationalen Verband ICF aufgenommen, bald konnte man auch wieder an internationalen Meisterschaften teilnehmen und eine Mannschaft zu den Olympischen Spielen 1956 nach Melbourne entsenden. Die

Vertreter des DKV in den internationalen Gremien und bei den jeweiligen Tagungen verstanden es fachlich wie menschlich, das Vertrauen für ihren Verband wiederzugewinnen und damit den deutschen Freizeit- wie Leistungssportlern schon bald nach Ende des Zweiten Weltkrieges Grenzen zu öffnen.

Die weitere Geschichte des Verbandes wurde 2014 in einer beeindruckenden Festschrift des DKV zum 100. Jubiläum zusammengefasst, an dieser Stelle würde sie die Grenzen dieses Buches sprengen. »Grenzen öffnen« war aber natürlich das Stichwort in den Jahren 1989 und 1990. In beiden Teilen Deutschlands hatte sich der Kanusport zwischen 1945 und ebenjenen Tagen auf allen Ebenen weiterentwickelt. Neben dem Wanderfahren galt das vor allem für den Leistungssport, in dem sowohl der DKV im Westen wie auch der DKSV in der DDR große meisterliche und olympische Erfolge feiern konnten. Nach der endgültigen Vereinigung der beiden Verbände 1991 erwuchs daraus eine sportliche Stärke der deutschen Kanuten auf Weltmeisterschaften und Olympischen Spielen, die bis heute anhält. Zu Recht darf sich der DKV als der erfolgreichste Verband im heutigen Deutschen Olympischen Sportbund (DOSB) betrachten. Dabei zeichnet ihn weiterhin aus, dass er der Freiheit des individuellen Sporttreibens seiner Mitglieder nach wie vor großen Raum einräumt. Sowohl die leistungssportlichen Erfolge wie eben auch die vielen Möglichkeiten im Freizeit- und Breitensport liefern viel Stoff für weitere später genannte Gründe in diesem Buch.

2. KAPITEL

DIE VIELFALT IM KANU- LEISTUNGSSPORT

Weil man auf viele Arten paddeln kann

In vielen Sportarten ist die Definition der Bewegungsform, der sportlichen Zielstellung und der dafür notwendigen Örtlichkeiten relativ klar, wenn man die Sportart benennt. Der Fußballer geht auf den Platz und versucht den Ball durch Laufen und Schießen in eines der Tore zu bringen. Ähnlich ist das auch bei anderen Sportarten, wo statt Tore manchmal Körbe, trennende Netze oder andere Ziele zu finden sind, in die das Sportgerät möglichst oft für den gewünschten Erfolg hineingebracht werden muss.

Beim Kanusport ist eine solche alles klärende Definition nicht so einfach. Da beschränken sich die grundlegenden Voraussetzungen für die Sportart auf das Vorhandensein eines Gewässers, eines Bootes und eines Paddels. Was aber dann die Protagonisten des Kanusports damit jeweils anfangen, ist eine Vielzahl von Facetten, Erscheinungsformen und Spielarten des Kanusports. Mal geht es im Rennen direkt gegeneinander, mal fährt man im Wettkampf gegen die Uhr, um schneller zu sein als die Gegner. Mal ist das Wasser für die Rennen groß, weitflächig und bevorzugt ruhig, mal kann es den Sportlern nicht eng und wild genug sein, um Hindernisse, knifflige Fahrtrouten oder andere Herausforderungen zu bewältigen. Und bei einigen Arten des Kanusports kommen neben Boot und Paddel auch andere Utensilien zum Einsatz, etwa Bälle, Tore oder Segel.

Stand am Anfang der Sportart das einfache Fahren und Wandern auf dem Wasser im Vordergrund, so bieten sich durch die Weiterentwicklung von Bootsformen und Material sowie durch die unermüdliche Umsetzung von Ideen der Aktiven inzwischen eine Vielzahl von Möglichkeiten, sich sowohl im Wettkampf wie auch einfach entspannt in der Freizeit paddelnd auf dem Wasser zu bewegen. Die folgenden Gründe geben einen Überblick dazu. Und ich bin sicher, wenn Sie als geneigter Leser bisher noch nicht so den passenden Zu-

gang zum Kanusport für sich gefunden haben, nach der Vorstellung
der Kanu-Disziplinen wird sich das ändern.

Weil der Rennsport eine Art Königsdisziplin ist

Kanu bei Olympischen Spielen, das ist für die sonst nicht so was-
sersportaffinen Sportfans vor allem der Rennsport auf dem flachen
Wasser einer ausgebauten Regattastrecke. Immer in der zweiten Wo-
che der Spiele – in der ersten fahren die Ruderer an selber Stelle ihre
Medaillen aus – kämpfen auf neun mit Bojen markierten Bahnen die
Kanusportler im Einer, Zweier und Vierer um den prestigeträchti-
gen Sieg. Da können sich rasante Positionskämpfe ergeben, schnelle
Paddelschläge, im Mannschaftsboot möglichst synchron von allen
Teammitgliedern ausgeführt, verleihen der Sportart eine ungeheure
Dynamik. Die heute ausschließlich aus modernen Kunststoffen gefertigten Boote sind schmal, erscheinen in ihrer Geschwindigkeit
pfeilschnell und erfordern von den Athletinnen und Athleten eine
enorme Körperbeherrschung gepaart mit perfekter Bewegungstech-
nik. Das gilt besonders für die kniend gefahrenen Kanadier, die ob
ihrer nach hinten sich öffnenden Bauweise von den Aktiven auch
mal gerne »meine Regenrinne« genannt werden.

Bei den Bootsklassen steht das »K« für die Kajak-Boote, für die
Kanadier wird das »C« jeweils vor die Anzahl der im Boot fahren-
den Athleten gesetzt. Im Einer ist jeder Athlet bzw. jede Athletin
auf sich allein gestellt. Taktik, Krafteinsatz und Streckeneinteilung
entscheiden hier in besonderem Maß über Sieg und Niederlage.
Nicht selten kommt es gerade in den Finalrennen der nationalen
und internationalen Meisterschaften sowie bei Olympia zu spannenden Zwei- oder Mehrkämpfen. Ebenfalls im Zweier und Vierer sind
gute Vorbereitung der Rennen mit Trainern und Betreuern und die

schon für den Einer genannten Faktoren Voraussetzung für ein gutes Abschneiden. Hinzu kommt eine in der Mannschaft abgestimmte Technik der Paddelschläge in jeder Phase des Rennens sowie eine harmonische Zusammenarbeit, um die Startphase mit dem Anschieben des Bootes sowie die Frequenzänderung mit der Anzahl der Paddelschläge im Rennen und Endspurt auf das Wasser zu bringen.

Prägend für die Rennen ist die Streckenlänge, die bei den großen Wettkämpfen auf 200, 500 und 1000 Meter festgelegt ist. Dabei können sich die Aktiven auf eine Strecke konzentrieren oder im Laufe der Wettkampfwoche in mehreren Wettbewerben messen. Oft kommt es auch vor, dass Einerfahrer im Zweier und/oder Vierer integriert sind.

Es ist nicht selten ein spannendes Bild, wenn neun Boote mit nur geringem Abstand zueinander auf die Ziellinie zufahren. Gerade bei den kurzen Strecken kommt es da zu Millimeterentscheidungen, für die den Wettkampfrichtern inzwischen elektronische Aufzeichnung der Zieldurchläufe für die Entscheidung über Medaillen und Platzierungen zur Verfügung steht.

Rasant, spektakulär und mit hoher Aufmerksamkeit vom Publikum verfolgt – das ist der Kanu-Rennsport, in dem deutsche Athletinnen und Athleten seit Jahrzehnten zur Weltspitze gehören.

12. GRUND

Weil der Kanu-Slalom eine olympische Herausforderung ist

Die zweite olympische Disziplin im Kanusport ist der Kanu-Slalom. Hier kommt der Rennsport zusammen mit der Bewältigung von Wildwasser und einer fast akrobatischen Bootsbeherrschung. In Deutschland wurde diese Wettkampfform besonders bei den Olympischen Spielen im Jahr 1972 bekannt, als sie erstmals im olympischen Programm Einzug fand. Für sie wurde in Augsburg der legendäre »Eiskanal« angelegt, der trotz vieler Probleme bei der Unterhaltung der Strecke auch zukünftig Schauplatz von Weltcup-Wettbewerben und Weltmeisterschaften sein wird. Aktuell erfolgten 2018 entsprechende Beschlüsse der Politik, um die in die Jahre gekommene Anlage zu modernisieren. Antrieb war dazu nicht zuletzt die Bewerbung um die Weltmeisterschaften, die dann für das Jahr 2022 den Augsburger Organisatoren vom Weltverband zugesprochen wurde. Deutschland verfügt im Übrigen über eine zweite Kanuslalomstrecke mit internationalem Zuschnitt. Sie wurde in Markkleeberg nahe Leipzig im Rahmen der letztlich erfolglosen Bewerbung für die Olympischen Spiele 2012 gebaut. Auch wenn es mit Olympia nichts wurde, so ist der Kanupark vor den Toren der sächsischen Metropole alljährlich die Bühne für ein großes Paddelfestival mit mehreren Tausend Teilnehmern aus dem Breitensport, dazu regelmäßig Schauplatz der nationalen Meisterschaften.

Kraft, Geschicklichkeit und Kondition sind die Eigenschaften, die die Athleten und Athletinnen für diese Sportart mitbringen müssen. In einem Kanal sind Hindernisse, Felsnachbildungen und Betonwände auf einer Strecke von 300–350 Metern so eingebaut, dass sich auf der abschüssigen Strecke eine wilde Wasserstraße bildet. In der sind zwischen 18 und 25 Tore durch Stangen eingehängt, die von den Aktiven in ihren Booten vorwärts, rückwärts, mit oder gegen die Strömung durchfahren werden müssen. Gewertet wird die gefahrene Zeit, und wer eine der Torstangen berührt oder gar ein Tor falsch durchfährt oder völlig verpasst, wird mit dem Zuschlag von Strafzeiten belegt. Gesiegt hat, wer nach Abschluss aller Läufe und Berechnung von Strafen die schnellste Zeit für sich verbuchen kann. Rennen gibt es für Damen und Herren im Kajak-Einer sowie im Kanadier-Einer und -Zweier.

Rund 70 Wettkämpfe finden jährlich in Deutschland statt, wobei neben den Kanälen die Rennen überwiegend auf Naturstrecken in vielen Regionen ausgetragen werden. Selbstredend, dass angesichts dieser vielen Möglichkeiten die Aktiven des Deutschen Kanu-Verbandes schon seit Jahrzehnten mit zur Weltspitze gehören. Medaillen bei Weltmeisterschaften und Olympischen Spielen zeugen davon. Neben den anhaltenden Erfolgen bei den rasanten Ritten durch Wellen, Stromschnellen und Tore sind der Mut und das Können der Athletinnen und Athleten immer wieder ein guter Grund, diese Kanu-Disziplin als Zuschauer von der sicheren Tribüne aus zu verfolgen.

13. GRUND

Weil Menschen mit körperlicher Behinderung im Boot erfolgreich sein können

Inklusion ist eine der wichtigen Aufgaben in unserer Gesellschaft. Im Sport gilt das besonders für Menschen mit körperlichen Behinderungen, die sie in ihren Bewegungsmöglichkeiten einschränken. Dennoch besteht auch oder gerade bei diesen Menschen der Wunsch nach körperlicher Leistung, nach Wettkampf unter fairen Bedingungen und nach einer Anerkennung als vollwertige Mitglieder der Sportlergemeinschaft.

In den zurückliegenden rund 20 Jahren hat sich die Bewegung der Paralympischen Sportlerinnen und Sportler enorm entwickelt, paralympische Spiele sind heute fester Bestandteil einer Bewerbung um die Austragung der Olympischen Spiele. Im Wassersport, bei dem die Frage der Sicherheit für die Sportlerinnen und Sportler eine besondere Rolle spielt, hat man da große Fortschritte gemacht. Die Entwicklung von kentersicheren Booten war die Grundlage dafür. Die in diesem Bereich eingesetzten Boote sind mit zusätzlichen Auslegern und Schwimmkörpern ausgestattet, um ein Umkippen, also Kentern, zu verhindern. Gerade für Aktive mit Querschnittslähmungen und eingeschränkter Bewegungsfähigkeit des Rumpfes und der

Beine ist dies besonders wichtig, da sie ggfs. nicht über ausreichend Kontrolle über ihren Körper verfügen, um sich schwimmend im Wasser bewegen zu können.

Der internationale Kanu-Verband ICF hat vor einigen Jahren Rennklassen in den Kajak-Einern eingeführt, die von den Aktiven mit einem Doppelpaddel gefahren werden. Inzwischen hat man gemeinsam mit einem weiteren Verband die Va genannten Ausleger-Kanus entwickelt, die mit einem Stechpaddel gefahren werden. Um eine Chancengleichheit bei den verschiedenen Formen der körperlichen Behinderungen zu gewährleisten, wurden drei Klassen für Aktive definiert. Kriterien sind dabei, inwieweit die Sportlerinnen und Sportler ihren Oberkörper und ihre Beine für die Paddel- und Ausgleichsbewegung im Boot einsetzen können.

Alljährlich sind die Para-Rennen Bestandteil der internationalen Wettkämpfe bis hin zu den Weltmeisterschaften. Seit 2010 schreibt auch der Deutsche Kanu-Verband diese Rennen aus. Erstmals 2016 war der Kanusport in den Kajak-Einern Bestandteil der Paralympischen Spiele in Rio, für die Spiele in Tokio 2020 plant man die Ausweitung des Programms auf die Vas.

Der Sport als gesellschaftliche Aufgabe – die bisherigen Entwicklungen und weitere Möglichkeiten im Para-Sport sind auch im Kanusport noch lange nicht an ihre Grenzen geraten.

14. GRUND

Weil auch im Kanusport das Runde ins Eckige muss

Fußball ist nach wie vor die Sportart Nummer eins in der Welt. Manche Entwicklung im Bereich von Profitum und Verbänden mag einem da nicht gefallen, dennoch kommt man als Sportinteressierter nur selten an dieser Ballsportart vorbei.

Wer nun auch im Kanusport nicht auf einen Ball, das Treffen in ein Tornetz oder die direkte körperliche Auseinandersetzung mit einem Gegner gemäß schützenden und kontrollierten Regeln verzichten will, findet mit Kanu-Polo sicher die richtige Sportart. Wenn man diese Facette des Kanusports und die darin enthaltenen Bewegungs-, Kampf und Erfolgsmöglichkeiten beschreiben will, passt wohl der im Deutschen Kanu-Verband angelegte Begriff von »Mischung von Handball, Basketball und einer Prise Rugby«.

Gespielt wird Kanu-Polo von zwei Mannschaften von jeweils fünf Spielern. Sie befahren in Einer-Kajaks ein Spielfeld, das 23 mal 35 Meter misst und an dem an beiden Enden in zwei Metern Höhe Tore angebracht sind, die eine Größe von einem mal eineinhalb Metern haben. Ziel ist es, den Spielball möglichst in das Tor des Gegners zu bringen, was durch Würfe mit der Hand oder Schläge mit dem Paddel erlaubt ist. Da der Spieler, der den Ball führt, durch Schubsen oder Ziehen an der Schulter mit der Hand von den gegnerischen Spielern angegriffen werden darf, um ihn zum Kentern zu bringen, kommt es über die gesamte Spieldauer von zwei mal zehn Minuten ständig zu rasanten Spielszenen, Zweikämpfen und sehenswerten Ballstafetten. Es sieht manchmal schon ein wenig hart aus in den Zweikämpfen, aber die Schiedsrichter am Rand des Spielfeldes achten penibel darauf, dass die Spieler sich nicht gegenseitig durch Rammen mit den Booten oder Schlägen mit den Paddeln verletzen. Zum Schutz tragen alle einen Helm – oft mit Gesichtsgitter – und eine feste Schwimmweste, denn bei der hohen Geschwindigkeit, den schnellen Wenden und harten Würfen mit den Bällen kann es schon mal unabsichtlich zu gefährdenden Situationen kommen. Aber das ist wie beim Rugby auf dem Feld, mal gibt es einen Kratzer oder ein paar blaue Flecken, kaum aber mal wirkliche Verletzungen. Und da das Spiel doch eine gehörige Portion Kondition verlangt, stehen jeder Mannschaft maximal drei Auswechselspieler hinter dem eigenen Tor zur Verfügung, die sich »fliegend« mit ihren Teamkameraden abwechseln können.

Das Regelwerk sieht noch die ein oder andere Besonderheit vor, um die Dramatik des Spielverlaufs zu steigern. So gibt es keinen festen Torwart; der Spieler, der dem eigenen Tor am nächsten ist, darf den Ball mit dem Paddel abwehren. Körperliche Fitness, Bewegungs- und Reaktionsschnelligkeit sowie eine gute Übersicht über das Spielfeld, den Gegner und seine Mitspieler sind Grundvoraussetzungen, um erfolgreich Kanu-Polo zu spielen. Und wie in vielen Mannschaftssportarten ist natürlich eine ausgefeilte Taktik mitentscheidend über Sieg und Niederlage.

Die Grundlagen für den Kanu-Polo-Sport wurden in England geschaffen. Dort fuhr man die ersten Rennen gegeneinander oder legte mit aufwendig ausgerüsteten Booten längere Strecken und Reisen zurück. Doch da der Mannschaftssport auf der Insel im 19. Jahrhundert einen besonderen Stellenwert einnahm, suchte man nach Möglichkeiten, auch im Kanusport ein »Kampfspiel« zu etablieren. Nicht von ungefähr sind also Elemente des Fußballs, Rugby- und Polo-Sports dabei eingeflossen. Erste Spiele in Deutschland wurden um 1925 ausgetragen, da noch auf wesentlich größeren Feldern, mit elf Spielern im Team und mit Regeln, die dem populären Wasserball in weiten Teilen entsprachen. Durch den Zweiten Weltkrieg verschwand Kanu-Polo zunächst wieder, in den 1960er-Jahren kam es aber zu einem Neuanfang mit Bildung von Clubs und Zentren u.a. im Ruhrgebiet und Hamburg. Heute zählen die Nationalmannschaften des Deutschen Kanu-Verbandes zu den erfolgreichsten in der Welt, aber dazu später mehr in einem Kapitel über die großen sportlichen DKV-Erfolge.

Ach, und eines noch: In diesem Grund ist immer vom »Spieler« die Rede. Das weibliche Geschlecht steht den Herren da in nichts nach. Auch die Damen spielen Kanu-Polo, die deutschen sogar ebenfalls mit großem Erfolg.

Weil einem beliebten chinesischen Minister der Drachenbootsport zu verdanken ist

Ja, es gibt sie doch, die Politiker, die in ihrem Volk uneingeschränkt beliebt sind. Zumindest galt das im 2. Jahrhundert v. Chr. für den Chinesen Qu Yuan. Bei seinem Herrscher war er aber in Ungnade gefallen, und weil er dies nicht verwinden konnte, fuhr er mit einem Boot auf den Fluss Mi Lo hinaus, um sich das Leben zu nehmen. Das wollten Fischer verhindern. Sie fuhren gleich mit mehreren ihrer Boote dem Minister hinterher, schafften es aber nicht mehr rechtzeitig.

Das, so sagt die Legende, sei der Ursprung des Drachenbootsports gewesen. Um den Minister zu retten, seien die Fischer quasi um die Wette gepaddelt. Zwar waren sie nicht erfolgreich, aber alljährlich wurde Qu Yuan zu Ehren ein Rennen ausgetragen, aus denen dann später die großen Drachenbootfestivals wurden. Zunächst überwiegend in Asien, dann aber auch in Europa und Amerika. Zunächst eher mit Festival- und Breitensportcharakter betrieben, entstand dann eine leistungsorientierte Sportart aus dem Drachenbootfahren, die vor allem ab 1985 in Deutschland immer populärer wurde. National wie international gibt es inzwischen Wettkämpfe und Meisterschaften in zwei Bootstypen, die sich in Länge, Breite und Anzahl der Paddler im Team unterscheiden. Beiden sind aber die typischen Merkmale des Drachenbootsports gemein: Am Bug ist ein Drachenkopf, am Heck ein kurzer stilisierter Drachenschwanz befestigt. Auf der Abdeckung im Bug sitzt ein Trommler oder eine Trommlerin, der/die im Takt der Paddelschläge für die Harmonie und für die Anfeuerung der Mannschaft sorgt. Im Heck steht eine Person, die mit einem langen Paddel das Boot steuert, meist über eine Sprechanlage die Kommandos zum Manövrieren an die Mannschaft gibt und in einem Rennen den Überblick über den Verlauf und die gegnerischen Teams behält.

National wie international fühlen sich gleich je zwei Sportverbände berufen, sich im Drachenbootsport um Organisation und die Veranstaltung von Rennen zu kümmern. Der Deutsche Kanu-Verband (DKV) vertritt dabei die Drachenbootsportler im übergeordneten Deutschen Olympischen Sportbund und im internationalen Verband ICF. Daneben bestehen der allerdings wesentlich kleinere Deutsche Drachenboot-Verband (DDV) und entsprechende internationale Verbände, die für sich die Vertretung der Aktiven reklamieren. Das ist zwar für eine zielorientierte Förderung der Sportart nicht gerade hilfreich, aber im Laufe der Jahre haben zumindest DKV und DDV immer wieder Vereinbarungen getroffen, Regatten und Meisterschaften gemeinsam auszurichten. Und trotz aller Zweigleisigkeit gelingt es vor allem den im DKV organisierten Frauen und Männern regelmäßig, auf den internationalen Meisterschaften zahlreiche Medaillen zu sammeln.

Sich im Leistungssport zu messen ist also eine Möglichkeit im Drachenboot. Wesentlich populärer sind aber die zahlreichen Breitensport- und Spaßregatten, die auf vielen Gewässern ausgetragen werden. Dabei sind es nicht immer die Seen und Flüsse, sondern vor allem Hafenbecken und kleinere Seen innerhalb der Städte, auf denen sich dann nicht Leistungssportler messen, sondern Firmenteams oder aus Familien- und Freundeskreis zusammengestellte Mannschaften oder Interessengruppen in den Rennen antreten. Dazu an anderer Stelle in diesem Buch etwas mehr.

16. GRUND

Weil es auch mal wild werden kann

Bisher haben wir in diesem Kapitel die leistungssportlichen Kanudisziplinen betrachtet, deren Wettkämpfe bis auf den olympischen Kanu-Slalom auf ruhigen, nichtfließenden und meist weitflächigen

Gewässern ausgetragen werden. Den Gegenpol dazu bildet der Wild-wasserrennsport, der gerne als die »Kanu-Abfahrt« bezeichnet wird.

Kanu-Laien verwechseln diese Sportart schon mal mit dem Kanu-Slalom, bei dem ja auch gegen die Uhr gefahren wird. Bei dem geht es zwar auch auf unruhigem Wasser eine Strecke hinunter, aber man muss dabei regelkonform die ausgesteckten Tore durchfahren. Im Wildwasserrennsport kann man selbst entscheiden, auf welchem Kurs man Hindernisse um- und Stromschnellen durchfährt, dafür ist die zurückzulegende Strecke aber meist länger und für die Aktiven besonders herausfordernd. Zwischen vier und acht Kilometer be-trägt bei offiziellen Wettbewerben, die es bis hin zu Weltmeister-schaften gibt, die übliche Renndistanz. Damit ist klar, dass dieser Sport vor allem auf den naturbelassenen Flüssen der Bergregionen ausgetragen wird. In Europa ist da besonders die Alpenregion ein be-vorzugtes Fahrtgebiet, auf dem schon seit den 1920er-Jahren Rennen ausgetragen werden.

Zwischen zwölf und 20 Minuten betragen durchschnittlich die Rennzeiten bei den klassischen Distanzen, im Laufe der Jahre haben sich aber auch wesentlich kürzere Sprintwettbewerbe auf einer Länge zwischen 200 und 600 Metern etabliert, was diese Sportart vor allem näher an die Zuschauer an den Flussufern heranbrachte. Seit 2002 gibt es hier Weltmeisterschaften, die meist auf den künstlichen Stre-cken des Kanu-Slaloms halt ohne die Torstangen ausgetragen werden.

Boots- und Altersklassen gibt es für weibliche wie männliche Sportler, und neben den Einzelrennen im Kajak und Kanadier sor-gen die Mannschaftsrennen für große Spannung. Dabei gehören immer drei Aktive zum Team, die gemeinsam die Strecke hinunter-fahren. Die Uhr startet beim ersten Boot und stoppt, wenn das dritte Boot über der Ziellinie ist.

Erfahrung, Bootsbeherrschung, Kraft und Kondition sind die Grundlagen für den Erfolg in dieser Disziplin. Und oft spielt das Gewässer eine wichtige Rolle, denn je nach Wasserstand und Fels-formationen, die für das »weiße Wasser« der Stromschnelle sorgen, müssen sich die Aktiven immer wieder auch auf bekannten Flüssen auf neue Gegebenheiten und Schwierigkeiten einstellen. Für die Sicherheit ist aber nicht nur durch Helm und Schwimmweste gesorgt, sondern zusätzlich durch speziell ausgebildete Rettungsschwimmer der jeweiligen Organisationen, die sich bei Kenterungen oder anderen Problemen für die Sportler mutig mit Seilen gesichert in die Fluten stürzen.

Der Wildwassersport, gleich, ob man ihn als Freizeitvergnügen oder als Leistungssport betreibt, erfordert eine gründliche Ausbildung. Die Gewässer sind in verschiedene Kategorien eingeteilt von relativ leicht bis quasi reißend. Für die Meisterschaften im Leistungssport werden meist Flüsse der mittleren Kategorie ausgewählt, um eine gewisse Chancengleichheit bei den unterschiedlichen Erfahrungen der Aktiven herzustellen. Mehr zu der Einteilung der Gewässer und der Ausbildung der Sportlerinnen und Sportler ist in einem späteren Kapitel zu finden, in dem wir uns dem Kanusport als Breitensport widmen.

Weil beim Freestyle nur die Physik Grenzen setzt

Eine Strecke möglichst schneller zurücklegen als die Gegner – das prägt die bisher vorgestellten Disziplinen des Kanusports. Beim Kanu-Freestyle bewegt man sich mehr oder weniger fast auf der Stelle, trotzdem gehört diese noch relativ junge Sportart zu den spektakulären Formen des Bewegens auf dem Wasser. Anleihen wurden dabei aus den Trendsportarten im Ski- oder Skatingsport genommen und diese dann auf das Wildwasser der Kanuten übertragen.

Basis für die Freestyle-Protagonisten ist eine sog. stehende Welle oder Wasserwalze, die sich meist abwärts hinter einem Hindernis im Wasser bildet. In dieser Welle vollführen die Sportler und Sportlerinnen vor den Augen von Punktrichtern akrobatische Bewegungen mit ihren Booten. Dazu zählen schnelle Drehungen, möglichst um verschiedene Achsen des Bootes, ganze saltoähnliche Überschläge oder spektakuläre Sprünge. Ziel ist dabei, in 45 Sekunden möglichst viele solcher Tricks und »Moves« zu zeigen, für die es je nach Schwierigkeitsgrad unterschiedliche Punktwertungen gibt. Wichtig ist dabei, möglichst in oder auf der Welle zu bleiben, denn ohne die mächtige Kraft des fließenden und sich brechenden Wassers sind die gewünschten Tricks nicht durchführbar.

Seit etwa 1980 hat sich diese Sportart ständig weiterentwickelt, immer wieder wird an den Tricks und Bewegungsformen mit den Booten weiter getüftelt, und Grenzen des Machbaren werden ausgelotet. Entsprechend haben sich die Bootsformen verändert. Am Anfang versuchte man sich in den üblichen Wildwasserkajaks, inzwischen kommen Boote mit einer Länge zwischen 160 und 190 cm zum Einsatz, die den Aktiven gerade genug Platz für ihre Beine bieten, dafür aber durch den geschickten Einsatz der Paddel möglichst schnell rotiert werden können. Auch hier sind beide Paddelformen im Kajak oder Kanadier im Einsatz.

Gerade junge Leute mit Spaß am Wassersport werden von dieser Form des Kanufahrens besonders angesprochen. Und seit der internationale Verband ICF diese 2006 als offizielle Wettkampfdisziplin anerkannt hat, finden alle zwei Jahre Welttitelkämpfe statt. Ein Schwerpunkt des Kanu-Freestyles ist Mitteleuropa mit seinen zahlreichen natürlichen und künstlich angelegten Wildgewässern. Die ersten Europameisterschaften fanden 2006 auf dem Augsburger Eiskanal statt, seitdem werden sie alle zwei Jahre ausgetragen. Doch auch auf anderen Kontinenten findet die Sportart immer mehr Anhänger, so war man 2017 mit der Weltmeisterschaft in Argentinien zu Gast.

Freestyle ist ein gutes Beispiel dafür, dass sich traditionelle Sportarten enorm weiterentwickeln und am Zeitgeist orientieren können. Das spielt nicht nur bei der Findung von Nachwuchs für die Vereine und Verbände eine gewichtige Rolle.

Weil Rafting der besondere Kick im Kanusport ist

Bleiben wir auch bei diesem Grund auf dem wilden, dem »weißen«, Wasser. Ende das 20. Jahrhunderts drängte es manchen zu Abenteuern, zum Kennenlernen der eigenen Grenzen in Bezug auf Mut und Willen. Manche stürzten sich an Gummiseilen hängend in die Tiefe, andere sprangen von Felsvorsprüngen oder Gebäuden, um dann am Fallschirm auf dem Boden zu landen, und wieder andere wagten als »Anhang« an einen erfahrenen Fallschirmspringer in Form eines Tandemsprunges das Abenteuer aus ganz großer Höhe. So ähnlich mag man die Entwicklung des Raftings in unseren Breitengraden sehen.

In zahlreichen Bildern der Hollywood-Filmindustrie spielten immer wieder waghalsige Fahrten auf kleinen Flößen durch die Schluchten der nordamerikanischen Bergwelt eine ausfüllende Rolle. Grund genug für die Anbieter touristischer Programme, ähnliche Touren später dann als Kick für Gäste aus aller Welt auf diesen Strecken anzubieten. Statt auf einem Holzfloß war man aber in Schlauchbooten und mit entsprechender Sicherheitsausrüstung unterwegs.

Mitte der 1980er Jahre schwappte diese Welle dann nach Europa hinüber, wo kommerzielle Anbieter aus dem Reise- und Abenteuerbereich dies als einträgliche Geschäftsidee umsetzten. Aber auch einige Kanuvereine, bisher vor allem im Wildwasserrennsport aktiv, probierten es nun im Schlauchboot und schnell wurde das als Ergänzung zum bisherigen Sportangebot der Clubs zu einem beliebten Event besonders für Gruppen. Und dann war die Idee nicht mehr fern, aus dem spritzigen Vergnügen einen Wettkampfsport zu machen. Seit 1997 gibt es sogar eine offizielle Weltmeisterschaft der Nationalmannschaften, ausgefahren mal im Sechser- oder Vierer-Schlauchboot. Wie in anderen Disziplinen sind auch hier die natürlichen wie die künstlich angelegten Wildwasserbahnen in aller Welt der Schauplatz. Und um es noch attraktiver zu machen, hat man gleich verschiedene Wettbewerbe wie das Zeitfahren, den Boot-gegen-Boot-Sprint, einen Slalom und die bis zu einer Stunde dauernde Abfahrt mit entsprechenden Regeln ins Leben gerufen.

Was aber so nach reinem Amateurvergnügen aussieht, folgt inzwischen hoch entwickelten und für alle verbindlichen Sicherheitsmaßnahmen. Die kommerziellen Anbieter und die teilnehmenden Vereine müssen sich Prüfungen unterziehen. Das betrifft sowohl das eingesetzte Material wie auch die jeweils Verantwortlichen und Bootsführer, die nicht nur die Boote steuern, sondern in Sekundenbruchteilen entstehende Situationen richtig erkennen müssen, um dann mit den entsprechenden Kommandos ihre Teams sicher durch die wilden Fluten zu bringen. Und natürlich gelten solche Bestimmungen auch für die im Boot mitfahrenden Crewmitglieder und ihre persönlichen Sicherheitsutensilien wie Helm und Schwimmweste. Obligatorisch ist das Training des richtigen Verhaltens und das Einnehmen der Verletzungen verhindernden Position, wenn man dann halt doch mal über Bord geht. Werden alle diese Regeln beachtet, so ist Rafting keine Sportart mit unkalkulierbaren Gefahren, sondern eher ein großes Abenteuer.

Vor allem junge Leute findet man meist in den Rafting-Booten. Ihnen ist das einfache Paddeln allein auf ruhigen Gewässern vielleicht zu langweilig geworden, oder sie suchen die besondere Herausforderung im Team. Bei aller Skepsis gegenüber den möglichen Gefahren fördert aber gerade diese Teambildung die Übernahme von Verantwortung für sich selbst und gegenüber den Mitfahrern. Und wenn man dann am Ende der Rennen mit seinem Team auch noch einen Erfolg feiern kann, macht da Ganze noch mal so viel Spaß.

Weil man zum Paddeln nicht unbedingt sitzen muss

Bleiben wir bei den neueren Kanu-Disziplinen, wechseln aber vom Wildwasser auf doch deutlich ruhigere Gefilde. Wobei, so ganz ruhig ist es nicht immer. Denn das Stand-Up-Paddling, kurz SUP genannt, hat seinen Ursprung bei polynesischen Fischern auf dem Meer und den hohen Surfwellen u.a. vor Hawaii. Um von oben besser durch die Reflexionen an der Wasseroberfläche ihre Beute erkennen zu können, fuhren die Fischer nicht sitzend in ihren Booten auf das Meer hinaus, sondern stehend auf Bambusflößen. Die trieben sie mit Paddeln an langen Stangen an, genau wie es heute auch beim sportlichen SUP ist. Die Sportlichkeit hat diese Disziplin durch den Einsatz von ebensolchen Paddeln bei den Surflehrern in der Karibik erhalten. Die konnten sich so schneller vom Ufer entfernen, um auf dem Wasser ihre Schüler zu beobachten und um sich dabei unabhängig von der Wellenbewegung mit ihren Brettern in alle Richtungen bewegen zu können.

Nach und nach entdeckte man dann die Möglichkeiten des aufrechten Paddelns auf den wesentlich ruhigeren Binnengewässern in Europa sowie an den Küsten des amerikanischen und australischen Kontinents als interessante Variante im Paddelsport. Und schnell fanden sich ein paar Protagonisten, die daraus eine Wettkampfsportart entwickelten. Das alles fand vor allem in den zurückliegenden rund 15 Jahren statt.

Wettbewerbe gibt es national wie international. Dabei geht es in den Rennen um Distanzen zwischen 500 Metern bis zu 50 Kilometern, und das bei Frauen, Männern und Jugendlichen. Wie beim Drachenboot, gibt es auch im SUP neben dem Deutschen Kanu-Verband (DKV) den Deutschen Wellenreiterverband (DWV) und die German Stand Up Paddle Association (GSUPA) als Ausrichter von Wettbewerben.

Weil der Ozean zur Rennstrecke werden kann

Wasser hat keine Balken, und wenn man die Ozeane betrachtet wohl kaum Grenzen. Folglich sind sie auch für die Paddler ein oft genutztes Gewässer. Und das nicht nur wie bei den Ursprüngen des Paddelns als Jagdrevier, sondern in der modernen und für die Lebensmittelgewinnung inzwischen technisierten Welt überwiegend als Sportrevier.

Die Rennen auf den Ozeanen werden in Auslegerbooten gefahren. Am Rumpf mit dem Sitzbereich für die Aktiven ist über meist zwei Streben nach außen ein weiterer Schwimmkörper angebracht, der dem Boot zusätzliche Stabilität verleiht und ein Kentern in den nicht selten hohen Wellen vermeiden soll. Ursprung dabei ist das aus dem polynesischen Raum stammende Va'a, das bei der Entwicklung der Boote für den Parasport (Grund 13) Pate stand. Die sportliche Variante der Va'a sind heute zusätzlich mit einer Steueranlage versehen, die von einem Insassen mit den Füßen bedient wird.

Die größten Regatten im Ocean Sport finden nach wie vor in Polynesien, rund um Hawaii und in Australien statt. Hier gehören große Traditionswettbewerbe so selbstverständlich zum Regattakalender wie bei uns ein Pokalfinale im Fußball. Mehr als 1000 Teilnehmer sind z.T. bei diesen Rennen am Start, die Distanzen gehen nicht selten über 40 und mehr Seemeilen zwischen verschiedenen Inseln der Region.

In Deutschland hat sich der DKV vor gut zehn Jahren erstmals intensiver um diese Form des Kanusports gekümmert, erstmals gab es 2008 den Deutschland-Cup. 2014 war die Ostsee bei Warnemünde und Rerik Austragungsort von nationalen Meisterschaften, die auch weiterhin vom DKV gefördert werden sollen. Hier ist sicher noch einiges Potenzial für den Kanusport, auch wenn die Wellen auf Nord- und Ostsee sich nicht mit denen in Polynesien messen können.

Weil ein Marathon im Kanusport »in« ist

Kurze Distanzen wie 200 oder 500 Meter im Rennsport haben sicher durch die Dichte des Rennfeldes einen besonderen Reiz. Dennoch finden Aktive, die sich eher der Kraft-Ausdauer-Belastung im Sport stellen wollen, im Kanusport eine Herausforderung. Unter dem Begriff »Kanu-Marathon« sind alle Langstrecken zwischen zehn und der klassischen Marathondistanz von 42,195 Kilometern zusammengefasst. Wem auch das noch nicht reicht, der findet Regatten, bei denen bis zu 500 km über mehrere Tage zu bewältigen sind. Je länger, desto besser – so lautet die Devise derjenigen, die sich dieser speziellen körperlichen »Qual« verschrieben haben. Da geht es also nicht nur um die kurzfristige effektive Einbringung der eigenen Kräfte über eine, zwei oder drei Minuten, sondern vor allem um Taktik, physisches und psychisches Durchhaltevermögen sowie Beobachtung der Gegner. Deren Stärken und Schwächen zu kennen kann manchmal durchaus ein Rennen beeinflussen.

Gerade auf den Naturstrecken, wie dem Baldeneysee in Essen, dem Beetzsee in Brandenburg an der Havel oder auf der Ems und der Isar, beeinflussen immer wieder die wechselnden Verhältnisse auf dem Wasser die Wettbewerbe. Selbst wenn man die Strecke aus früheren Jahren meint gut zu kennen, sorgen doch der Wind, das Wetter, Strömungsverhältnisse und -geschwindigkeiten sowie unterschiedliche Wasserstände mit neuen Untiefen für Abwechslung. Und gerne werden die Rennen »gewürzt« durch Stellen im Streckenverlauf, an denen das Boot ein Stück weit von den Aktiven über Land getragen werden muss. Gerade hier zählt das Zusammenspiel im Team oder die gute Vorbereitung des Einzelsportlers. Während des Laufes nicht das Paddel verlieren, was Zeit kosten kann, an den Ein- und Ausstiegsmarken schnell und sicher ohne Kentern das Boot beherrschen – all das gehört bei diesem Rennen zum »Können« der

Aktiven, über das immer wieder die Rennen entschieden werden. Alles das hat sowohl für die Sportler wie auch für die Zuschauer bei diesen Rennen einen besonderen Reiz.

Bei Weltmeisterschaften wird in sechs verschiedenen Bootsklassen gestartet, so auch bei den nationalen Titelkämpfen des DKV. Anders als im klassischen Rennsport, sind die deutschen Starter bei den internationalen meist nicht im vorderen Bereich der Ergebnislisten zu finden. Dennoch genießen die Gewässer in Deutschland bei den Entscheidungen über die Vergabe von internationalen Meisterschaften einen guten Ruf im internationalen Verband. So war zuletzt der Beetzsee in Brandenburg 2016 Austragungsort der Weltmeisterschaften.

»Je länger, desto besser!« oder »Nie mehr wieder!« – irgendwo dazwischen liegt meist die Gefühlslage der Aktiven während der Rennen. Am Ende überwiegt aber immer das Gefühl, eine besondere sportliche Leistung vollbracht zu haben.

22. GRUND

Weil man den Wind für sich arbeiten lassen kann

Die Nutzung eines Paddels ist im Kanusport natürlich die wichtigste Art, ein Boot auf dem Wasser zu bewegen. Aber man kann sich natürlich auch anderer Kräfte bedienen, etwa der Strömung oder gar des Windes. Beim Kanu-Segeln spielt Letzterer eine besondere Rolle.

Gegenüber den Booten, die im üblichen Segelsport zum Einsatz kommen, haben die Segelkanus keinen flachen »Spiegel« am Heck, sondern das Bootsende läuft spitz zu. Zwei Klassen gibt es, den »Taifun« und das »International Canoe«, kurz »IC« genannt. Gefahren werden sie als »Einhand-Segler«, also mit nur einer Person an Bord, die sich um alle Handgriffe und Bedienungen von Segel und Tauen sowie um das Steuern des Bootes kümmert. Die Segelfläche beträgt um die 10 m², was sich in der Klassenbezeichnung »IC 10« niederschlägt. Aus den einfachen Anfängen durch Seeleute Mitte des 19. Jahrhunderts, die auf ihren Kleinbooten Segel installierten für die Fahrten zwischen den großen Segelschonern und dem Land, sind inzwischen sportliche Boote mit einer Länge von 5,20 m geworden.

Als Leistungssport mit Rennen und Regatten sind die Kanusegler sowohl dem Deutschen Kanu-Verband (DKV) wie auch dem Deutschen Segler-Verband angeschlossen. Im Letzteren werden sie unter dem Begriff der »Klassenvereinigung« als offizielle Rennsportklasse im Segeln anerkannt. Erste Wettfahrten, wie kann es anders sein, fanden bereits um 1880 in England statt. Deutsche Meisterschaften fanden erstmals 1931 statt, später folgten Europa- und Weltmeisterschaften.

Den Wind für sich arbeiten lassen klingt erst mal einfach, aber Taktik, gutes Gefühl für Windrichtung und -stärke sowie Kenntnisse über das Fahrtenrevier sind für den sportlichen Erfolg unabdingbar. Und auf manchen Gewässern wird zum Befahren ein offizieller Führerschein verlangt, den reine Kanuten nicht benötigen.

3. KAPITEL

ERFOLGE UND IHRE BASIS

Weil Kanusport mit System Erfolge bringt

Bleiben wir in diesem Kapitel noch etwas beim Leistungssport und schauen uns an, wie erfolgreich der Kanusport in Deutschland ist. Basis dafür ist die Arbeit in den rund 1500 Vereinen, verteilt auf die Landesverbände. Davon gibt es übrigens 18, denn in Rheinland-Pfalz ist der Sport aus historischen Gründen aufgeteilt in die eigenständigen Verbände Rheinland, Pfalz und Rheinhessen.

Wer da Kanufahren als Leistungssport betreiben möchte, findet in den Vereinen die ersten Voraussetzungen dazu. Boote, Ausrüstung und natürlich auch Trainer stehen zur Verfügung, um die ersten Schritte in eine Sportlerkarriere zu unterstützen. Wer dann erste Siege auf regionalen Wettfahrten vorweisen kann und Ambitionen in Richtung Weltmeisterschaften hat, muss natürlich viel und abwechslungsreich trainieren. Für die internationalen Wettbewerbe bildet der Deutsche Kanu-Verband (DKV) dann seine Teams zur Entsendung in die Titelkämpfe. Nicht jeder schafft es, aber durch die Vielzahl an Disziplinen gibt es natürlich eine Menge an Möglichkeiten.

Wer es nach Olympia schaffen möchte, muss sich da entweder für den Rennsport oder den Kanu-Slalom entscheiden. Beide sind im olympischen Programm der Spiele ein fester Baustein, wobei das allerdings nicht immer eine Garantie ist. Immer wieder drängen junge Trendsportarten zu Olympia, und ab und an wird dann im Internationalen Olympischen Komitee entschieden, ob dafür eine der Traditionssportarten weichen muss, und wenn ja, welche das sein wird.

Solange der Kanusport in der olympischen Bewegung seinen Platz hat, so lange wird man in Deutschland ein entsprechendes System mit Training, Qualifikation und Wettkampfteilnahme in bekannter Form anbieten. Für das Training sind über das gesamte Bundesgebiet Stützpunkte verteilt. Hier gibt es meist in Zusammenarbeit mit

einem oder mehreren örtlichen Vereinen umfangreiche Trainingsmöglichkeiten, dazu auch medizinische und organisatorische Betreuung der Aktiven bis hin zur Förderung von Studium und berufli-
cher Entwicklung. Hier werden die Mannschaften aus den jeweiligen
Einzelaktiven gebildet, die dann den DKV auf den internationalen
Wettfahrten vertreten. Das gilt für den Nachwuchs in den Jugend-
klassen bis hin zu den Spitzenathleten aus dem Olympiakader.

Sieben Stützpunkte gibt es für den Kanu-Rennsport: Berlin hat
sein Zentrum beim Landeskanuverband angegliedert, Leipzig ist für
Sachsen dabei, Magdeburg für Sachsen-Anhalt. Da der Kanusport in
der DDR eine besondere Förderung erhielt und zu den Kernsport-
arten gehörte, sind dort mit Neubrandenburg in Mecklenburg-Vorpommern und vor allem Potsdam in Brandenburg weitere Zentren
in den neuen Bundesländern etabliert. In Baden-Württemberg bildet
die Region Mannheim/Karlsruhe ebenfalls einen Stützpunkt, die
wichtigste Einrichtung für den DKV steht aber in Duisburg an der
Wedau-Regattastrecke mit dem Bundesleistungszentrum. Gerade
2018 wurde eine große Renovierung der Gebäude und Trainings-
einrichtungen abgeschlossen, hier haben die Athletinnen und Athleten nun beste Voraussetzungen, um sich auf die jeweiligen Zielwettkämpfe vorzubereiten. Da hilft die Nähe zur Geschäftsstelle des
DKV, die ebenfalls einen 2018 eingeweihten umfangreichen Neubau
erfahren hat, der nur wenige Hundert Meter von der Regattabahn
entfernt liegt. Damit ist die Ruhrgebietsmetropole der Dreh- und
Angelpunkt für den Rennsport.

Vier Stützpunkte sind für den Kanu-Slalom eingerichtet: Dazu
gehören natürlich der Eiskanal in Augsburg sowie die Anlage in
Markkleeberg bei Leipzig. Etwas naturbelassener sind die Strecken
in Bad Kreuznach in Rheinland-Pfalz sowie in Schwerte bei Hagen
in Nordrhein-Westfalen. Hier wird vor allem für und mit den Nach-
wuchssportlern des DKV gearbeitet.

Sportverbände haben sich für die Organisation des Leistungs-
sports bewährt. Und wenn auch bei den Aktiven und in der

Öffentlichkeit nicht immer alle Entscheidungen und Maßnahmen für Training, Mannschaftsbildung und Wettkampfteilnahmen positiv kommentiert werden, so hat die Systematik im DKV dafür gesorgt, dass die Kanuten die erfolgreichsten olympische Sommersportler in Deutschland sind. Und wie heißt es immer: Erfolg macht sexy!

24. GRUND

Weil der Kanusport bei Olympia Medaillen sammelt

Dann schauen wir in den nächsten Gründen mal auf die verschiedenen Erfolge der einzelnen Disziplinen und beginnen natürlich dabei mit Olympia. Die Geschichte der olympischen Kanuten begann am 7. August 1936. An diesem Tag starten Kanuten aus 19 Nationen erstmals zu olympischen Rennen auf der Regattastrecke in Berlin-Grünau. Den Auftakt am ersten Wettkampftag machen die Langstreckenrennen über 10 km, und gleich im ersten sind Ludwig Landen und Paul Wevers aus Köln im Kajak-Zweier (K2) erfolgreich. Sie werden somit erste Olympiasieger der Geschichte im Kanusport. Und kurz danach gelingt Ernst Krebs im Kajak-Einer dasselbe Kunststück. Am Ende stehen diese beiden Medaillen sowie zweimal Silber und einmal Bronze für Deutschland auf dem Tableau. Sicher ein großer Erfolg, aber im damals nationalsozialistisch geprägten Deutschland hadert man dann doch damit, dass Österreich in der Punktewertung über alle Rennen den ersten Platz vor den Gastgebern der Spiele einnimmt.

Der Zweite Weltkrieg und seine Folgen für Deutschland zwingen auch die Kanuten zu einer langen Pause bei Olympia. Erst 1952 in Helsinki sind sie wieder dabei, und mit dreimal Bronze gibt es auch wieder Medaillen, dazu viele 4., 5. und 6. Plätze. Das erste Gold folgt 1956 in Melbourne, wo auf Beschluss des IOC Deutschland mit einer gemeinsamen Mannschaft aus Ost und West antritt. Therese Zenz holt den Sieg über die 500 Meter im Kajak-Einer, Fitz Briel/ Theo Kleine lassen Silber über 10.000 Meter im K2 folgen, im K1 der Männer gibt es eine weitere Bronzemedaille auf der Langstrecke durch Michel Scheuer aus Duisburg. 1960 stehen die inzwischen stark auftretenden DDR-Kanuten in sieben der zehn Wettbewerbs-klassen, nachdem vier Jahre zuvor das deutsche Kanu-Team nur aus Westdeutschen Aktiven bestand. Auf dem Albaner See gibt es ein Staffelrennen über 4 x 500 Meter im Herren-K1. Und hier ist die Mannschaft gemischt aus je zwei Athleten des westdeutschen DKV und des Ostdeutschen DKSV. Souverän gewinnt dieses Quartett vor Ungarn und Dänemark, womit sie ein sportpolitisch großes Aus-rufezeichen setzen. Wie schon 1956 stellt 1964 in Tokio der DKV fast allein das Aufgebot für Olympia, nur im Kanadier-Einer (C1) startet der Magdeburger Jürgen Eschert über 1000 Meter und ge-winnt Gold. Ebenfalls mit Gold krönen Annemarie Zimmermann und Roswitha Esser etwas überraschend ihren Start in der japani-schen Hauptstadt. Diesen Olympiasieg wiederholen sie 1968 in der Höhenluft von Mexiko, wo erstmals zwei deutsche Olympiateams zugelassen sind.

Es folgt die starke Zeit der DDR-Athletinnen und -Athleten, die 1972 in München, 1976 in Montreal und 1980 in Moskau insgesamt elfmal als Erste über die Ziellinien der olympischen Strecken fuh-ren, davon viermal 1972 in München/Augsburg im erstmals aus-getragenen Kanu-Slalom. Erst später stellte sich heraus, dass man wohl in der DDR als geheimes Projekt die Strecke des Eiskanals von Augsburg nachgebaut hatte und sich dort die DDR-Athleten optimal vorbereiten und den vermeintlichen Vorsprung der DKV-Sportler wettmachen konnten.

1984 war durch den Boykott des Ostblocks, der damit auf die gleiche Aktion der westlichen Staaten von 1980 reagierte, nur einmal Gold für den deutschen Kanusport möglich. Der Düsseldorfer Uli Eicke gewann im C1 über 1000 Meter.

Springen wir ein wenig in der Zeit, denn die Aufzählung aller olympischen Medaillen würden den Rahmen an dieser Stelle sprengen. 1992 in Barcelona trat das deutsche Kanu-Team nach der Vereinigung wieder gemeinsam an, und es begann eine außergewöhnliche Ära, die eigentlich bis heute anhält. 1996 in Atlanta trug sich erstmals Andreas Dittmer in die olympischen Siegerlisten mit seinem Erfolg im C2 zusammen mit Gunar Kirchbach ein. Es folgten für Dittmer weitere Goldmedaillen 2000 in Sydney und 2004 in Athen.

Die Aufzählung olympischer Erfolge wäre unvollständig, wenn nicht schon an dieser Stelle Birgit Fischer Erwähnung finden würde. In Moskau gewann sie zum ersten Mal Gold, es folgten sieben weitere Goldmedaillen sowie viermal Silber bis zu den Spielen 2004 in Athen. An anderer Stelle in diesem Buch werden wir diese Ausnahmeathletin ausführlicher vorstellen.

Die Erfolgsgeschichte deutscher Kanuten hält 2008 in Peking und 2012 in London an. Und auch in Rio 2016 waren die Aktiven des DKV die besten Medaillensammler der deutschen Olympiamannschaft. Viermal Gold, zweimal Silber und einmal Bronze sind von keiner anderen Nation einzuholen, Namen wie Franziska Weber, Tina Dietze, Max Rendschmidt und Sebastian Brendel prägen als mehrfache Edelmetallgewinner die Rennen.

Bis zur Erstellung dieses Buches im Herbst 2018/Frühjahr 2019 waren es insgesamt 52 Gold-, 36 Silber- und 34 Bronzemedaillen für deutsche Kanuten bei Olympia. Von den 52 Olympiasiegen entfielen acht auf den Kanu-Slalom, der allerdings erst 1972 ins Programm kam und dann nicht bei allen Spielen mangels einer geeigneten Rennstrecke ausgefahren wurde. National wie international steht der DKV und anteilig von 1968 bis 1988 auch der DKSV der DDR in allen Rankings ganz oben. Allein das ist weiterhin die Motivation für junge Kanutinnen und Kanuten, täglich ins Boot zu steigen oder sich im Winter in der Halle und im Kraftraum zu quälen, um es ihren großen Vorbildern nachzutun. Einige dieser Vorbilder werden wir später noch vorstellen.

Weil nun auch die Para-Kanuten ihre Spiele haben

Lange schon kämpfen die Menschen mit Behinderungen um die vollwertige Anerkennung in der Gesellschaft. Viele soziale Aktionen rücken dies immer wieder in den Blickpunkt. In vielen Sportarten suchte man lange nach Wegen, körperlich behinderte Aktive in die vorhandenen Wettkampfformen zu integrieren. Vielfach war das erst in der späten zweiten Hälfte des 20. Jahrhunderts möglich. Durch Entwicklungen bei Werkstoffen konnten Hilfsmittel geschaffen werden, die den Para-Sportlern einen Wettkampf mit Gleichbetroffenen ermöglichen. Vor allem für den Wassersport waren da Grenzen der Sicherheit gesetzt, denn Unfälle durch Kenterung musste man in jedem Fall vermeiden, um die in der Bewegung und ihren Möglichkeiten, sich schwimmend über Wasser halten zu können, eingeschränkten Aktiven nicht zu gefährden.

Erstmals waren die Para-Sportler 2010 bei einer Kanu-WM mit am Start. Drei Klassen, die auch heute noch gelten, wurden geschaffen, um die unterschiedlichen Grade der Behinderungen einzuteilen und so den Athletinnen und Athleten jeweils gleiche Chancen zu gewährleisten.

Deutsche Sportler fahren in diesen Klassen gleich von Anfang an vorne mit. Beispielhaft sei hier Tom Kierey aus Berlin genannt, der nach Gold und Silber zuvor seine bisherige Karriere 2016 krönt. Erstmals sind die Para-Kanuten bei den Paralympischen Spielen dabei. Schon 2010 hatte das Internationale Paralympische Komitee beschlossen, dass der Kanusport in Rio de Janeiro dabei sein soll. Zweimal gelingt DKV-Aktiven ein Medaillengewinn. Edina Müller gewinnt über die 200 Meter in ihrer Klasse im Kajak die Silbermedaille, mit dem gleichen Edelmetall schließt auch Tom Kierey sein Rennen über die 200 Meter im K1 ab.

Noch ist der Kanusport bei den Paralympischen Spielen ein eher zartes Pflänzchen, aber das kann wachsen und gedeihen. Gerade in der vielfach geführten Diskussion im deutschen Sport um Medaillenspiegel, Leistungsvermögen und Finanzen ist die Integration der behinderten Sportlerinnen und Sportler ein Fakt, den man weiterhin fördern und unterstützen muss. Und in den Vereinen in Deutschland erkennen immer mehr Funktionäre und Trainer, dass diese Form des Kanusports Potenzial für die Zukunft hat. Die Anschaffung von entsprechenden Booten und der barrierefreie Zugang zu Bootshäusern, Trainingsräumen und vor allem den Gewässern ist Grundvoraussetzung dafür. Dann aber zu erleben, wie sich die Menschen, die sonst so ein wenig am Rande der Gesellschaft stehen, im Sport einbringen, charakterlich und mental entwickeln und am Ende ihre Erfolgserlebnisse genau so ausgelassen feiern wie die Olympiafahrer, ist schon eine bewundernswerte Erfahrung. Die Paralympischen Spiele haben gewiss ihren Anteil daran.

26. GRUND

Weil der Kanusport bei den World Games eine feste Größe ist

Olympia und seit einigen Jahren auch die Paralympischen Spiele werden in der Öffentlichkeit mit Aufmerksamkeit bedacht. Gerade für die Sportarten, die sonst nicht so im Fokus der Zuschauer stehen, ist das eine wichtige Bühne. Dazu zählt der Kanusport, der trotz seiner Erfolge wie einige andere Sportarten meist nur ein Feld für Insider ist.

Doch diese beiden »Bühnen« sind nicht die einzigen, auf denen deutsche Kanusportler herausragende Erfolge feiern. Vor allem bei den World Games gibt es viele Medaillen für den DKV. Diese Spiele finden ebenfalls alle vier Jahre statt, immer ein Jahr nach den

Olympischen Spielen. Erstmals war das 1981 in Santa Clara (USA). Eigens dafür hatten die internationalen Sportverbände einen eigenen Verband (IWGA) gegründet, der seit 2000 seine Spiele unter der Schirmherrschaft des Internationalen Olympischen Komitees ausrichtet. Schon zweimal war Deutschland Gastgeber, 1989 mit Karlsruhe und 2005 mit Duisburg. Auch 2013 waren Duisburg zusammen mit Düsseldorf die Spiele von der IGWA zugesprochen worden, aus finanziellen Gründen musste man aber schon kurz nach der Vergabe von der Ausrichtung zurücktreten. Cali in Kolumbien übernahm die Aufgabe, die letzten World Games bisher fanden 2017 im polnischen Breslau statt.

Wer ist bei den World Games nun startberechtigt? Es sind vor allem Sportarten, die nicht zum olympischen Programm gehören. Dabei reicht die Palette von der Akrobatik der Turner über Billard, das bei Olympia gar nicht vertreten ist, bis hin zu den Kraftsportarten wie dem Tauziehen, das in den Anfangsjahren Olympias auch dort im Programm war. Der Kanusport ist mit seinen Disziplinen Kanu-Polo, Kanu-Marathon und Drachenbootsport vertreten. Für den deutschen Kanusport sind dabei besonders die Erfolge im Kanu-Polo hervorzuheben, 2005 gewannen die DKV-Damen den Titel. Im gleichen Jahr siegte das DKV-Mixed-Team über die 2000 Meter im Drachenboot. Bei den beiden letzten Austragungen der World Games dominierten vor allem die Polo-Teams der DKV-Damen und -Herren. Aus Cali 2013 und aus Breslau 2017 kam man jeweils mit der Goldmedaille zurück. Und in Polen gelang ein Sieg im Marathon der Einer-Kanadier durch Yul Oeltze.

Auch wenn die World Games lange nicht so viel Interesse finden wie die Olympischen Spiele, so sind sie doch ein unverzichtbarer Bestandteil der weltweiten Sportbewegung. Hier haben viele Aktive die Möglichkeit, sich neben Welt- und Europameisterschaften auf höchstem Niveau und in einem Umfeld mit vielen außersportlichen Programmpunkten wie gemeinsamer Eröffnungs- und Schlussfeier sowie Treffen und auch Partys zu messen und zu begegnen. Daneben ist der Deutsche Kanu-Verband einer der Vorreiter zur Aufnahme der World Games in die Fördermaßnahmen der Sportpolitik in Deutschland. Auch das ist sicher eine gute Investition, um den Sport zukünftig als wichtigen Bestandteil der Gesellschaft zu sichern.

Weil der deutsche Kanusport Maßstäbe bei Weltmeisterschaften setzt

Es wird niemanden verwundern, dass die Aktiven des Deutschen Kanu-Verbandes bei so vielen Olympiaerfolgen auch auf den dazwischenliegenden Welt- und Europameisterschaften eifrige Medaillensammler sind. Alljährlich trifft man hier auf starke Konkurrenz und Nationen wie Ungarn, in denen der Kanusport ganz oben auf der Beliebtheitsskala steht. Nicht immer klappt es, der Sport hat da seine eigenen Gesetze, und das macht ihn ja auch aus. Aber meist, wenn es in die Finalläufe geht, finden die selten ohne deutsche Beteiligung statt.

Das war schon 1938 so, als im schwedischen Vaxholm erstmalig im Rennsport die Titelkämpfe ausgetragen wurden. Gleich viermal standen DKV-Athleten ganz oben auf dem Treppchen. Das setzte sich nach dem Zweiten Weltkrieg und seinen Folgen dann 1954 im französischen Macon fort, wo auch Therese Zenz für das Saarland eine Goldmedaille einfuhr. Das im Südwesten der Republik gelegene Gebiet kam erst 1957 zur Bundesrepublik, war bis dahin im Sport eigenständig und startete u.a. bei Olympia 1952 in Helsinki unter eigener Flagge.

1955 holte dann die DDR erstmalig einen Weltmeistertitel, und was dann in den Jahren bis zur WM 1990 im polnischen Poznan folgte, ist eine beispiellose Erfolgsserie der Kanuten des DKSV der DDR. Sicher kann man das nicht bewerten, ohne auch das staatliche Sportsystem der DDR, die Fragen des Dopings und die weitestgehende Unmündigkeit der Sportlerinnen und Sportler kritisch zu beleuchten. Doch das ist nicht Aufgabe dieses Buches, dazu gibt es andere Veröffentlichungen und Aktivitäten.

Ohne Frage war der Stand und die Weiterentwicklung der Sportorganisation und der Trainingslehre ein wichtiger Baustein für die Erfolge des DDR-Sports. Davon profitiert auch der DKV, als nach der Auflösung des DKSV der DDR am 20. April 1991 der Weg der Aktiven aus den neuen Bundesländern in den DKV geebnet wird und viele Trainer und Betreuer sich in den folgenden Jahren um das nun vereinigte DKV-Team bei den Titelkämpfen kümmern. Bis heute halten die Erfolge an, und ein Ende ist kaum abzusehen. Dabei gilt die Strategie, dass man die Olympischen Spiele alle vier Jahre als die wichtigsten Zielwettkämpfe im Rennsport wie auch im Kanu-Slalom ansieht und auf sie hinarbeitet. Da kann es auch mal vorkommen, dass es in dem ein oder anderen Jahr kein WM-Gold für den DKV gibt, man aber schon bei der nächsten WM wieder ganz vorne in der Nationenwertung steht. Der Internationale Verband ICF führt dazu eine ewige Statistik, die für Deutschland einschließlich der DDR bisher 212 Gold-, 148 Silber- und 132 Bronzemedaillen aufweist. Das bedeutet zusammen 502-mal Edelmetall und Platz eins in dieser Wertung. Ungarn als Zweitplatzierter hat zwar 511-mal auf dem Treppchen gestanden, aber »nur« 209-mal ganz oben. Russland inklusive der Sowjetunion folgt mit einem Abstand von rund 100 Medaillen auf Rang drei (408), Rumänien (197), Polen (185) und Schweden (116) folgen als Nationen mit einer ebenfalls dreistelligen Anzahl dahinter.

Der Rennsport ist so etwas wie die Königsdisziplin, der Kanu-Slalom als olympische Sparte aber nicht weniger bedeutend. Auch in dieser Disziplin führt Deutschland den Medaillenspiegel der ICF an. Die ersten Titelkämpfe fanden 1949 in Genf statt, damals noch ohne deutsche Beteiligung. Seitdem sind für Deutschland inklusive der DDR 98 Gold-, 96 Silber- und 83 Bronzemedaillen verzeichnet, zusammen 277, Tschechien inklusive der ČSSR folgt mit 183, Frankreich mit 150 Erfolgen.

Doch auch in den anderen Kanusport-Sparten sind die Damen und Herren des DKV Spitze. So holten die Kanuspieler in der U21-Klasse der Damen sowie in den offenen Klassen der Damen und Herren 2018 jeweils die Welttitel, das U21-Herrenteam gewann die Silbermedaille.

Im Wildwassersport führt Frankreich die ICF-Tabelle mit 321 Medaillen an, dort ist angesichts der zahlreichen Gewässer diese Form des Kanusports führend. Deutschland folgt auf Rang zwei, war vor allem bei der WM 2018 mit siebenmal Edelmetall vorne dabei.

Weil auch hier eine Aufzählung aller deutscher WM-Erfolge den Rahmen sprengen würde, blicken wir zum Abschluss dieses Grundes noch auf die Drachenbootsportler des DKV. Sie trugen ihre WM 2018 in Atlanta auf dem Lake Lanier aus, dort, wo 22 Jahre zuvor die Rennsportkanuten ihre großen Erfolge feierten. Die Drachenbootsportler übertrumpften dabei noch die olympischen Ergebnisse von damals. Mit insgesamt 16 Welttiteln, vier Silber- und zwei Bronzemedaillen kehrten die DKV-Damen und -Herren aus den Rennen in den verschiedenen Boots- und Altersklassen sowie Streckenlängen zurück. Aus den zunächst breitensportlichen Anfängen in den Drachenbooten ist längst ein Wettkampfsport geworden, der vielen ambitionierten Aktiven eine Herausforderung bietet.

28. GRUND

Weil Kanu-Polo eine Bundesliga hat

Es ist ja im Kanusport üblich, dass die Meisterschaften in Rennen entweder gegeneinander oder gegen die Uhr ausgetragen werden. Kanu-Polo ist da eine Ausnahme, die sich vor allem für die Zuschauer spannend und rasant präsentiert. In Grund 14 haben wir schon die Grundlagen als Mannschaftssport mit Ball kennengelernt und erfahren, dass immer zwei Teams gegeneinander antreten. Im Deutschen Kanu-Verband ist daraus die 1995 gegründete Bundesliga geworden, die bei der Ermittlung der Deutschen Meister der Damen und Herren eine Rolle spielt.

Die Damen spielen in ihrer Liga mit insgesamt acht Mannschaften an zwei Spieltagen. Dabei haben die Teams an jedem Spieltag mehrere Partien auszutragen. Bester Club 2018 war dabei der Alster-Canoe-Club aus Hamburg, also der älteste Kanu-Verein im DKV.

Bei den Herren gibt es die Gruppe A mit den zwölf Topteams und die Gruppe B. Beide Gruppen spielen an vier Spieltagen die Tabelle aus, die über die Teilnahme an den Play-offs zur Deutschen Meisterschaft sowie über die Teilnahme an der Runde zum Auf- und Abstieg zwischen den Gruppen entscheidet. Diese Endrunden werden an einem fünften Spieltag im Rahmen der Deutschen Meisterschaften für alle Altersklassen ausgetragen. Von den acht Teams in der Play-off-Runde um die Meisterschaft setzte sich am Ende der WSF Liblar durch.

Zum Leidwesen der Kanuten und vor allem der aktiv spielenden Vereine und Teams ist die Kanu-Polo-Bundesliga noch lange nicht so populär wie die entsprechenden Ligen in anderen Sportarten. Doch gerade die Liga im DKV sorgt für eine enorme Spielstärke der deutschen Mannschaften bei den World Games und den Weltmeisterschaften, die wir in den vorherigen Gründen beleuchtet haben. Auch in anderen Nationen spornt das die nationalen Verbände an, Konkurrenz belebt halt im Sport das Geschäft. Das hat sich inzwischen bei den Funktionären der olympischen Bewegung im IOC herumgesprochen. Die sind ja immer auf der Suche nach spektakulären Matches, und wer weiß, vielleicht findet sich Kanu-Polo als weitere Disziplin des Kanusports demnächst im olympischen Programm.

Weil auch der Trendsport Freestyle
Weltmeister kürt

Im Kanu Kopf stehen, Rodeo in einer Welle reiten, mit Boot, der
Naturgewalt Wasser und den eigenen Kräften spielen – das alles
bietet Kanu-Freestyle. Und aus den Anfängen in den 70er- und
80er-Jahren entwickelten sich dann 1990 Weltmeisterschaften, um
die Besten dieses Faches zu küren. Die deutschen Sportler waren
da zunächst sehr erfolgreich, dominierten die Wettkämpfe. Doch
gesellschaftlichen Trends nach besonderen Herausforderungen und
Nervenkitzel folgend, nahm die weltweite Entwicklung sowohl im
Bootsbau als auch bei den aktiven Sportlerinnen und Sportlern einen
rasanten Verlauf. Deutschland geriet dabei etwas ins Hintertreffen,
dominierten im DKV doch klar die olympischen Disziplinen. Erst
2005 gab es mit Jutta Kaiser auf der Wildwasser-Slalomstrecke der
Spiele von 2000 in Sydney wieder eine Goldmedaille. 2006 nahm die
ICF Freestyle offiziell als Wettkampfdisziplin auf. Seitdem sind es vor
allem die Sportlerinnen und Sportler aus den USA, Kanada, Frankreich und Großbritannien, die von den Titelkämpfen mit Medaillen
nach Hause fahren.

Aktuell ist es Anne Hübner aus Rosenheim, die im DKV sowohl
als Aktive wie als Trainerin für den Freestyle-Sport im Kajak steht.
So belegte sie bei der letzten WM in Argentinien einen guten siebten
Platz, im Team mit Philip Josef und Fabian Lenz gelang sogar der
Gewinn der Bronzemedaille. Immerhin waren in Südamerika gut
300 Aktive aus 26 Ländern am Start. Man darf sicher sein, dass die
Protagonisten dieser spektakulären Disziplin schon ein Auge auf
Olympia geworfen haben.

Weil der Kanusport für
einen sauberen Sport steht

Wer heute über Sport spricht, diskutiert oder berichtet, der kommt
an dem Thema Doping kaum vorbei. In den rund 30 Jahren meiner
ehrenamtlichen Tätigkeit in nationalen und internationalen Sportorganisationen habe ich eines gelernt: Lege niemals beim Thema
Doping für einen Athleten die Hand ins Feuer! Das gilt weniger aus
Misstrauen gegenüber den Sportlerinnen und Sportlern, sondern vor
allem wegen der vielen Regeln, Maßnahmen und Methoden, die sich
heute um das Thema ranken. Da reicht schon eine kleine Unachtsam-
keit der Aktiven, um in den Doping-Strudel zu geraten, selbst wenn
man gar keine verbotenen Mittel zu sich genommen hat.

National wie international regeln die Anti-Doping-Agenturen
die Kontrollen und deren Auswertung. Manchmal mutet das an wie
ein Kampf gegen Windmühlen, jüngste Enthüllungen sowie die Re-
aktionen darauf u.a. im IOC schaffen nicht unbedingt Vertrauen.
Dennoch wird im Kanusport weiterhin mit allen verfügbaren Möglichkeiten gegen Manipulationen durch leistungssteigernde Mittel
gekämpft. Dass man schon lange auch in der Bundesrepublik mit
Vitaminspritzen und anderen medikamentösen Produkten experi-
mentierte, wurde spätestens durch die Veröffentlichung entsprechender Studien 2013 bekannt. Damit wurde deutlich, dass Doping
keine alleinige »Domäne« des Ostblocks mit seinen staatlich ge-
lenkten Sportorganisationen war. Diese Studien beinhalteten keine
Auffälligkeiten für den Kanusport, bei dem im DKV 1988 intensive Trainings- und Wettkampfkontrollen eingeführt wurden. Mit
der Zusammenführung der beiden Kanuverbände in Deutschland
wurde das 1991 noch einmal intensiviert, die Kontrollen flächen-
deckend durchgeführt und die Anzahl der davon betroffenen Aktiven deutlich erhöht. Neben den Kontrollen wurden die Aufklärung

und die Informationsmöglichkeiten für die Sportler über das immer komplexer werdende Thema verbessert. Auch Trainer und Betreuer wurden noch stärker in die Pflicht genommen, einen sauberen Sport für ihre Schützlinge sicherzustellen.

All das wurde in den folgenden Jahren akribisch und unter Aufwendung finanzieller Mittel vom DKV weiter in den Mittelpunkt seiner Anti-Doping-Arbeit gestellt. Arbeitsgruppen, Dopingbeauftragte und auch ehemalig erfolgreiche Aktive bringen sich als Multiplikatoren ein. Beim Kanutag 2011 des DKV, der alle zwei Jahre stattfindenden Vollversammlung des Verbandes, wird die Teilnahme an Doping-Präventionsschulungen bereits für die Schülerklassen als Voraussetzung für einen Start auf Wettfahrten beschlossen.

Für das Jahr 2012 vor den Olympischen Spielen in London registrierte die deutsche Anti-Doping-Agentur NADA für den Kanusport 600 Trainings- und 196 Wettkampfkontrollen. Wenn man so will, ist das für die Athleten, die quasi 365 Tage im Jahr der NADA zur Verfügung stehen müssen, die Kehrseite des so großen Erfolges im Kanusport.

Medien berichten immer wieder, dass die Kontrollmethoden in den jeweiligen Laboratorien oft den Entwicklungen der Ärzte und Wissenschaftler in deren unkontrollierbaren Hinterzimmern hinterherhinken. Mag sein, dass man für dieses Problem im Sport nie eine befriedigende Lösung finden wird. Aber der Kanusport und seine Verbände tun alles in ihrer Macht Stehende, um einen sauberen Sport möglich zu machen. Wie gesagt, die Hand ins Feuer sollte man trotzdem nicht legen, das Vertrauen in den Kanusport aber ebenso nicht aufgeben.

4. KAPITEL

GROSSE NAMEN DES KANUSPORTS

Weil Fritz Briel den Urtyp des Kanurennsports verkörperte

In diesem Kapitel sollen einige Kanu-Leistungssportler vorgestellt werden, die während ihrer Karriere mit besonderen Leistungen aufwarteten oder die mit ihrem Auftreten auf und am Wasser zu Vorbildern und geachteten Repräsentanten ihrer Sportart geworden sind. Die Auswahl ist sicher subjektiv. Niemand der Nichterwähnten soll dadurch in seinen Leistungen und seinem Wirken für den Kanusport geschmälert werden. Aber es liegt nun mal in der Natur der Sache, dass im Rahmen eines solchen Buches über die Gesamtheit des Kanusports nicht alle Protagonisten berücksichtigt werden können.

Die ersten Absätze in diesem Kapitel sind Fritz Briel gewidmet, mit dem mich ein paar Begebenheiten verbinden. Wir hatten nie persönlich miteinander zu tun, dennoch war er einer der Sportler, die mein Interesse am Wassersport geweckt haben.

Briel wurde 1934 in Düsseldorf geboren, also in meiner Geburts- und Heimatstadt. Er schloss sich als Jugendlicher dem Verein WSV Rheintreue an im Norden der Landeshauptstadt, in dem auch meine Eltern wohnten. Beide waren zwar selbst nicht Wassersportler, trafen aber in den dortigen Freundeskreisen öfter auf Fritz Briel und erzählten später immer mal wieder von dieser Zeit und den Erfolgen des Kajakfahrers.

Die setzten schon im Jugendalter ein, der Durchbruch im Erwachsenenbereich gelang ihm mit dem ersten Deutschen Meistertitel 1954. Was danach folgte, war eine typische Sportlerkarriere dieser Zeit. 1955 folgten ein Europameistertitel und die Qualifikation für die Olympischen Spiele 1956 in Melbourne. Zusammen mit Theo Kleine trat er im Kajak-Zweier (K2) über die 10.000 Meter an und gewann hinter den Ungarn die Silbermedaille. Es sollte der größte sportliche Erfolg für Briel bleiben, längst aber noch nicht das Ende seiner Medaillensammlung. Denn mit ihm als Mittelpunkt formierte sich Ende der 50er-Jahre im Verein am Düsseldorfer Rheinufer ein Zentrum für den Kanusport, und das lange bevor sich das System der heutigen zentralen Leistungssportzentren im deutschen Sport etablierte. Schon 1957 wurde Fritz Briel im Alter von 23 Jahren gemeinsam mit seinem Zweier-Partner mit dem »Silbernen Lorbeerblatt«, der höchsten Sportauszeichnung der Bundesrepublik, geehrt.

1957 bei den Europameisterschaften war der Ostblock dominierend, gewann viele Titel und Podiumsplätze. Bester Westverband wurde die Bundesrepublik Deutschland. Fritz Briel hatte großen Anteil daran, gewann zweimal Gold und je eine Silber- sowie Bronzemedaille. Der Einer-Kajak war seine Bootsklasse und die Langstrecke über 10 Kilometer seine Distanz. Doch Briel war auch Mannschaftsfahrer, zusammen mit seinem Vereinskameraden Heinz Ackers holte er nach Einer-Gold über den langen Kanten auch den Titel im K2 über 1.000 Meter sowie im Vierer Bronze.

Zwei Weltmeistertitel kamen ein Jahr später dazu. Erst über 1.000 Meter im K1, dann in der 4x500 Meter-Staffel. Den Titel über seine Spezialstrecke verpasste er knapp, als er sich mit einem Ungarn ein packendes Duell lieferte, am Ende aber beide in dem von einem Unwetter heftig beeinflussten Rennen wegen schlechter Sicht außerhalb der Markierungsbojen die Ziellinie als Erste passierten. Die strenge Jury sprach deshalb die Disqualifikation aus.

Dann aber folgte der Einbruch. 1959 erkrankte Briel über einen längeren Zeitraum, musste komplett mit dem Sport aussetzen, was ihn schließlich die Olympiateilnahme 1960 kostete. Wieder genesen, kam er 1961 zurück, holte den Europameistertitel über die 1.000 Meter und wieder mit der Staffel. 1963 folgte Gold bei der WM, wie gewohnt auf der Langstrecke. Mit Bronze folgte 1966 bei der WM in Ostberlin der letzte große internationale Erfolg, danach zog sich Fritz Briel aus dem Leistungssport zurück.

Beruflich hatte er das Installateur-Handwerk gelernt, seit 1960 war er aber bereits Pächter einer Tankstelle im Düsseldorfer Süden. Und genau hier trafen sich dann wieder unsere Lebenswege. Meine Eltern hatten im Stadtteil Benrath eine Wohnung erhalten, und oft kamen wir an ebenjener Tankstelle und der dazugehörenden Autoverwertung, damals urtypisch Schrottplatz genannt, an der Verbindungsstraße nach Hilden vorbei. 1970 gab Fritz Briel diese Tätigkeit auf, ließ sich zum staatlich geprüften Masseur ausbilden und betrieb bis zu seinem Ruhestand ein eigenes Bäderhaus im Düsseldorfer Süden.

Was Fritz Briel während seiner sportlichen Karriere und auch danach auszeichnete, waren seine durch das Arbeitermilieu geprägte Bodenständigkeit und vor allem die fast unbändige körperliche Kraft, die er voll in seine Rennen einbrachte. Auch wenn ich später mit dem Rudern selbst die andere muskelbetriebene Sportart auf dem Wasser für mich wählte, so war er vor allem durch die Geschichten, die ich in meiner Jugend über ihn hörte, eine Art Vorbild. Am Ende verband uns dann noch eine eher traurige Zufälligkeit – er starb an einem 15. März im Alter von 83 Jahren. Genau an meinem Geburtstag.

32. GRUND

Weil Detlev Lewe ein Vorbild für eine ganze Region war

Mit seiner Körperlänge von 1,91 Meter war Detlev Lewe schon eine imposante Erscheinung. In Dortmund wurde er 1939 geboren, startete seine Karriere im Kanadier aber erst mit zwölf Jahren im Ruhr-Städtchen Schwerte. Eigentlich galt dem Eishockey seine große Liebe, aber die Wege von Schwerte aus zu den Eisbahnen in den größeren Städten waren damals noch fast unüberwindlich und so ein Training für den jungen Hünen unmöglich.

Auf eine Wandertour nahmen ihn Paddlerfreunde aus Schwerte mit und weckten dabei sein Interesse für diesen Sport. Er sollte ihm nicht nur 33 Deutsche und drei Weltmeistertitel einbringen, sondern auch die viermalige Teilnahme an Olympischen Spielen zwischen 1960 und 1972, wo er sich immer für das Finale im Einer-Kanadier (C1) qualifizierte.

Weltmeister im C1 über die 1.000 Meter wurde er erstmals 1966. Bei den Spielen von Rom 1960 und 1964 in Tokio wurde Lewe jeweils Sechster. Der große Erfolg sollte 1968 in der Höhenluft von Mexiko gelingen, als er hinter dem Ungarn Tatai im C1 über 1.000 Meter Silber gewann. Es folgte ein Rücktritt vom Leistungssport, in den der Schwerter aber schon 1970 zurückkehrte. Schon ein Jahr später holte er im C1 die Welttitel über 500 und 1.000 Meter, was ihn zum Favoriten für die Rennen auf der Olympiaregattabahn in Oberschleißheim für die Spiele von München 1972 machte. Dort erlebte Detlev Lewe wohl die größte Stunde seiner sportlichen Karriere, allerdings nicht auf dem Wasser, sondern auf der Laufbahn des Olympiastadions. Als Fahnenträger führte er das Team der Bundesrepublik Deutschland an. Damit würdigte das damalige Nationale Olympische Komitee nicht nur seine sportlichen Erfolge, sondern vor allem seine immer ruhige, sportlich faire und damit vorbildliche Haltung, die Detlev Lewe für seine Sportgeneration verkörperte. Mit der Bronzemedaille über die 1.000 Meter beendete der inzwischen als Metzgermeister mit eigenem Betrieb in seiner Heimatstadt Schwerte tätige Sportler 1972 endgültig seine Karriere.

»Hüne von der Hüsingstraße«, so nannte man ihn in seiner Heimatstadt, denn dort war seine Metzgerei beheimatet, die auch nach seinem Tod 2008 seinen Namen behielt. Doch das war nicht die einzige Ehrung, die die Schwerter ihm machten. Schon 1968 erhielt er als erster Bürger den Ehrenring, und zu seinem 60. Geburtstag folgte die Stadt einem Vorschlag seines Kanu- und Surf-Vereins Schwerte (KSV), benannte die zum Bootshaus führende Zufahrt »Detlev-Lewe-Weg«. 1967 erhielt Lewe das »Goldene Band der Sportpresse«, 1971 wählten ihn die bundesdeutschen Sportjournalisten auf den zweiten Platz bei der Ehrung »Sportler des Jahres«.

Bis 1998 betrieb Detlev Lewe sein Fleischerei-Fachgeschäft an der Ruhr und engagierte sich für den Jugendsport in seinem KSV. Dann siedelte er im Ruhestand um nach München, der Stadt, in der er nach eigenem Bekunden die größten Momente mit »Gänsehaut« im Sport erlebt hatte. Zehn Jahre später starb er dort nach kurzer Krankheit im Alter von 69 Jahren.

Bis heute ist Detlev Lewe in Schwerte und im Kanusport unvergessen. Mit seiner prägenden Erscheinung, vor allem aber mit seiner Einstellung zu den ethischen Werten des Sports hat er sich selber in der Region an der Ruhr ein Denkmal gesetzt.

Weil Andreas Dittmer ein erfolgreicher »Indianer« ist

Bleiben wir bei der nächsten Persönlichkeit im selben Boot, dem Kanadier-Einer, kurz C1 genannt. Nach den Olympiasiegen des Düsseldorfer Uli Eicke 1984 und von Olaf Heukrodt 1988 für das Team der DDR musste man zwölf Jahre warten, bis es wieder Olympiagold für Deutschland im C1 zu feiern gab. 2000 auf der Regattastrecke in Penrith nahe der australischen Metropole Sydney war es der 1972 in Neustrelitz geborene Andreas Dittmer, der sich seinen größten sportlichen Traum mit dem Sieg über die 1.000 Meter erfüllte. Schon vier Jahre zuvor war er im C-Zweier zusammen mit Gunar Kirchbach Olympiasieger geworden. Dann ging es in den Einer, und neben Gold über seine Paradestrecke gab es in Down Under für ihn auch Bronze über die 500 Meter. 2004 startete Dittmer ein letztes Mal bei Olympia, aus Athen kehrte er mit Silber über die 1.000 Meter und seinem dritten Olympiasieg über die 500 Meter zurück. Bemerkenswert war, dass zwischen den beiden Finalläufen nur ein Tag lag. Über den Kilometer war Dittmer dem Spanier David Cal mit nur 4/10-Sekunden unterlegen, einen Tag später drehte er den Spieß um, verwies den Spanier auf den zweiten Platz.

Achtmal wurde Dittmer Weltmeister, insgesamt holte er bei den Welttitelkämpfen 30 Medaillen. Zusammen mit seinen 46 nationalen Titeln wurde Andreas Dittmer zum bisher erfolgreichsten Kandierfahrer im Kanu-Rennsport aller Zeiten. Seinen Spitznamen »Schnellster Indianer der Welt« erhielt er 2001, als ihn die deutschen Olympiasportler in der traditionellen »Urlaubswoche« des »Clubs der Besten« zum Champion des Jahres wählten. Erste Gratulantin im November 2000 in Australien war übrigens seine Schwester Anja, die ihm schwimmend eine Deutschlandflagge in den Zielauslauf des Rennens brachte. Wie ihr Bruder nahm auch sie viermal an Olympischen Spielen als Triathletin teil.

Den »sportlichen Virus« erhielt Andreas schon in der Familie, denn sein Vater Klaus war ebenfalls ein erfolgreicher Kanute in der DDR. Da war es dann nicht verwunderlich, dass sich Dittmer auch nach seiner eigenen Karriere im Sport engagierte und sich da besonders um die Nachwuchsarbeit kümmerte. Als gelernter Bankkaufmann widmete er sich im Deutschen Sparkassen- und Giro-Verband (DSGV) als Referent der Sportförderung. Hier kümmerte er sich um die Betreuung der Sport-Eliteschulen, organisierte Trainingslager vor allem für die Jugend und die Finanzierung von Sportgeräten, vertrat als Repräsentant den DSGV bei zahlreichen Events, bei denen es um die Auszeichnung und Förderung der Nachwuchsathletinnen und -athleten ging.

Das Jahr 2018 brachte dann aber neue Akzente für Andreas Dittmer. Im März beendete er seine Tätigkeit im DSGV, wechselte nach Kanada und ist nun dort als Nationaltrainer im Kanusport tätig. Irgendwie passend für den weltbesten »Kanadier«. Und noch etwas passte ins Bild des vorbildlichen Sportsmann Andreas Dittmer: Als erster männlicher Kanute wurde er im Oktober 2018 in die »Hall of Fame« des deutschen Sports aufgenommen. Birgit Fischer, der wir einen späteren Grund widmen, wurde bereits 2008 als erste Vertreterin des Kanusports mit der Aufnahme in die Ruhmeshalle geehrt. Nach der dreimaligen Auszeichnung mit dem »Silbernen Lorbeerblatt« würdigt diese Ehre in besonderer Weise die Verdienste von Andreas Dittmer. Und dass es damit den Richtigen »traf«, zeigt eine Begebenheit, die sich 2000 im Vorlauf der Olympischen Spiele ereignete. Die Rennen waren stark beeinflusst durch Wind und Wellen auf der Strecke. Der Olympiasieger von 1996 über die 500 Meter, der Tscheche Martin Doktor, hatte im 1000-Meter-Rennen schwer damit zu kämpfen. Die Jury sah in seinem Schlingerkurs ein unerlaubtes Verlassen der Bahn und ein ebenso regelwidriges »Reiten« in der Welle des führenden Andreas Dittmer. Es folgte die Disqualifikation des Tschechen, die aber Dittmer als ungerecht ansah. In einem handschriftlichen Brief an das IOC setzte er sich für die Rücknahme dieser Jury-Entscheidung ein und erreichte damit tatsächlich, dass sein schärfster Rivale um Gold dann doch wieder für das Finale zugelassen wurde. Hier reichte es dann doch nur zum achten Platz für den Tschechen, Andreas Dittmer aber wurde später für seine Aktion mit dem Pierre-de-Coubertin-Preis des Internationalen Fair-Play-Komitees ausgezeichnet.

Andreas Dittmer – ein würdiger Vertreter des Kanusports in der imaginären Ehrenhalle und ein vorbildlicher Sportsmann.

34. GRUND

Weil Sebastian Brendel ein Ausnahmeathlet ist

Im deutschen Kanusport, Ost wie West und dann vereinigt, hat es eine Vielzahl von Athletinnen und Athleten gegeben. Und die besetzten erfolgreich die diversen Bootsklassen über die verschiedenen Strecken, die bei Olympia oder Weltmeisterschaften ausgefahren werden. Wenn man dennoch so etwas wie eine »deutsche« Bootsklasse definieren müsste, käme man am Kanadier-Einer der Männer wohl kaum vorbei. Der in den vorherigen Gründen begonnenen Reihe mit der Nennung von Detlev Lewe, Uli Eicke und Andreas Dittmer schließt sich der aktuell für den Deutschen Kanu-Verband startende Sebastian Brendel nahtlos an. Wie die genannten Vorgänger ist auch er ein mit Medaillen und Olympiasiegen ausgezeichneter Sportler, der auf imposante Weise seinen Sport im und außerhalb des Bootes repräsentiert.

Geboren wurde Brendel im März 1988 in Schwedt nahe Frankfurt an der Oder. Dort startete er seine sportliche Karriere mit acht Jahren, seit dem Jahr 2000 gehört er dem KC Potsdam an. Und die Erfolgsbilanz dieses Klubs ist seit 2007 mit den ersten Senioren-Rennen des 1,92 m großen Modellathleten fest verbunden. Mit Bronze im nichtolympischen Kanadier-Vierer begann es, bis heute stehen insgesamt drei olympische Goldmedaillen, 23 Welt- und Europameistertitel und noch einige weitere Silber- und Bronzemedaillen für Sebastian Brendel zu Buche.

Dabei begann seine olympische Geschichte zunächst mit einem großen Malheur. Bei der WM 2011 im ungarischen Szeged stand die Qualifikation für die Spiele 2012 in London an. Brendel galt als großer Favorit über die 1000 Meter im C1. Wie gewohnt schiebt er sein Boot im Vorlauf nach dem Startsignal mit langen wuchtigen Schlägen an. Doch nach dem vierten Durchzug durch das Wasser passiert's. Der Schaft des Paddels bricht, Brendel ist aller Chancen auf den sicheren Olympiaplatz beraubt. Er muss den Umweg über die kontinentalen Nachqualifikationen nehmen, nimmt diese Hürde aber mit Bravour und sichert sich das Ticket für London. Und auf dem Dorney Lake, rund 50 km südwestlich der britischen Hauptstadt, zeigt der Potsdamer dann seine ganze Klasse. Schon nach der Hälfte der 1000-Meter-Distanz, seiner Paradestrecke, liegen die acht Konkurrenten im Finale klar hinter ihm, die Goldmedaille lässt das Missgeschick von Szeged und die folgenden Mühen vergessen.

Fünfmal WM-Gold über die 1000 wie auch die 5000 Meter im C1 folgen zwischen 2013 und 2015 und damit die Favoritenrolle für die

Spiele von Rio de Janeiro 2016. Doch er hat inzwischen einen harten Konkurrenten, der zudem auf seiner Heimstrecke endlich den »Fluch« des ewigen Zweiten hinter Brendel loswerden möchte. Der Brasilianer Queiroz dos Santos geht die 1000 Meter im C1 an wie die Feuerwehr. Brendel folgt, weiß um seine Stärken und hat den Liebling des heimischen Publikums immer im Blick. Mit 60 Schlägen pro Minute geht der Potsdamer in den Endspurt, und wie schon so oft bei den Titelrennen der Vorjahre kann er sich auch diesmal am Brasilianer vorbei auf den Gold-Platz vorschieben. Brendel verteidigt somit das Gold von London, macht sich mit dem zweiten C1-Gold endgültig zu einem ganz Großen seiner Zunft. Queiroz trägt es mit Fassung, muss anerkennen, dass die vielen Video-Studien der Rennen seines größten Gegners nicht der Schlüssel zum Erfolg waren. Aber Silber hinter diesem Ausnahmeathleten ist das Beste, was es an diesem Finaltag zu gewinnen gab.

Dass Sebastian Brendel der unbestrittene Champion im C1 ist, war mit dem erneuten Olympiasieg klar. Dass er aber auch im Zweier besondere Qualitäten hat, sollte er vier Tage später beweisen. Zusammen mit Jan Vandrey stand Brendel im C2 im Finale über 1000 Meter. Wieder ist das Rennen bis in die Schlussphase hinein spannend, und wieder ist es mit Brasilien die gastgebende Nation, die vorne neben der Ukraine um die Medaillen mitfährt. Als es auf die letzten 250 Meter geht, packen Brendel und sein gut drei Jahre jüngerer Bootskamerad Vandrey richtig ins Wasser. Schlag um Schlag schieben sie sich an die Gegner ran, und im Ziel haben sie die Bootsspitze deutlich vorne. »Unser Endspurt ist gekommen. Das war unglaublich. Großer Respekt für den Jungen«, kommentiert der zweifache Olympiasieger anschließend den Erfolg mit Vandrey. Und der gibt das Lob zurück: »Ich hatte einfach einen großen Sportler an meiner Seite«, so der ebenfalls in Schwedt geborene und für den KC Potsdam fahrende damals 24-Jährige. Und umso bemerkenswerter ist diese Goldmedaille, weil sie ursprünglich gar nicht auf dem Plan des Deutschen Kanu-Verbandes stand. Der C2 des DKV hatte sich knapp nicht für Olympia qualifiziert, aber da der internationale Kanu-Verband ICF die Weißrussen wegen eines Dopingbefundes von den Spielen ausschloss, rückte das deutsche Boot nach. Jan Vandrey wurde kurzfristig für das Olympiateam nachnominiert und schaffte dann mit Sebastian Brendel das fast Unmögliche.

Den Titel »Sportler des Jahres« in Deutschland konnte Sebastian Brendel noch nicht gewinnen, 2016 kam er bei dieser Wahl auf den vierten Rang. In Brandenburg ist er in dieser »Disziplin« seit 2012 schon mehrfach ausgezeichnet worden. 2015 hatten ihn die deutschen Sportler in der obligatorischen gemeinsamen Urlaubswoche zum »Champion des Jahres« gekürt, was sein großes Ansehen in der Gemeinschaft der deutschen Olympiastarter ausdrückt. Und wer weiß, 2020 bei den Spielen in Tokio ist Sebastian Brendel mit 32 Jahren in einem Alter, in dem neben der sportlichen Leistung auch die Erfahrung in den Rennen eine ganz besondere Rolle spielt. Seine Geschichte als deutscher Ausnahmeathlet ist somit sicher noch lange nicht zu Ende geschrieben.

35. GRUND

Weil die bisher erfolgreichste deutsche Olympiasportlerin Kanutin ist

Ja, ich weiß: Wie oft, wenn man(n) sich mit dem Sport beschäftigt, steht das männliche Geschlecht im Vordergrund, so halt auch bei den bisher vorgestellten Aktiven. Ohne das entschuldigen zu wollen, liegen die Gründe dafür sicher in der Tatsache, dass viele olympische Sportarten zunächst nur für Männer ausgeschrieben waren und die Frauen gerade im Wassersport sich erst im Laufe der Jahrzehnte ihr Startrecht durch gute Leistungen erkämpfen mussten. Sicher ist das rückblickend auf die Geschichte des Sports eine große Ungerechtigkeit, aber längst ist die einer Selbstverständlichkeit gewichen, mit der heute die sportlichen Erfolge der Frauen in zahlreichen Sportarten gleichwertig gewürdigt werden. Und das gilt ganz besonders für den Kanusport, bei dem die Frauen schon in der Frühzeit des Sportbetriebes aktiv mit in den Booten saßen.

Blickt man auf die leistungssportliche Geschichte im deutschen Kanusport, dann sind es Roswitha Esser und Annemarie Zimmermann, die für den Neusser Verein SG Holzheim im Kajak-Zweier das Eis für die Frauen brachen. Sowohl in Tokio 1964 wie auch vier Jahre später in Mexiko holten sie über die 500 Meter im K2 Gold. Blickt man auf die Siegertafeln des Deutschen Kanu-Verbandes in den folgenden Jahren bis heute, findet man eine Vielzahl von Frauen, die ebenfalls ihre sportliche Karriere mit einer oder mehreren olympischen Goldmedaillen krönten. Eine aber sticht dabei heraus, und sie sei hier stellvertretend für alle erfolgreichen Kanutinnen vorgestellt: Birgit Fischer.

1962 in Brandenburg an der Havel geboren, gehörten zunächst Musik und Kunst zu ihren favorisierten Hobbys. Da dies aber in der DDR nur wenig gefördert wurde, Birgit Fischer aber auch großes sportliches Talent zeigte, wechselte sie mit 13 Jahren auf die Kinder- und Jugendsportschule in Brandenburg. Die Stadt an der Havel galt als eine der Hochburgen des DDR-Wassersports mit Schwerpunkt auf die Disziplinen der Frauen. Längst hatte Birgit Fischer dadurch den Weg ins Kanu gefunden, startete erfolgreich für die BSG Stahl Brandenburg. 1976 wechselte die Schule ihren Standort nach Potsdam, der ASK Vorwärts wurde zum neuen Verein der Kanutin. Sie war gerade 18 Jahre alt, als sie sich für die Spiele 1980 in Moskau qualifizierte und dort im Einer-Kajak über die 500 Meter ihre erste olympische Goldmedaille gewann.

Dass noch viele weitere folgen sollten, war da noch nicht abzusehen, da die Karriere durch den DDR-Boykott der Spiele 1984 zunächst quasi auf Eis lag. Aber 1988 kam die inzwischen mit dem Kanuten Jörg Schmidt verheiratete Sportlerin eindrucksvoll zurück. Als Birgit Schmidt gewann sie in Seoul zweimal Gold im Kajak-Zweier und -Vierer, dazu Silber im Einer, jeweils über ihre Paradestrecke, die 500 Meter. Vier Jahre später in Barcelona, also zwölf Jahre nach ihrem ersten Einer-Gold, holte sie sich erneut den Olympiasieg im Einzelboot, Silber im Vierer kam noch dazu.

Auch wenn sie in den folgenden Jahren sich nicht mehr im K1 der olympischen Konkurrenz stellte, für die Zweier und Vierer war sie weiterhin die prägende Sportlerin, die mit ihrer Energie, ihrem sportlichen Können und der inzwischen langen Erfahrung gerade die jüngeren Athletinnen anführte und mitriss. Gold und Silber waren für Birgit Fischer, die nach der Trennung von ihrem Ehemann wieder unter ihrem Mädchennamen an den Start ging, die Ausbeute in Atlanta 1996. 2000 in Sydney mit inzwischen fast 39 Jahren führte sie den Zweier und Vierer jeweils als Schlagfrau zu Gold. Und mit Silber im Zweier und Gold im Vierer beendete sie ihre großartige olympische Laufbahn 2004 in Athen. Zwischen dem ersten Gold 1980 und 2004 hatte sie immer wieder längere Pausen vom Leistungssport eingelegt, hatte sich aber jeweils mit großer Leistung in die jeweiligen Olympiateams zurückgekämpft. Auch 2008 für die Spiele in Peking war das ihr Ziel, aber ihre berufliche Tätigkeit als inzwischen selbstständige Unternehmerin im Bereich Sport und Touristik schränkte sie zeitlich so stark ein, dass sie im Februar 2008 wegen fehlender Trainingsmöglichkeiten das Ziel der siebten Teilnahme an Olympischen Spielen aufgab. Das ging sie dann für London 2012 dennoch ein weiteres Mal an, doch im Frühjahr 2012 zwangen sie gesundheitliche Probleme endgültig zum Rücktritt vom Hochleistungssport.

Achtmal Gold und viermal Silber machten sie zur bisher erfolgreichsten Olympionikin im deutschen Sport. 27 WM-Titel, dazu sechs Silber- und vier Bronzemedaillen bei Weltmeisterschaften unterstreichen die Ausnahmestellung, die Birgit Fischer im Kanusport bis heute einnimmt.

Außerhalb des Sports verfolgte Birgit Fischer ihre Ziele und Engagements immer mit dem Ehrgeiz und der manchmal auch etwas kompromisslosen Entschlossenheit, die ihre gesamte sportliche Karriere geprägt hat. Im Mittelpunkt standen dabei oft die Interessen des Sports, aber auch der Naturschutz gerade in ihrem heimatlichen Umfeld in Brandenburg. Für die Deutsche Gesellschaft zur Rettung Schiffbrüchiger (DGzRS) war sie zudem als Botschafterin aktiv. Und nach dem Sport konnte sie dann ihre künstlerischen Ambitionen sowohl als Musical-Darstellerin wie auch als begeisterte Fotografin ausleben. Motiv war und ist dabei vor allem die Natur rund um ihren Wohnort Bollmannsruh nahe Brandenburg an der Havel, deren Schönheit und Stimmungen sie inzwischen auf vielen Ausstellungen in ganz Deutschland präsentieren konnte.

Erfolgreich im Sport, engagiert im Naturschutz bis hin in die Europapolitik rund um dieses Thema – das ist die auf einen kurzen und sicher nicht vollständigen Nenner gebrachte bisherige Lebensleistung der Ausnahmesportlerin Birgit Fischer. Ihr Name steht nach wie vor für den Kanusport, den sie wie kaum eine andere mit ihren Erfolgen repräsentiert. Ihre Aufnahme in die »Hall of Fame« des deutschen Sports im Jahre 2008 als erste Vertreterin des Kanusports überhaupt ist ein Beleg dafür.

36. GRUND

Weil Bälle, Boot und Baby bei Edina Müller eine Rolle spielen

Hochleistungssport für Menschen mit körperlicher Behinderung, das ist längst ein fester Faktor in der Gesellschaft. Spätestens nach der Aufnahme der Berichterstattung in den Massenmedien über die alle vier Jahre stattfindenden Paralympischen Spiele werden die Leistungen der Sportlerinnen und Sportler in der Öffentlichkeit anerkannt. Stellvertretend für diese Athleten seien an dieser Stelle der Kanutin Edina Müller aus Hamburg einige Zeilen gewidmet.

Seit einem Unfall im Jahr 2000 auf den Rollstuhl angewiesen, ist das sportliche Allroundtalent ein großes Vorbild für ähnlich betroffene Menschen. Doch bevor sie zum Kanusport kam, stand der Teamsport Rollstuhl-Basketball im Vordergrund. 2003 startete sie damit. Daneben war sie auch im Rollstuhl-Tennis aktiv, 2005 holte sie sich hier den Titel bei den Hungarian Open. Danach aber konzentrierte sie sich auf den großen Ball, spielte im Rollstuhl-Basketball für den ASV Bonn in der Bundesliga und kam schnell in den Kader für das Nationalteam, das dann bei der WM 2006 Bronze holte.

Von einem erfolgreichen Trainer in die USA geholt, startete sie an der Universität of Illinois ein Studium und spielte in einem Collage Team, das die nationalen Meisterschaften gewann. Zwischendurch reiste sie in den Ferien zur deutschen Nationalmannschaft, die 2007 Europameister wurde. Ein Jahr später schloss sie ihr Studium ab und kehrte nach Deutschland zurück, um sich auf die Paralympischen Spiele von Peking vorzubereiten. Hier traf sie mit dem deutschen Team im Endspiel auf ihre ehemaligen Mannschaftskolleginnen aus den USA, die sich Gold holten. Silber aber war ein ganz großer Erfolg für Edina und ihre Mitspielerinnen, die zusammen zur Paralympischen Mannschaft des Jahres gewählt wurden und das »Silberne Lorbeerblatt« erhielten.

Es folgten weitere nationale und internationale Titel für das deutsche Rollstuhl-Basketballteam und 2012 in London dann mit der Goldmedaille die Krönung. Zwei weitere Jahre spielte Edina Müller noch erfolgreich Basketball, dann aber saß sie eher zufällig in Halle (Saale) zum ersten Mal in einem Kajak. Und der dortige Trainer erkannte schnell ihr Talent auch in dieser Sportart. 2015 qualifizierte sich Edina für das Nationalteam des Deutschen Kanu-Verbandes und holte Europa- und Weltmeisterschaftssilber im Einer-Kajak. 2016 machte sie aus Silber Gold bei EM und WM, und erstmals war der Kanusport bei den Paralympischen Spielen in Rio im Programm. Nach den beiden Medaillen im Basketball gab es auch da Edelmetall für die Hamburgerin, im Einer-Kajak holte sie sich die paralympische Silbermedaille. Im deutschen Sport gibt es viele sehr erfolgreiche Para-Sportler, und Edina Müller gehört zweifelsfrei in einer imaginären Rangliste weit nach oben, nicht nur wegen der Erfolge, sondern auch ihrer Vielseitigkeit.

Seit dem Januar 2019 gibt es neben dem Sport aber einen weiteren Mittelpunkt im Leben. Sohn Liam kam zur Welt und machte somit das Familienglück der Ausnahmesportlerin perfekt. Dass er aber in den kommenden Jahren wohl ab und an für Training und Wettkampf auf die Mama verzichten muss, darf man wohl annehmen. Viele andere Athletinnen im Sport haben es schon vorgemacht, wie man nach einer Geburt wieder mit neuer Motivation und Kraft in den Sport einsteigt. Und wer die Sportbegeisterung von Edina Müller kennt, wird sich nicht wundern, wenn auch sie genau das versuchen wird. Ball, Boot, Baby – die Stationen der Karriere einer Sportlerin, die weit mehr ist als nur ein Vorbild.

Weil Tony Estanguet seine olympische Sportkarriere auch ohne Boot fortsetzt

Der Kanusport ist so vielfältig, da fällt es durchaus schwer, eine repräsentative Auswahl für die Vorstellung in diesem Buch zu treffen. Deshalb sei mit dem nächsten Kurzporträt diese Präsentation von erfolgreichen Sportlern und Sportlerinnen beschlossen. Da passt es vielleicht, dass nach dem Rennsport und einigen deutschen Aktiven nun ein erfolgreicher Slalom-Kanute aus Frankreich Berücksichtigung findet. Tony Estanguet, geboren 1978 in Pau, ist nicht nur ein Ausnahmesportler seiner Disziplin, sondern wirkt auch nach seiner aktiven Zeit weiterhin für den Sport. Doch der Reihe nach:

Dass Tony sich dem »weißen Wasser«, also den Stromschnellen und der Gischt des Wildwassers, stellte, kam nicht von ungefähr.

Seine ganze Familie war bereits in diesem Sport aktiv, sein Bruder Patrice holte sich 1996 die Bronzemedaille bei den Spielen in Atlanta.

Erste Erfolge stellten sich für Tony ein Jahr später bei den Weltmeisterschaften ein. In Sydney auf dem Kanal im Wassersportpark von Penrith schlug dann 2000 die große Stunde für den Franzosen. Ganz knapp schlug er den Slowaken Martikán, der vier Jahre zuvor Gold geholt hatte. Dieses Duell sollte noch bei vielen Wettkämpfen folgen. Bei den Spielen 2004 in Athen sah es nach einem weiteren Sieg für den Slowaken aus, aber die Jury wertete vor der endgültigen Entscheidung noch einmal Fernsehbilder aus und sah dort eine Berührung der Torstangen, was dem Slowaken eine Zeitstrafe einbrachte und damit erneut Silber hinter Tony Estanguet.

Längst zum Sportidol in seinem Heimatland geworden, trug Tony bei der Eröffnungsfeier der Spiele 2008 in Peking die französische Flagge ins »Vogelnest« genannte Stadion, doch bei diesem besonderen Erlebnis sollte es diesmal bleiben. Schon im Halbfinale schied er als Neunter aus, konnte nicht mehr an der Finalrunde teilnehmen. Dennoch kann er drei olympische Goldmedaillen sein Eigen nennen, denn in London 2012 schaffte er zum dritten Mal den Ritt durch die Wellen und Torstangen als Schnellster.

Wenige Wochen später trat er vom Leistungssport zurück, hatte sich aber längst als engagierter Sportler und Athletenvertreter empfohlen. Seit 2013 ist er Mitglied im Internationalen Olympischen Komitee (IOC). Und dort erlebte er im Herbst 2017 seinen bisher größten Erfolg als Sportfunktionär. Das Bewerbungskomitee für die Olympischen Spiele 2024 in Paris hatte ihn zu seinem Co-Vorsitzenden berufen und mit seiner Erfahrung aus der viermaligen Teilnahme als Athlet prägte er die Präsentation der französischen Hauptstadt maßgeblich mit. Lohn war die Vergabe der Spiele nach Paris, das damit nach 1900 und 1924 zum dritten Male Gastgeber sein wird.

Mag auch die olympische Idee und insbesondere das IOC heute oftmals aus ethischen Gründen in der Kritik stehen – solange ehemalige Athleten wie Tony Estanguet mit ihrer Erfahrung und ihrer seriösen Einstellung zum Sport in den Funktionärsgremien mitreden, so lange wird nicht der viel gescholtene Kommerz, sondern weiterhin der Sport die Seele der Olympischen Spiele bleiben. Denn ohne ihn wären sie nicht denkbar, so oder so.

Weil Ulrich Feldhoff ein heute noch prägender Präsident war

1914 wurde der Deutsche Kanu-Verband gegründet. Bis 1981 hatte er sechs verschiedene Präsidenten, die den Verband durch die Epochen mit den vielen gesellschaftlichen und politischen Veränderungen des 20. Jahrhunderts führten. Als Peter Maaßen, im Präsidentenamt von 1965 bis 1981, auf dem Kanutag 1979 den Oberhausener Unternehmer Ulrich Feldhoff als seinen Nachfolger vorschlug, flogen dem längst nicht alle Sympathien entgegen. Vor allem aus dem Bereich Leistungssport kam Gegenwind für den ehemaligen Rennkanuten, der sich im Landesverband Nordrhein-Westfalen schon in jungen Jahren einen Namen als Schatzmeister gemacht hatte. Ob er diesen Gegenwind nun als besondere Herausforderung verstanden hatte, hat Ulrich Feldhoff nie ganz aufgeklärt. Tatsache ist aber, dass unter seiner Präsidentschaft gerade der Leistungssport mit den vielen Medaillen bei Olympia sowie den Welt- und Europameisterschaften zum prägenden Element für den Kanusport in der Öffentlichkeit wurde. Befördert auch durch die Vereinigung der deutschen Verbände aus Ost und West, wurden in diesen Jahren die Grundlagen gelegt, die den DKV zum inzwischen erfolgreichsten Olympischen Sportverband im deutschen Sport gemacht haben.

Sein Vorgänger Maaßen hatte für Ulrich Feldhoff das Feld mehr als gut bestellt. Als eine Neuerung im Verband wurde der erste hauptamtliche Generalsekretär eingestellt und mit dem Kölner Wolfgang Over dafür ein Mitarbeiter gefunden, der den ehrenamtlichen Präsidenten Feldhoff in allen Belangen unterstützte. 24 Jahre führten sie quasi in ihren unterschiedlichen Funktionen den Verband gemeinsam, schafften neben der Integration der Kanuten aus der DDR auch ein zunehmendes Vertrauen der Kanu-Landesverbände, die als Mitglieder die Grundlage für den DKV sind. Und in der durch die Medien und Elektronik immer »kleiner« und komplexer werdenden Welt bauten sie zahlreiche Netzwerke in die nationalen und internationalen Gremien des Sports zum Nutzen des DKV auf.

Auch dort wurden die Fähigkeiten von Ulrich Feldhoff schnell erkannt. Man trug ihm verschiedene Ehrenämter an, und schließlich sollte dem Oberhausener eine wichtige Rolle im deutschen Sport zukommen. 1988 wurde er in das Präsidium des Deutschen Sportbundes (DSB) gewählt, ein Jahr später in das gleiche Gremium im Nationalen Olympischen Komitee für Deutschland (NOK). Bis zur Zusammenführung beider Dachverbände zum heutigen Deutschen Olympischen Sport-Bund (DOSB) 2006 war Ulrich Feldhoff vor allem für den Leistungssport zuständig, setzte gerade in der Phase nach der Wiedervereinigung wichtige Akzente. Persönliche Höhepunkte waren dabei für Feldhoff sicher die Berufung zum Chef de Mission der deutschen Olympiamannschaften bei den Spielen von 1992 in Barcelona sowie 1996 in Atlanta. Seine olympische Karriere wurde gekrönt durch die Verleihung des Olympischen Ordens des IOC 2009.

Sein Weg im Präsidium des internationalen Kanu-Verband ICF startete mit der Wahl zum Kontinentalvertreter im Jahr 1984. Vier Jahre später rückte er als Schatzmeister in den engsten Führungskreis des Verbandes auf, weitere vier Jahre später, also 1992, wählte ihn die ICF zu einem ihrer Vizepräsidenten. Das blieb er bis 1998, dann rückte er als Präsident an die Spitze des Weltverbandes, die er zehn Jahre innehaben sollte. In seiner Zeit als Präsident wuchs der Verband auf rund 140 nationale Mitgliedsverbände an, was den

Kanusport auf allen fünf Kontinenten förderte. Doch bald war festzustellen, dass bei sportpolitischen Entscheidungen nicht immer die fachlich versierten Experten den Ausschlag gaben, sondern oft der Proporz der Geschlechter, Kontinente und Interessensgruppen den größeren Einfluss hatte. Das entsprach nicht immer dem Sportverständnis des Präsidenten, dennoch hinterließ Feldhoff, als er das ICF-Präsidentenamt 2008 abgab, einen starken und in seiner Vielfalt gut geordneten Weltverband.

Das galt nicht minder für den Deutschen Kanu-Verband, in dem Ulrich Feldhoff bereits 2005 das Amt des Präsidenten in jüngere Hände gegeben hatte. Viele seiner Wegbegleiter verabschiedeten ihn beim Kanutag in Bremen, darunter viele namhafte deutsche Sportfunktionäre und natürlich die große Familie der Kanusportler aus den Landesverbänden. Sie wählten ihn zum Ehrenpräsidenten des DKV, nicht zuletzt, weil er viele Projekte aus der Zeit unmittelbar nach der Wende zusammen mit seiner ehren- und hauptamtlichen Mannschaft im DKV zwischen 1990 und 2005 zum erfolgreichen Abschluss bringen konnte. Viele dieser Entwicklungen wirken bis heute nach, sie sind noch immer die Basis für die Erfolge der deutschen Kanusportler auf der internationalen Bühne. Die Dankbarkeit des Verbandes drückt sich in der Benennung der Geschäftsstelle des Verbandes in Duisburg in »Ulrich-Feldhoff-Haus« aus. Das moderne Gebäude wurde Mitte der 2010er-Jahre ganz in der Nähe der Regattastrecke Wedau an der Stelle des vorherigen Domizils des Verbandes komplett neu gebaut, die Namensgebung erfolgte im April 2017.

Ulrich Feldhoff konnte diese Einweihung leider nicht mehr erleben. Als Ehrenpräsident waren sein Rat und seine Erfahrung weiterhin im Kanusport sehr gefragt. So hatte er sich bei den ersten Planungen für den Neubau mit eingebracht, doch im Oktober 2013 verstarb er unerwartet. Sein Werk aber lebt weiter, auch wenn sich die Sportwelt seit seinem Rückzug aus den Ämtern erheblich verändert hat. Ulrich Feldhoff stand für die ethisch vorbildlichen

Werte im Sport und hat als unermüdlicher Arbeiter und mit einem weltumspannenden Netzwerk nicht nur den Kanusport prägend beeinflusst.

Weil Joachim Weiskopf ein wichtiger Partner bei der deutschen Wiedervereinigung war

Die jüngste Geschichte der Bundesrepublik Deutschland ist hinlänglich bekannt, die einschneidenden Ereignisse in den Jahren 1989 und 1990 haben noch viele in Erinnerung. Was man bei aller politischen Diskussion rund um die Zusammenführung der elf alten sowie fünf neuen Bundesländer leider zu schnell vergisst, ist das Engagement der Menschen in der DDR, die letztlich in einer für sie nicht mehr akzeptablen Situation das Heft des Handelns in die Hand genommen haben und sich dann nach der erfolgten Wende intensiv einsetzten, um gerade im Sport die unterschiedlichen Systeme zusammenzuführen. Einer von ihnen ist Prof. Dr. Dr. Joachim Weiskopf.

Schon sein akademischer Titel deutet darauf hin, dass Joachim Weiskopf ein Mensch mit besonderen Fähigkeiten ist. 1927 in Leipzig geboren, studierte er zunächst Zahnmedizin, danach noch Allgemeinmedizin. In beiden Fachbereichen promovierte er, 1961 wurde er an der Universität in Leipzig habilitiert und war anschließend neben dem Lehrbetrieb in vielen medizinischen Gremien seiner Universität ein gefragter Fachmann. Mehr als 100 wissenschaftliche Veröffentlichungen tragen seinen Autorennamen, Schwerpunkte waren dabei die Kieferchirurgie und die Zahnprothetik. Auch nach der Wende setzte er sein berufliches Wirken u.a. in der Landeszahnärztekammer Sachsen fort.

Der Kanusport war ihm zunächst völlig fremd. Seine Liebe gehörte dem Hockeysport. Zwischen 1950 und 1958 absolvierte er

19 Länderspiele für die DDR. Nachdem er den Hockeyschläger als Aktiver in die berühmte Ecke gestellt hatte, unterstützte er das Team als Mannschaftsarzt, 1965 wurde er Vizepräsident des DDR-Hockeyverbandes und gehörte danach bis 1971 dem Vorstand des Hockeyweltverbandes an.

Aber der doch etwas elitär gesehene Hockeysport und die Staatsideologien der DDR passten wohl nicht so recht zusammen. Die Förderung dieser Sportart wurde seitens der staatlichen Gremien zurückgefahren und schließlich eingestellt. Auf die Erfahrungen und vor allem die internationalen Kontakte von Joachim Weiskopf wollten aber die Oberen des DDR-Sports nicht verzichten. Also unterstützte ihn der Deutsche Turn- und Sportbund der DDR (DTSB) bei der Wahl zum Präsidenten des Kanusportverbandes der DDR (DKSV). Das Amt war 1970 vakant, die Wahl eher eine Formsache in den damaligen Systemen der DDR. Kurz nach der nationalen Position wurde Joachim Weiskopf auch als europäischer Kontinentalvertreter in den internationalen Kanuverband IDF gewählt. Als Mitglied des IDF-Vorstandes arbeitete er dort eng u.a. mit dem DKV-Präsidenten Peter Maaßen zusammen, später dann mit Ulrich Feldhoff. An der Seite des DKSV-Präsidenten stand immer ein Generalsekretär, der im Verband vor allem für die Umsetzung der staatlich vorgegebenen Ziele und Beschlüsse verantwortlich war.

Als sich die politische Wende in der DDR anbahnte, gehörte der sowohl in seinem Beruf wie auch in seiner Tätigkeit als DKSV-Präsident erfolgreiche Leipziger zu den Teilnehmern der legendären Montagsdemonstrationen. Nicht zuletzt das brachte ihm das Vertrauen der 1990 im Aufbruch befindlichen DDR-Sportorganisationen. Im Juni dieses Jahres wurde Joachim Weiskopf zum Präsidenten des NOK der DDR in einer freien Abstimmung gewählt, dem aber vor allem die Aufgabe zukam, sowohl die beiden Kanuverbände wie auch die beiden nationalen Olympiakomitees zusammenzuführen. Seine in der ICF in den zurückliegenden rund 20 Jahren geknüpften Kontakte zu den DKV- und NOK-Vertretern in der Bundesrepublik erwiesen sich als eine gute und vor allem vertrauensvolle Basis. Bis 1997 war er im vereinten NOK für Deutschland als Vizepräsident aktiv, danach ernannten ihn der DKV und das NOK zu ihrem Ehrenmitglied. Wenn man so will, kann man noch heute eines seiner letzten großen Verdienste für den Kanusport nicht nur bewundern, sondern auch aktiv nutzen. Ihm gelang es, im Rahmen der damaligen Olympiabewerbung seiner Heimatstadt Leipzig für den Kanupark in Markkleeberg vor den Toren der sächsischen Metropole erhebliche finanzielle Mittel aus dem Vermögen des ehemaligen NOK der DDR zu generieren. Heute ist die Anlage nicht nur ein beliebtes Freizeitzentrum im ehemaligen und inzwischen sehenswert renaturierten DDR-Braunkohlerevier, sondern auch Veranstaltungsort für zahlreiche Wettbewerbe und Festivals rund um den Kanusport.

Prof. Dr. Dr. Joachim Weiskopf und Ulrich Feldhoff als die Präsidenten, Werner Lempert als letzter DKSV-Generalsekretär und Wolfgang Over in der gleichen Funktion im DKV – dieses Quartett ist sicher als der Garant für eine mehr als gelungene Zusammenführung des Kanusports in Ost und West zu benennen. Auch wenn Joachim Weiskopf eigentlich nur zufällig zum Kanusport gekommen ist, ihm ist an diesem Erfolg durch sein persönliches Engagement rund um die Wende sicher ein erheblicher Anteil zuzuschreiben.

5. KAPITEL

WAS MAN WEISS, WAS MAN WISSEN SOLLTE

Weil der Deutsche Kanu-Verband
ein Partner aller Paddler ist

Bisher standen vor allem der Leistungssport und einige seiner namhaften Aktiven in den vorgestellten Gründen im Mittelpunkt. Wettkämpfe, Regatten, Rennen und Meisterschaften werden wie in vielen anderen Sportarten durch die nationalen und internationalen Verbände organisiert. Die stehen ja heutzutage oft in der Kritik. Zu weit vom Sport entfernt, nur noch den kommerziellen Interessen zugewandt, nur um für den Profisport und die Top-Athleten bemüht, Verlust des Interesses für die Anliegen des Breitensports und seiner Protagonisten – das sind in diesem Zusammenhang oft gehörte Argumente, warum immer weniger Sporttreibende sich Vereinen oder deren Verbänden anschließen wollen. Insbesondere, wenn es nicht unbedingt für die aktive Sportausübung notwendig ist. Auch der Kanusport zählt zu den Sportarten, bei denen man sich die nötigen Geräte und die sinnvolle Ausrüstung selbst zulegen kann, um auf den Gewässern dieser Welt nach eigener Lust und Laune zu paddeln. Und wenn dazu behördliche Genehmigungen notwendig sind, gibt man halt je nach Bedarf dafür noch Geld aus, statt sich an einen organisierten Verband zu binden.

Auch der Deutsche Kanu-Verband (DKV) ist mit seinen haupt- und ehrenamtlichen Funktionsträgern eng in den Leistungssport eingebunden. Nicht ohne Grund darf man sich schon seit vielen Jahren das Prädikat »Erfolgreichster deutscher Sportverband bei Olympia« nennen, die vorgenannten Gründe haben einen kleinen Eindruck dazu vermittelt. Aber es wäre dem Verband und seinen Mitarbeitern Unrecht getan, wenn man den DKV allein darauf reduzieren würde. In vielen gemäß den aktuellen Verbandsstrukturen installierten Fachgruppen, innerhalb des DKV *Ressorts* genannt, sind insgesamt fast 50 ehrenamtliche für den Kanusport Engagierte nur für die Belange des Breitensports tätig. Und in der Geschäftsstelle des Verbandes sind ein Geschäftsführer sowie weitere Kräfte hauptberuflich für die Freizeit- und Tourensportler im Einsatz. Um was sich all diese vielen Mitarbeiter und Mitarbeiterinnen kümmern, wird in den nächsten Gründen in diesem Kapitel vorgestellt.

Weil Sicherheit beim Paddeln ein Muss ist

Da kauf ich mir mal einfach ein schickes Boot und ein modernes Paddel, dazu die wasserfeste Kleidung, und dann nix wie raus auf den nächsten See. Der ist ja ruhig, wenig Wind, keine Wellen und immer schön am Ufer entlang – was soll da schon passieren?

Es wäre wohl doch etwas fahrlässig, so auf eigene Faust in den Kanusport einzusteigen. Mal abgesehen von einer Ausbildung im richtigen Umgang mit Boot und Paddel, auf die wir in einem der nächsten Gründe noch eingehen, wäre mit einem solchen Verhalten dann doch das Thema Sicherheit völlig außer Acht gelassen. Und genau die liegt den erfahrenen Kanuten besonders am Herzen, denn jeder Unfall auf dem Wasser kann eine Gefahr für Leib und Leben bedeuten.

Im Flyer *Sicherheit* des KV finden sich die wichtigsten Regeln, die man unbedingt beachten sollte. Auch auf vermeintlich ruhigen Gewässern sind mögliche Gefahren nicht zu unterschätzen. Gerade wenn man sein Boot noch nicht so gut beherrscht, ist man schnell gekentert oder man überschätzt ein wenig seine eigenen Kräfte. Dann können Mitpaddler eingreifen, manchmal hilft einfach nur ein wenig Aufmunterung, um eine vielleicht unterschätzte Distanz bis zum Ufer zu schaffen oder seine ursprünglichen Einsatzstelle wieder zu erreichen. Und auch auf ruhigen Gewässern sollte man sich vorher über die Eigenarten informieren. Da kann es zu Strömungen kommen, die vom Ufer aus nicht zu erkennen sind. Und das Wetter sollte man beobachten und sich vorher darüber informieren, ob es im gewählten Fahrtgebiet zu schnellen Witterungswechseln kommen kann. Hierbei ist der Wind von besonderer Bedeutung, denn er kann das am Anfang spiegelglatte Wasser innerhalb kürzester Zeit zum Kochen bringen. Wenn man dann zu weit vom Ufer entfernt ist, kann es gefährlich werden.

Nicht nur tiefes Wasser birgt durch unterschiedliche Temperaturschichten und damit auftretende Strömungen bis hin zu Strudeln seine Tücken, auch Untiefen durch Sand- oder Kiesbänke können einen unerfahrenen Paddler vor Probleme stellen. Gefahr geht von Wehren aus, die je nach Wasserstand knapp unter der Oberfläche liegen und ein Boot schnell zum Kentern bringen können. Grundsätzlich sollte man sich von allen Wehren, Staustufen, Ein- und Ausflüssen von E-Werken und anderen aus dem Wasser ragenden Bauwerken fernhalten. Hier muss man immer mit Gefahren rechnen.

Wie auf der Straße gibt es auch auf dem Wasser Verkehrsregeln. Vorrang hat dabei meist die Berufsschifffahrt, egal ob ein Frachter oder ein Ausflugsdampfer dem eigenen Weg näherkommt. Grundsätzlich sollte man zu solchen Motorschiffen reichlich Abstand halten, denn sie können nicht nur Wellen, sondern auch Sogwirkungen verursachen, aus der ein Paddler möglicherweise mit eigener Kraft nicht mehr herauskommt. Meist hat man gegenüber der übrigen Sportbootflotte auf dem Wasser Vorfahrt, aber es gilt die Faustregel »Wind vor Hand vor Motor«. Seglerbooten muss man also als Paddler, der sein Boot mit Muskelkraft vorwärtstreibt, ausweichen. Bei der Begegnung mit anderen Paddlern oder Ruderbooten gilt vereinfacht dargestellt wie auf der Straße die »Rechts-vor-Links«-Regel. Im Zweifelsfall sollte man sich von Boot zu Boot durch Rufe oder Handzeichen verständigen, bevor es zu einer Kollision kommt. Gegenüber Motorbooten hat der Paddler meist Vorfahrt, aber da wird von unerfahrenen Kanuten gerne die Geschwindigkeit unter-

Faszination Kanusport.

Auf wilden Wassern unterwegs – Natur pur!

Die Fahrt im Seekajak öffnet Horizonte.

Touring auf großen und kleinen Flüssen ...

... und mitten in der Natur.

Durch Venedig (oben) und Schwedens Kanäle (unten).

Oben: Begegnung auf dem Rhein.
Unten: Campingleben der Kanuten – wild und bunt, aber auch nostalgisch und romantisch.

Faltboot auf der
Elbe vor Dresden.

Drachenboot – mal groß, mal klein, aber oft mit rasanten und spannenden Rennen.

Kanu-Segeln – hart am Wind.

Die Einhand-IC-Klasse erfordert Geschick auf dem Ausleger und seglerisches Können, die Taifunklasse wird gerne von Jugendlichen zu zweit gesegelt, fordert aber auch einiges an Sportlichkeit ab.

Immer noch beliebt bei Jung und Alt – das Faltboot.

Oben: Klassisch – mit dem Stechpaddel im Kanu.
Unten: Gehört zur Grundausbildung – die Kenterrolle.

Freizeittour im Freundeskreis und mit den Kids an Bord.

Fast schon meditativ –
mit der Natur im Einklang.

schätzt. Deshalb sollte man in unklaren Situationen als Paddler lieber mal zurückstecken, bevor man auf seine Vorfahrt beharrt.

Alle diese Regeln und viele weitere Aspekte der Sicherheit auf dem Wasser erfährt man in den Kanuvereinen oder eben auch beim DKV. Der macht direkt als ersten Punkt in seinem Sicherheitsflyer klar, dass man als Nichtschwimmer auf gar keinen Fall ins Boot gehört. Auch wenn das Tragen einer Schwimmweste oder -hilfe heute vor allem in den Vereinen obligatorisch ist, sollte man in jedem Fall sicher schwimmen können, egal, ob man nun regelmäßig ins Boot steigen möchte oder auch einfach nur von Freunden zu einer feucht-fröhlichen Tagestour auf einem vermeintlich ruhigen Flüsschen eingeladen wird. Spaß soll sein – Sicherheit muss sein!

Weil man fast überall paddeln kann

Kleine und wendige Boote mit wenig Tiefgang, das ist die Voraussetzung, um auf fast allen Gewässern in der Welt paddeln zu können. Kleine Bäche sind da genauso im Fokus der Paddler wie die Weltmeere.

Aber einfach Boot nehmen, ins Wasser setzen und dann losfahren sollte man nicht. Denn im Zuge des Naturschutzes und der wirtschaftlichen Nutzung der Wasserstraßen gibt es viele Befahrungsregelungen bis hin zu Sperrungen von Flüssen. Das kann sowohl zeitlich begrenzt sein oder generell für das ganze Jahr gelten. Fährt man dort dennoch los und trifft auf die Ordnungshüter, sind ein Bußgeld und das sofortige Ende der Fahrt ziemlich sicher.

Bevor man sich also auf ein Gewässer begibt, sollte man genau wissen, ob und ggfs. wo man zu welcher Jahreszeit fahren darf. Neben den meist tagesaktuellen Meldungen der Wasser- und Schifffahrtsämter im Internet findet man im jährlich neu aufgelegten

Sportprogramm des DKV kompakt zusammengefasst die wichtigsten Informationen. Das geht über mehr als 40 Seiten in der handlichen Broschüre, vom Flüsschen Aalbek in Schleswig-Holstein bis zum Zwischenahner Meer in Niedersachsen. Auch die großen Ströme wie Elbe, Donau, Weser und Rhein mit ihren jeweiligen Nebenflüssen sind verzeichnet. Als erste Orientierung für die Planung einer Fahrt reicht das aus, ausführlichere Beschreibungen der Gewässer im In- und Ausland findet man in den Tourenführern, die im DKV-Verlag erscheinen. Auf sie kommen wir an anderer Stelle in diesem Buch noch zurück.

Leider gibt es immer wieder konträre Interessen von Anliegern, Ordnungsbehörden, Naturschützern und Sportlern. Sicher haben viele davon durchaus eine Berechtigung, immer öfter führen sie aber auch zu vollständigen Sperrungen von jenen Strecken, die gerade für die Paddler ihren Reiz haben. Bei ihnen gibt es ein ausgeprägtes Bewusstsein für den Naturschutz, auf das wir ebenfalls noch zurückkommen. Allein damit aber lassen sich engagierte Naturschützer nicht immer von der Verträglichkeit von Sport und Natur überzeugen. Deshalb versuchen die Kanu-Landesverbände und der DKV, soweit es ihnen möglich ist, Gewässersperrungen und einschränkende Befahrungsregelungen zu verhindern. Manchmal geht das bis hin zu Verfahren vor ordentlichen Gerichten, wenn halt in anderen Gremien des Sports und Naturschutzes keine Kompromisse gefunden werden können.

Es braucht also gar keinen Dieselmotor, um Fahrverbote durchzusetzen. Manchmal reichen schon ein kleines Boot und ein Paddel. Aber zum Glück gibt es viele Alternativen, um sich eine schöne und erlebnisreiche Paddeltour zu gönnen.

Weil Paddler die Natur achten und schützen

Für ihre großen Regatten und Veranstaltungen nutzen die Kanuten überwiegend die künstlich angelegten Wettkampfstrecken oder extra für diese Zwecke gebauten Anlagen. Dass hier sowohl die Kanuverbände wie auch die Organisatoren der Events für den Schutz der umliegenden Natur sorgen, ist eine Selbstverständlichkeit. Ausreichend Abfallbehälter, feste und zusätzlich installierte sanitäre Anlagen, naturverträgliche Stoffe für den Einsatz begleitender Motorboote, Vermeidung der Einleitung von Schadstoffen in die Gewässer und vieles mehr gehört heute zum streng überwachten Standard für die Veranstalter.

Doch solche Events machen nur einen kleinen Teil der Nutzung der Seen, Flüsse und Küstengewässer durch die im Freizeitsport aktiven Paddler aus. Deshalb kümmern sich die Wassersportverbände, Naturschutzinstitutionen und die zuständigen Bundesbehörden schon seit einigen Jahrzehnten gemeinsam um den naturverträglichen Sport und haben neben vielen Regeln und Empfehlungen auch konkrete Maßnahmen für den Naturschutz ins Leben gerufen. Im Beirat für Umwelt und Sport im Bundesumweltministerium wurden 2001 Grundlagen für den Sport in der freien Natur definiert. Daraus wurde u.a. im Kuratorium für Sport und Natur eine umfassende Liste von Regeln für den Schutz der Natur durch die aktiven Sportler erarbeitet. Der Deutsche Kanu-Verband ist von Anfang an durch seinen Geschäftsbereich »Freizeitsport« in diese Entwicklungen eingebunden und hat so als Sportart, die vor allem auf kleinen und von viel freier Natur umgebenen Gewässern ausgeübt wird, einige Erfahrungen einbringen und wichtige Impulse geben können. Für die aktiven Paddler ist das natürlich eine starke Verpflichtung, sich an die aufgestellten Regeln und Empfehlungen zu halten. Dazu gehören u.a. die rechtzeitige und umfassende Planung einer Kanutour auf unbekanntem Gewässer, egal ob für einen Tag oder für einen längeren Urlaub. Befahrungsregelungen müssen beachtet werden, Vorschriften z.B. über den Abstand vom Ufer, von Gebäuden oder ins Wasser gebaute Leitwerke sind einzuhalten. Und natürlich sind ausgewiesene Gebiete für den Schutz von Flora und Fauna zwingend zu meiden. Die Stellen zum Anlegen für eine Pause oder zum Erreichen von Übernachtungsmöglichkeiten in Hotel, Pensionen oder auf Campingplätzen sind sorgfältig auszuwählen und damit die schaffbaren Tagesetappen zu planen. Wer in größeren Gruppen unterwegs sein möchte, sollte die Gewässer für die Tour gut auswählen. Denn es gibt durchaus kleine, von den Paddlern aber sehr bevorzugte Gebiete, die dann recht schnell in ihrer Infrastruktur und Belastung durch den Sport überfordert sein können. Dass Rastplätze, Anlege- und Einsatzstellen sowie die Gewässer selbst nicht durch Abfälle, zurückgelassene Transportmaterialien für das mitgeführte Gepäck oder anderen Unrat verunreinigt werden, sollte sich von allein verstehen. Gerade dafür hat der DKV mit seinem MUSS eine nützliche Hilfe geschaffen. MUSS steht für Müll- und Unrat-Sammel-Sack. Dabei handelt es sich um einen praktischen Beutel, der auch als Rucksack getragen werden kann. Er ist etwa so groß wie der gute alte Turnbeutel, bietet aber damit genügend Platz für die üblichen Verpackungen der kleinen Verpflegungen, die man über den Tag mit ins Boot nimmt. Gefertigt ist der MUSS aus recyceltem Kunststoff und dabei so reißfest, dass man ihn bequem über einen längeren Zeitraum immer wieder nutzen kann. Diese Aktion hat auch bei anderen Wassersportverbänden Aufmerksamkeit gefunden, die den MUSS inzwischen ihren Mitgliedern anbieten.

Das sind nur ein paar Beispiele, wie sich die Paddler um den Schutz der Natur kümmern. Weitere findet man in Broschüren und Web-Veröffentlichungen des DKV. Das Verhalten der gesamten Paddlergilde wollen wir hier nicht idealisieren. Sicher gibt es auch da mal schlechte Beispiele. Aber gerade bei den Aktiven, die in Vereinen oder Verbänden organisiert sind, ist das Bewusstsein für den

Naturschutz ausgeprägt vorhanden. Diese Vorbildfunktion stimmt optimistisch, dass die Anzahl der befahrbaren Gewässer zukünftig durch die Interessen des Naturschutzes nicht noch weiter reduziert wird.

44. GRUND

Weil Pegelstände für Kanuten ein wichtiger Messwert sind

Wassersportlern wird ja gemeinhin eine gewisse Trinkfestigkeit nachgesagt. Das hat sich aber gerade im Laufe der letzten Jahre in Sachen Alkohol deutlich verändert. Denn für das Befahren der Wasserstraßen gelten die Alkoholgrenzen, die auch für den Autofahrer festgelegt sind. Und diese werden regelmäßig durch die Wasserschutzpolizei kontrolliert. Das dient dem Schutz der Kanuten selbst, vor allem, wenn sie auf den von der Berufsschifffahrt genutzten Gewässern unterwegs sind. Der Alkohol kann enthemmen und damit vielleicht durch falsches Verhalten auf dem Wasser zu gefährlichen Situationen führen. Nicht immer gehen die glimpflich für die Wassersportler aus, deshalb ist der verantwortliche Umgang mit dem Alkohol auf den Kanutouren jeglicher Form unverzichtbar.

Der Begriff »Pegelstand« umschreibt also nicht humoristisch den Blutalkoholwert der Sportler, sondern ganz klassisch die Höhe des Wasserstandes der für eine Fahrt vorgesehenen Gewässer. Und diesen Pegelstand vor dem Antritt einer Tour über ein paar Tage zu beobachten und unmittelbar vor dem Start zu prüfen, ob genügend Wasser für eine Befahrung in einem kleineren Flusslauf vorhanden ist, gehört für den erfahrenen Kanuten zum Muss. Früher wurden diese Pegelstände vor allem für die Berufsschifffahrt im Radio nach den stündlichen Nachrichten durchgegeben. Heute hat das Internet längst diese Funktion mit wesentlich mehr Komfort und Planungssicherheit übernommen. Für ihre regionalen Gebiete werden die Messwerte von den Wasser- und Schifffahrtsämtern auf ihren Webseiten mehrfach täglich aktualisiert. Oft sind dabei elektronische Messverfahren installiert, deren Ergebnisse direkt in die veröffentlichten Tabellen einfließen. Eine zentrale Stelle für diese Daten und Nachrichten ist die Webseite www.elwis.de.

Warum die Pegelstände für die Kanusportler einen wichtigen Informationswert haben, lässt sich schnell erklären. Die heute im Freizeitsport eingesetzten kleinen, wendigen und mit wenig Tiefgang gebauten Boote machen es möglich, auch flachere Gewässer zu befahren. Die in früheren Jahren genutzten Holzboote waren bei einer Grundberührung nicht selten gefährdet, Risse und Lecks konnten nicht nur das abrupte Ende einer Paddeltour bedeuten, sondern durch den Wassereinbruch ins Boot die Sportler gefährden. Der heute meist für den Bootsbau genutzte Kunststoff hat diese Gefahr deutlich minimiert. Dennoch kann ein zu niedriger Pegelstand bedeuten, dass man die geplante Strecke nicht ganz oder eben gar nicht befahren kann. Da hat man vielleicht mit dem Boot auf dem Autodach einige Zeit für die Anfahrt an ein interessantes Gewässer eingesetzt, muss dann aber am Ziel erkennen, dass nicht genügend Wasser zum Paddeln vorhanden ist. Der erfahrene Kanute prüft das vor der Abfahrt von zu Hause und kann sich danach vielleicht noch für ein anderes Gewässer entscheiden.

Quelle für die Informationen über die Pegelstände sind nicht nur die schon erwähnten Webseiten, sondern auch die von einigen Landeskanuverbänden angebotenen Dienste. Die findet man zum einen auf den Internetseiten der Verbände und gesammelt in der jährlich vom DKV herausgegebenen Broschüre *Sportprogramm*. Da sind u.a. die Pegelstationen einiger Flüsse mit ihren Telefonnummern angegeben, unter denen man dann noch ganz kurzfristig und aktuell Informationen einholen kann.

Und noch eines sei an dieser Stelle erwähnt: Die Pegelstände sind nicht nur bei niedrigen Wasserständen für die Kanuten wichtig, sondern auch bei Hochwasser. Da gelten nämlich vor allem auf den großen Flüssen klar festgelegte Marken, ab denen das Befahren für die Sportboote eingeschränkt oder gar komplett untersagt wird.

Ein »Prost« ist also rund um den Kanusport nicht verboten, in netter Runde unter Sportfreunden außerhalb eines Bootes kann es durchaus für die Geselligkeit förderlich sein. Aber der »Pegelstand« sollte hier wie dort genau im Auge gehalten werden.

45. GRUND

Weil Kanu-Stationen ein beliebter Anlaufpunkt bei Touren sind

Man versetzte sich gedanklich rund 100 Jahre zurück und stelle sich vor, wie damals die Kanuten unterwegs waren und wo sie auf ihren mehrtägigen Touren übernachtet haben. Es war die Zeit nach dem Ersten Weltkrieg, und kaum jemand konnte sich ein Zimmer in einer Pension oder gar einem Hotel leisten. Man war mit Zeltplanen unterwegs, die man irgendwie aufspannte, um darunterliegen zu können. Zeltböden gab es nicht, da musste beim nächsten Landwirt erst ein Ballen Stroh geholt werden, was dann am nächsten Morgen wieder zu entsorgen war. Alles also ziemlich aufwendig und natürlich gerade bei schlechtem Wetter nicht gerade gesundheitsförderlich.

Das machten sich die zahlreich an den Ufern der Flüsse gelegenen Gaststätten zunutze. Sie boten den Kanuten günstige Übernachtungsmöglichkeiten an. Platz zum Lagern der Boote und Möglichkeiten zum Trocknen von Kleidung wurde ebenfalls geschaffen und damit ein einfacher, aber bei den Tourenfahrern immer beliebter werdender Service geboten. Und damit die schnell auf diese Gaststätten aufmerksam wurden, wiesen die Wirte ihre Häuser mit dem Schild »Kanu-Station« aus. Auch wenn mit der Weiterentwicklung der im Boot mitzuführenden Zelte die Kanuten in den folgenden

Jahrzehnten dann doch mehr und mehr die Campingplätze nutzten und die Gasthäuser entlang der Flussläufe weniger wurden, findet man ganz vereinzelt bis heute immer noch diese Schilder.

Die Idee der Kanu-Stationen ist aber damit nicht verloren gegangen, sondern vom Deutschen Kanu-Verband nach und nach den Bedürfnissen der Paddler angepasst worden. Heute sind es vor allem die Vereinshäuser der Kanuclubs, die das Label »Kanu-Station« tragen. Um hier einen Standard festzulegen, den die Kanuten bei diesen Vereinen für ihre Übernachtung erwarten dürfen, hat der DKV einen umfassenden Katalog an Kriterien festgelegt, die die Vereine erfüllen müssen, um als Station anerkannt zu werden. Dazu gehören u.a. gute Anlegemöglichkeiten, genügend Platz auf dem Gelände für Boote und Kleinzelte, ausreichende und gepflegte sanitäre Einrichtungen sowie Aushänge mit Serviceinformationen über die nächsten Einkaufsmöglichkeiten, Apotheken und Ärzte.

Über 250 solcher Kanu-Stationen sind aktuell vom DKV anerkannt, und sie bilden ein gutes Netzwerk bei der Tourenplanung. Die erhobenen Preise für diese Serviceangebote sind moderat, sodass sowohl die Reisekasse der Paddler wie auch die anbietenden Vereine durch die Einnahmen profitieren. Der DKV hat die Adressen und Kontaktdaten all dieser Stationen in einer Broschüre zusammengefasst, die man bequem mit ins Boot nehmen kann. Und für die Planung oder die Smartphone-Enthusiasten finden sich diese Informationen auch alle auf der Webseite des Verbandes.

Bewährtes setzt sich halt durch. Auch wenn die Bedingungen und Materialien für die Tourenpaddler heute doch wesentlich komfortabler sind als vor 100 Jahren, so haben die Kanu-Stationen ihre Beliebtheit wahren und ausbauen können.

Weil man seine Touren nicht selbst planen muss

In den vorherigen Gründen ist einiges enthalten, was man als Paddler für die Planung einer eigenen Tour beachten sollte. Sicher ist das nur eine unvollständige Auswahl. Wie auch in anderen Dingen des Lebens gilt: Erfahrung macht den Meister. Je mehr man auf dem Wasser unterwegs ist, je mehr Situationen man kennen und bewältigen lernt, umso genauer und vor allem sicherer kann man sich seine Paddelstrecken aussuchen. Die eigene körperliche Fitness einschätzen, die Beherrschung von Boot und Material optimieren und schnell eine Lösung finden, wenn sich auf dem Wasser unvorhergesehen Probleme auftun, das dauert eine Weile für den Anfänger. Gerade beim Einstieg in den Kanusport sollte die Hilfe erfahrener Sportler unbedingt angenommen werden. Sie erleichtert vieles und vermeidet die ein oder andere unliebsame Begebenheit, die vielleicht die Freude am Kanusport trüben könnte.

Wer sich nach den ersten Anfängen und dem Sammeln von Erfahrungen dann an längere Touren wagen möchte, hat dazu eine Menge Gelegenheiten, ohne die Strecke, Etappen und Übernachtungsmöglichkeiten selbst zusammenstellen zu müssen. Hierzu bieten fast alle Kanuvereine, besonders aber die Landes-Kanuverbände (LKV) eine umfangreiche Palette von jährlichen Fahrten im In- und Ausland an. Das reicht von eintägigen Fahrten bis hin zu ausgiebigen Urlaubstouren, in die hier und da auch mal kleine Seminare für besondere Gewässer integriert sind. Besondere Herausforderungen sind im Rahmen dieser Angebote die Wildwassertouren. Die erfordern natürlich eine entsprechende Ausbildung und Erfahrung, aber gerade in einer solchen Gruppe kann man immer noch dazulernen und vor allem eine Menge Spaß haben.

Die Voraussetzungen für die Teilnahme sind unterschiedlich, in jedem Fall sollte man einem Kanuverein oder als Einzelmitglied einem LKV angehören. Denn damit sind u.a. Versicherungsfragen für die Sportler geklärt. Den Aufwand für eine solche Mitgliedschaft erhält man dann durch die genutzte Organisation, in Anspruch genommene Hilfe und nicht zuletzt durch das gemeinschaftliche Erleben auf diesen Touren schnell wieder als ideellen Gegenwert zurück.

Die Möglichkeiten und Angebote sind vielfältig. Sie alle hier aufzuzählen würde den Rahmen des Buches sprengen. Und in jedem Jahr ist das gebotene Programm unterschiedlich, die verantwortlichen Organisatoren lassen sich da immer wieder was einfallen. Und weil das so ist, gibt es eben das DKV-Sportprogramm immer zum Jahresanfang neu mit allem, was so läuft.

47. GRUND

Weil internationale Touren das Salz in der Suppe sind

Die Welt kennenlernen vom Wasser aus – dieses Erlebnis ist für viele Tourenpaddler die Krönung ihrer Aktivitäten. Und anders als die Monarchen dieser Welt kann man im Kanusport eine solche Krönung persönlich gleich mehrfach erleben, denn jährlich ist eine Vielzahl solch international organisierter Fahrten ausgeschrieben.

Zwei Formen der internationalen Touren sind dabei für die Paddler in Deutschland zu unterscheiden: Zum einen gibt es Fahrten auf deutschen Gewässern, die international ausgeschrieben werden. Hier können also auch Kanuten aus dem Ausland teilnehmen, was natürlich das Flair dieser Touren anhebt. Sich austauschen mit diesen Paddelfreunden, ihre Erfahrungen kennenlernen, Infos zu den Gewässern in ihrem Heimatland erhalten und noch viel mehr, was die Sportlerfreundschaft ausmacht, das sind die besonderen Momente bei diesen Begegnungen. Rund 15 Touren sind jährlich in Deutschland in dieser Form im Angebot, meist organisiert durch die örtlichen Kanuvereine, Landesverbände oder extra für diese Fahrten gegründete Vereinigungen. Meist haben diese Veranstaltungen schon eine lange Tradition. Beispielhaft sei dafür hier genannt die eintägige Weser-Marathon-Fahrt mit den Streckenlängen von 52 km für Bronze, 80 km für Silber oder 135 km für die goldene Teilnehmerplakette. Wohlgemerkt, über einen Tag! Die Weser fließt zwar recht flott, aber um die 135 km zu bewältigen, braucht es halt doch einiges an Kondition und mentaler Stärke. 2019 findet die Tour bereits zum 49. Mal statt, ein Beweis also, dass sich doch immer wieder zahlreiche Sportler dieser Herausforderung stellen.

Schon zum 60. Mal findet sich für 2019 die Internationale Woche des Kanusports in Norden im Programm. Es sind zwar nur drei Tage, an denen organisierte Fahrten durchgeführt werden, aber die haben einen besonderen Charakter. Es geht nämlich von Norden aus hinaus zu drei ostfriesischen Inseln. Und das erfordert natürlich schon einige Erfahrung und die entsprechende Ausrüstung für Seefahrten und das Wattenmeer. Ausdrücklich weisen die Organisatoren darauf hin, dass diese Ausflüge nicht für Anfänger geeignet sind. Die müssen aber nicht auf eine Teilnehme an dem Wochenende verzichten, denn neben den Wattfahrten werden auch Strecken auf den örtlichen Binnengewässern durchgeführt. An diesem Beispiel ist gut zu erkennen, wie vielfältig die Angebote bei solchen Veranstaltungen sind und dass sich die Organisatoren sehr viele Gedanken machen, was für die Paddlerfamilie interessant sein könnte.

Die wohl bekannteste und nun schon seit 63 Jahren stattfindende internationale Fahrt mit Start in Deutschland ist die »Tour International Danubien«, bei den Experten aus dem Wassersport kurz TID genannt. Mit Start Ende Juni in Ingolstadt geht es in mehreren Abschnitten die gesamte Donau entlang. Und genau das ist dann ein guter Start in den nächsten Grund, in dem wir die zweite Form internationaler Aktivitäten vorstellen.

Weil viele Gewässer im Ausland locken

Die TID ist die Überleitung vom vorherigen Grund zu den Fahrten im Ausland, die nun in den Fokus rücken. Die Donau fließt durch insgesamt acht Länder. Von der Quelle bis zur Mündung im Schwarzen Meer sind das Deutschland, Österreich, die Slowakei, Ungarn, Kroatien, Serbien, Bulgarien und Rumänien. Die Tour International Danubien gibt es seit 1956. 1968 wurde die heute noch gültige Strecke ausgearbeitet. Start ist in Ingolstadt, Ziel nach 2.516 Kilometern die Mündung nahe dem rumänischen Sfantu Gheorge ins Schwarze Meer. Natürlich kann man als Kanute die gesamte Strecke mitfahren, vorausgesetzt man hat zwischen Ende Juni und Anfang September nichts Wichtigeres zu tun. Und man bringt das nötige Stehvermögen mit, um jeden Tag ins Boot zu steigen, zum nächsten Ort zu paddeln, dort sein Zelt aufzubauen, sich um die Verpflegung zu kümmern, die Nacht im Zelt zu verbringen, das am nächsten Morgen wieder abzubauen und mit dem gesamten Gepäck zu verstauen, um dann weiterzufahren. Für Paddelanfänger ist das beileibe nichts, wer die TID mitfahren möchte, der sollte schon über einige Erfahrungen auf Langtouren und nicht zuletzt die richtige hochwertige Ausrüstung verfügen. Gefahren wird nämlich bei jedem Wetter, die Etappen sind täglich zwischen 40 und 60 km lang, und nicht immer erwartet einen am Tagesziel ein komfortabler Campingplatz mit allem Komfort zur Regeneration. Wer sich (noch) nicht die volle Strecke zutraut, der kann sich natürlich zunächst für den ein oder anderen festgelegten Streckenabschnitt entscheiden und dort dann nach vorheriger Anmeldung bei den TID-Organisatoren jederzeit in die Tour einsteigen. Vorher und nachher sind natürlich die eigene An- und Abreise mit Boot, Gepäck und Material selbst zu planen.

Für die Organisation der TID gibt es ein eigenes Komitee. Beim Vorsitz wechseln sich Kanuten und die Ruderer, die ebenfalls mit ihren Booten an der TID teilnehmen, regelmäßig ab. Das Komitee legt in jedem Jahr den Zeitplan, die Etappen, Teilnahmebedingungen und einige weitere Punkte für einen möglichst reibungslosen Tourenablauf fest. Viele ehrenamtliche Helfer sorgen dann in den einzelnen Ländern für die Unterstützung vor Ort.

Da die TID auch durch die vom Balkankrieg in den 1990er-Jahren betroffenen Länder führt, kommt ihr heute eine gewisse politische Bedeutung zu. Das Kennenlernen der Kulturen, das Treffen der vielen Menschen mit unterschiedlichen Weltanschauungen und das gemeinsame Erleben von Freundschaft und Solidarität unter den Wassersportlern sind heute ganz besonders die Klammern, die die TID schon über 60 Jahre erfolgreich zusammenhalten.

Die TID ist zwar die längste, aber bei Weitem nicht die einzige internationale Tour außerhalb Deutschlands. Beliebte Länder für die deutschen Paddler sind u.a. Frankreich, Italien, die Niederlande, Polen und Schweden. Hier findet man ein umfangreiches Angebot an längeren Fahrten oder auch nur an Wochenend-Touren mit vielen unterschiedlichen Ausrichtungen vom ruhigen Fluss bis hin zu anspruchsvollen Wildwasserstrecken. Wie schon an anderer Stelle in diesem Buch gilt auch hier, dass man nicht alle aufzählen kann. Wer mehr zu diesen Angeboten erfahren möchte, findet auf den Kanuseiten im Web dazu die nötigen Informationen.

Stellvertretend für alle sei hier noch die Vogalonga in Venedig genannt. Jährlich am Pfingstsonntag treffen sich Tausende von Wassersportlern in Paddel- und Ruderbooten, um in der Tradition der venezianischen Gondolieri rund 30 km durch die Lagunenstadt zu fahren. Da kann es schon mal an den Durchfahrten unter den vielen Brücken recht eng werden, und man darf nicht zimperlich sein, wenn man vorwärtskommen möchte. Dennoch schwören viele Wassersportler auf dieses bunte und ein wenig chaotisch anmutende Treiben auf dem Wasser. Nicht wenige verbinden dies dann auch gleich mit weiteren Touren auf den Gewässern in Norditalien, womit sich dann die etwas weitere Anreise durchaus lohnt.

Wer sich also als Anfänger im Kanusport Ziele setzen möchte, für den kann die Teilnahme an solchen Fahrten durchaus eine große Motivation sein, die Grundlagen des Kanusports zu erlernen und dann im Laufe von ein paar Jahren auch die nötigen Erfahrungen zu sammeln, um auf die großen Fahrten gehen zu können. Wer das einmal erlebt hat, wird davon so schnell nicht mehr lassen können.

49. GRUND

Weil jeder Tag »Kanu« sein kann

In den Gründen in diesem Kapitel sind viele Möglichkeiten genannt, den Kanusport mit seinen vielen Facetten intensiv zu betreiben. Die organisierte Form durch die Vereine und Verbände bietet da jede Menge Aktivitäten an. Der schon mehrfach erwähnte jährlich erscheinende Sportkalender nennt über das Jahr verteilt eine große Menge von Veranstaltungen sowohl im Leistungs-, vor allem aber im Breitensport. Gerade der hat da so viel im Angebot, dass man nicht nur Deutschland, sondern auch viele europäische Nachbarländer auf den interessanten Gewässern kennenlernen kann. Und die reichen vom stillen und anfängerfreundlichen Flüsschen bis hin zu anspruchsvollen Wildwasserfahrten, die schon größere Erfahrungen erfordern. Wer ein wenig im Internet recherchiert, findet sicher noch viel mehr Fahrten auch auf anderen Kontinenten.

Natürlich kann man ganz individuell mit seinem Kanu oder Kajak unterwegs sein. Wer gleich am Wasser wohnt, hat es natürlich am besten, der kann täglich oder zumindest mehrfach in der Woche ins Boot steigen. Andere fahren hinaus zu den Bootshäusern oder den privat angebotenen Bootslagern und fahren von dort aus los. Und wer es nicht ganz so bequem hat und sein Boot mit Material in der eigenen Garage lagert, der verfügt meist über einen Träger für das Autodach. Da lohnen sich dann Tages- oder Wochenendtouren mit Übernachtungen in Bootshäusern, kleinen wassernahen Pensionen oder auch – wie in den Anfangsjahren des Kanuwanderns – ganz ursprünglich im Zelt. Wenn man dabei die Mindeststandards der Sicherheit beachtet, auch die Kurztouren etwas vorbereitet u.a. mit Anmeldungen an den Übernachtungsstätten, den Regelungen für die Befahrung der Gewässer und den Bedingungen für den Umweltschutz, ist der Kanusport nicht nur einfach ein Fitnessprogramm, sondern ein regelmäßiges Erlebnis für den Körper und alle seine Sinne.

50. GRUND

Weil viel Paddeln Anerkennung bringt

Medaillen, Titel und sportliche Erfolge sind im Leistungssport das Salz in der Suppe. Dafür trainieren die Aktiven, manche sind zufrieden mit Siegen auf lokaler Ebene, andere stecken sich größere Ziele bis hin zum Olympiasieg. Doch auch die Breitensportler brauchen auf eine Anerkennung ihrer sportlichen Leistung nicht zu verzichten. Mit den Wanderfahrerabzeichen, kurz WFA genannt, können sie ihr ganz persönliches Engagement auf den Gewässern nachweisen und dann auch zeigen. Mit Gold, Silber und Bronze gibt es beim WFA drei Kategorien, für die jeweils verschiedene Kilometerleistungen zurückzulegen sind.

Der Start erfolgt mit dem Bronzeabzeichen. Hier sind innerhalb eines Paddeljahres, das vom 1. Oktober bis zum 30. September des Folgejahres geht, je nach Alter für die Erwachsenen zwischen 400 und 600 Paddelkilometer nachzuweisen. Für Sportler mit Behinderung gelten etwas reduzierte Leistungen. Dazu werden alle Fahrten in ein Fahrtenbuch eingetragen, entweder traditionell in einem Heftchen oder elektronisch in einer EDV-Datei. Eine der Fahrten muss eine Gemeinschaftsfahrt sein, die u.a. von den Landesverbänden (LKV) angeboten werden. Hat man alle diese Bedingungen erfüllt, werden diese vom Verein oder vom Landesverband bestätigt und dann das Fahrtenheft beim Deutschen Kanu-Verband eingereicht. Der stellt eine Urkunde aus und liefert an den Verein oder den LKV eine entsprechende Anstecknadel. Beides kann dann im Rahmen einer Veranstaltung an die Sportler vergeben werden.

Das Bronzeabzeichen kann man in jedem Jahr wiederholen, also sich jeweils zum Start in die neue Paddelsaison ein ganz persönliches Ziel setzen, um vielleicht auch so ein wenig den inneren Schweinehund zu überwinden, der manchmal ja doch gerne am heimischen Sofa festhält.

Für die Abzeichen in Silber und Gold gelten keine zeitlichen Begrenzungen, sondern allein die insgesamt zurückgelegten Kanu-Kilometer. Dazu werden die in Vorjahren zurückgelegten Strecken aus dem Bronze-Abzeichen addiert. Wer dann mindestens 4000 km (Herren) oder 3.200 km (Damen) zurückgelegt hat, kann das Abzeichen in Silber beantragen. Außerdem muss die Teilnahme an mindestens fünf Gemeinschaftsfahrten nachgewiesen werden sowie eine vom DKV angebotene Schulung in Fragen des Gewässerschutzes und die Absolvierung eines Sicherheitskurses.

Wer das geschafft hat, kann das Gold-Abzeichen angehen. Hier sind dann 8000 bzw. 6.400 km im Boot die Voraussetzung, zehn Fahrten auf mindestens drei unterschiedlichen Gewässertypen müssen im Fahrtenbuch verzeichnet sein, und auch die Schulungen sind obligatorisch. Und wer sich dann weitere Ziele setzen möchte, kann das Gold-Abzeichen regelmäßig wiederholen. Alle fünf Mal gibt es eine besondere Urkunde und ein extra gefertigtes Abzeichen, in denen die Anzahl der Wiederholungen eingearbeitet sind. Da man im Kanu-Sport durchaus bis ins hohe Alter aktiv sein kann, sind theoretisch da keine Grenzen gesetzt.

Aber nicht nur für die Erwachsenen wird mit dem WFA ein Ansporn gegeben, auch für Schüler und Jugendliche ab sieben Jahre gelten ähnliche Bedingungen mit jeweils altersgerechten Kilometerleistungen für Bronze, Silber und Gold.

Eine ganz besondere Auszeichnung wird vom Deutschen Kanu-Verband an all jene verliehen, die in ihrem Leben mindestens 40.000 Kilometer zurückgelegt haben. Das entspricht der Länge des Erdumfangs, und deshalb trägt diese Ehrennadel die Bezeichnung »Globus-Abzeichen«. Dafür zählen alle Kilometer und Leistungen, die man ab dem siebten Lebensjahr zurückgelegt und über die entsprechenden Eintragungen in den Fahrtenbüchern nachgewiesen hat.

Gold, Silber und Bronze sind also nicht nur den Leistungssportlern vorbehalten. Auch im Breitensport sind sie erstrebenswertes Ziel. Die jährlichen großen Zahlen der Absolventen zeigen, dass wohl einige heimische Sofas öfter mal verwaist sind.

6. KAPITEL

ALLER ANFANG IST GAR NICHT SO SCHWER

Weil man einfach mal loslegen kann

Im letzten Kapitel sind einige Gründe genannt, die mit dem organisierten Kanusport in Vereinen und Verbänden verbunden sind. Wer den Kanusport intensiv und umfassend erleben möchte, wird über kurz oder lang nicht umhinkommen, sich einem Verein als Mitglied oder einem Landesverband als Einzelmitglied ohne Vereinsbindung anzuschließen. Das ist zwar gerade bei den jüngeren Generationen nicht mehr so angesagt, bringt dennoch gerade im Kanusport einige Vorteile. Welche, das wird in einem späteren Grund erklärt.

Doch man kann zunächst natürlich einfach mal so loslegen mit einem geliehenen Boot. Da haben vielleicht Freunde oder Bekannte noch eins mit dem entsprechenden Material verfügbar, und man fährt einfach mal mit zu einem Tagesausflug an das nächste Gewässer und steigt ein. Aber Vorsicht, schon da ist ein wenig körperliches Geschick notwendig, um nicht gleich mit dem Boot zu kentern. Wird das Boot zum Einsteigen festgehalten und man bekommt anschließend das Paddel gereicht, ist das schon erheblich einfacher. Und dann mal mit den ersten Paddelschlägen die ersten paar Meter vom Ufer wegfahren – das ist schon für viele ein kleines Erlebnis und macht Lust auf mehr.

Ein ähnlicher Einstieg ist natürlich auch möglich z.B. mit einem zweisitzigen Faltboot. Da sitzt dann ein erfahrener Paddler im Heck, hat die Übersicht über das Geschehen, steuert das Boot und gibt ein paar Tipps zum Verhalten im Boot und zum richtigen Einsatz des Paddels. Das ist bei Anfängern dann üblicherweise mit zwei Blättern versehen, also ein Doppelpaddel, was das Geradeausfahren etwas leichter macht.

Das sind nur zwei Beispiele von vielen, mit denen man erste Berührungen mit dem Kanusport erleben kann. Eines ist aber in jedem Fall immer zu beachten, die Sicherheit! Dass man sicher schwimmen können sollte, ist unverzichtbare Voraussetzung. Und verantwortungsbewusste Paddler lassen Neupaddler nur mit einer geprüften Schwimmweste ins Boot, die im Falle eines Kenterns den Kopf immer über Wasser hält. Wichtig bei diesen ersten Fahrten vor allem im Einer ist, dass man im Falle des Umkippens immer leicht aus dem Boot herauskommt und nicht darin festklemmt. Das birgt die Gefahr, dass man mit dem Kopf gar nicht aus dem Wasser herauskäme. Wenn also Kajaks zum Einsatz kommen, sollte man am Anfang auf den wasserdicht abschließenden Spritzschutz verzichten. Der liegt eng am Körper an und wird fest mit dem Boot verbunden und verzögert so beim Kentern das Lösen vom Boot. Erfahrene Kanuten lernen deshalb möglichst schnell die Kenterrolle, umgangssprachlich auch Eskimo-Rolle genannt. Dabei kann man das Boot durch geschickten Einsatz des Paddels und mit einem Körperschwung im Wasser wiederaufrichten. Das zu lernen braucht aber ein paar Übungen, bei denen erfahrene Paddler Hilfestellung geben. In einem späteren Grund werden dazu noch weitere Übungsformen genannt. Wichtig für den Start ins »Kanu-Leben« sollte die Grundregel sein, dass eine Hand möglichst immer das Paddel hält und dieses nicht loslässt. Ohne Paddel mit einem Kanu oder Kajak voranzukommen ist meist sehr schwierig, kann auf einem fließenden Gewässer sogar gefährlich werden.

Hat man im privaten Umfeld keine Möglichkeit, mal ins Boot zu steigen, kann man sich mal ein Boot ausleihen. Da gibt es an vielen Gewässern in Deutschland kommerzielle Anbieter, auf die wir im nächsten Grund noch eingehen. Oder man hat am ausgewählten Urlaubsdomizil einen Hotelbetrieb oder einen Ferienpark, der Boote zum Paddeln anbietet. Aber auch hier gilt – Sicherheit first!

Zum individuellen Einstieg in den Kanusport stehen also viele Türen offen. Alle hier zu benennen würde den Rahmen des Buches sprengen. Vielleicht fragen Sie einfach mal im Freundes-, Kollegen- oder Familienkreis nach, ob da jemand als Paddler aktiv ist. Davon gibt es allein im Deutschen Kanu-Verband mehr als 120.000, und privat sind noch viel mehr regelmäßig unterwegs. Sie, lieber Leser, vielleicht demnächst dann auch.

52. GRUND

Weil ein Einstieg in den Kanusport durch den Kanuverleih möglich ist

Wer nun in seinem persönlichen Umfeld so gar keine Möglichkeit hat, mal in ein Boot zu steigen, muss darauf nicht verzichten. An vielen Gewässern gibt es Kanuverleihstationen, bei denen man gegen Entgelt mal für einen Tag oder ein Wochenende ein Kanu ausleihen kann. Die Anbieter sind meist kommerzielle Unternehmen, die in den jeweiligen Regionen gerne von Tourismusorganisationen oder anderen Freizeitdienstleistern unterstützt werden. Auch der Deutsche Kanu-Verband bietet Boote zur Vermietung an, und dabei gibt es dann oft Tipps für gute Rast- und Campingmöglichkeiten in der Region.

Egal, ob nun von einem wirtschaftlich tätigen Unternehmen oder von einem Verein oder Verband angeboten, immer sollte man als Nutzer auf die Qualität und das gesamte Paket der Dienstleistung achten. Als Boote sind es meist offene Kanus für zwei oder drei Personen, die zur Verfügung stehen. Die sind natürlich nicht immer brandneu, aber eine verantwortungsvoll arbeitende Kanustation sorgt für eine regelmäßige Kontrolle des Materials. Dabei fallen Risse oder andere Beschädigungen der Boote schnell auf, und diese sollten dann bis zu einer fachgerechten Reparatur nicht mehr zum Einsatz kommen. Neben den ebenso unversehrten Paddeln gehören normgerechte Schwimmwesten sowohl für Erwachsene wie für mitfahrende Kinder zwingend zum Leihpaket. Und Karten über die Wasserwanderrouten der Umgebung sowie eine umfassende Checkliste, was im Falle eines Unfalls oder einer Beschädigung eines Boots zu tun ist, gehören ebenfalls zum Standard. Bei der Festlegung der Gesamtkosten ist ebenso der Transport zu einem Ausgangs- oder zurück von einem Endpunkt der Tour einzuplanen. Unter diesen Aspekt fällt auch die Behandlung von möglichen Kautionen im Falle eines Schadens oder sonstiger unvorhergesehener Ereignisse, etwa wenn ein festgelegter Rückholpunkt nicht erreicht wird und der Verleiher dadurch seine vorher vereinbarte Fahrt umplanen muss.

Besonders aktive Anbieter haben geführte Touren auf ihrer Liste. Da kann man dann unter Anleitung eines mit dem Kanusport und dem jeweiligen Gewässer vertrauten Fahrtenleiters seine Fahrt absolvieren und sicher dabei auch noch einiges über das Kanufahren lernen. Wer diesen Service nicht in Anspruch nehmen möchte, selbst aber auf dem Wasser noch nicht so erfahren ist, sollte in jedem Fall darauf achten, dass seitens der Verleiher eine gründliche Einweisung im Umgang mit den Booten und dem Material, Hinweisen zu den Besonderheiten des Gewässers und nicht zuletzt Informationen zum Umweltschutz erfolgt. Bestehen solche Aktivitäten seitens eines Kanu-Verleihers nicht, sollte man sich als Anfänger lieber einem anderen Anbieter, ggfs. auch an einem anderen Gewässer, anvertrauen.

»Eine Seefahrt, die ist lustig …« – dieses Motto darf bei jeder Tour gerne im Vordergrund stehen. Leider trifft man dabei aber immer mal wieder auf Tourengruppen, bei denen der Alkohol zum Spaß dazugehört. Das kann nicht nur zu unschönen Begegnungen mit anderen Wassersportlern und der Gefährdung von anderen und sich selbst führen, sondern immer öfter auch zu einem bösen Erwachen, wenn die Ordnungsbehörden wie etwa die Wasserschutzpolizei gerade auf den Flüssen ihre regelmäßigen Kontrollen durchführen. Wer da mit einem Blutalkoholwert über jenen Grenzen, die auch im Straßenverkehr gelten, als Bootsführer angetroffen wird, muss mit dem sofortigen Ende der Tour rechnen. Ein Verwarngeld oder – bei gröberen Verstößen – ein Bußgeldverfahren kommen als unangenehme Folgen nicht selten hinzu. Mal abgesehen vom Ansehen des Wassersports, der ohnehin sich immer öfter Befahrungs-verboten von stark frequentierten oder unter Naturschutz stehenden Gewässern gegenübergestellt sieht, sollte man sich also immer mit einem Mindestmaß an Umsicht und kameradschaftlichem Verhalten gegenüber anderen auf dem Wasser bewegen. Ob sich unter diesen Gesichtspunkten eine Paddeltour als »Junggesellenabschied« oder »Vatertagstour« eignet, sollte man sich als gegenüber dem Boots-verleiher verantwortlicher Ansprechpartner vorher doch gut über-legen. Es muss ja nichts passieren, aber Gewässer sind nun mal kein gefahrloser Spielplatz zum Ausleben der eigenen Vergnügungslust. Auch zu solchen Fragen sollte ein guter Kanuverleih ein paar Tipps parat haben, damit die Tour mit Spaß zum Erlebnis wird.

53. GRUND

Weil eine umfassende Ausbildung den Kanusport erst richtig zum Erlebnis macht

Möchte man nur mal gelegentlich in einem Boot aufs Wasser gehen, bieten die privaten Möglichkeiten oder die Kanuverleiher wie in den beiden vorgenannten Gründen sicher eine ausreichende Gelegen-heit dazu. Das nötige Material und die geeignete Ausrüstung anzu-schaffen ist dann eher nicht nötig. Beachtet man die vorgenannten Empfehlungen und informiert man sich bei Freunden oder im Inter-net zusätzlich über die Besonderheit des Kanusports, steht einem entspannten Freizeitvergnügen nicht viel im Wege.

Wer allerdings nach den ersten Anfängen mehr Ambitionen ent-wickelt, auch mal auf eigene Faust unterwegs sein und fremde Ge-wässer erkunden möchte, der sollte auf eine weitergehende Ausbil-dung nicht verzichten. Das gilt im Freizeitbereich vor allem für den Bereich des Wildwassersports, der besondere Kenntnisse erfordert. Die sollte man von der Pike auf erlernen, um sich dann nach und nach auf die unterschiedlichen Gewässer-Kategorien mit steigenden Schwierigkeitsgraden der Flüsse wagen zu können.

Und wer den Kanusport leistungsorientiert mit der Teilnahme an Wettkämpfen oder besonderen Herausforderungen durch Streckenlänge oder -führung betreiben möchte, kann hier ohne eine gründliche Ausbildung in einem Verein oder entsprechenden Kanuschulen kaum einen Einstieg finden. Das klingt zunächst etwas öde oder bevormundend. Doch diese Schulungen und Kurse, die sowohl von professionellen Unternehmen als auch von den Vereinen und Verbänden angeboten werden, sind längst kein schematisches Absolvieren vorgeschriebener Übungen mehr. Da wird vieles abwechslungsreich und vor allem altersgerecht angeboten. Kinder werden spielerisch und gefahrlos auf meist flachen Gewässern mit Booten und Paddeln vertraut gemacht. Und so ganz nebenbei wird das Wissen zur Sicherheit, zu den unterschiedlichen Gewässern und zum Umweltschutz vermittelt. Es ist wie so oft im Leben – eine Sache macht meist erst dann richtig Spaß, wenn man sie beherrscht und sich dann immer weiterentwickeln kann. Beim Kanusport kann das schon in jungen Jahren anfangen. Doch auch ältere Semester brauchen einen Start im Boot nicht zu scheuen. Etwas dazulernen kann man bei richtiger Anleitung immer.

54. GRUND

Weil viele Kanuschulen eine gute Auswahl ermöglichen

Wer dem organisierten Kanusport in Vereinen und Verbänden zunächst nicht so viel abgewinnen kann, aber dennoch auf eine gute Ausbildung durch erfahrene Trainer nicht verzichten möchte, findet ein umfangreiches Angebot bei den privat betriebenen Kanuschulen. Die gibt es an fast allen Gewässern in Deutschland, manche sind auch in den beliebten Urlaubsregionen im benachbarten Ausland zu finden. Gibt man den Begriff »Kanuschule« in die üblichen Suchmaschinen des Internets ein, findet sich eine sehr große Anzahl von Eintragungen.

Jede Schule hat da ihren eignen Schwerpunkt, je nach Lage am Gewässer und dessen Beschaffenheit. Das geht vom ruhigen See bis zum rauen Wildwasser. Und viele Schulen bieten ganz unterschiedliche Formen des Kanusports an. Kajak und Kanu findet man überall, dazu stehen aber auch das Stand-Up-Paddling (SUP), Rafting, Freestyle, Slalom und Kanu-Polo in den jährlich für die Kanusaison erstellten Veranstaltungskalendern. Mit ein wenig Suchen findet man so schnell die Disziplin, an der man am meisten Interesse hat. Und wenn man schon das ein oder andere im Kanusport ausprobiert hat, kann man dann über die Kurse der Kanuschulen auch mal die weiteren Facetten der Sportart kennenlernen.

So groß die Anzahl der Schulen ist, so umfangreich sind auch die Gestaltung der Schulungen und Kurse. Da kann man bei vielen Anbietern mal die ein oder andere Schnupperstunde für relativ kleines Geld mitmachen, um anschließend in einem etwas umfangreicheren Kurs vom Anfänger zum Könner zu werden. Oft findet man im Programm der Schulen auch längere Touren über einen ganzen Tag oder ein verlängertes Wochenende. Der Ideenreichtum der Anbieter ist da immens.

Die Altersspanne für die Teilnehmer ist ebenfalls bei den Schulen nahezu unbegrenzt. Da gibt es Gruppen für Kinder und Jugendliche oder nur für Erwachsene, die entweder ganz neu den Kanusport kennenlernen wollen oder nach längerer Pause den Wiedereinstieg ins Boot planen. Davor mal ein wenig unter Anleitung üben, um die etwas verloren gegangene Sicherheit wiederzugewinnen und vor allem sich mit den aktuellen Befahrungsregelungen für Gewässer zu befassen, sollte in diesem Fall selbstverständlich sein.

Viele Kanuschulen veranstalten zudem geführte Fahrten mit Anleitung. Die gibt es für Gruppen aus Firmen, Schulen oder auch als

Event für einen besonderen Kindergeburtstag. Auch in dem Bereich sind den möglichen Ideen kaum Grenzen gesetzt, da sollte man sich bei Interesse einfach mal mit der nächstgelegenen Kanuschule in Verbindung setzen.

Was schon bei den Kanuverleihern angemerkt wurde, gilt natürlich auch für die Kanuschulen: Boote und Material sollten in einem technisch einwandfreien Zustand sein, und geprüfte Schwimmwesten für alle Körpergrößen und -gewichte sind für jeden »Schüler« vorzuhalten und bei den Fahrten auf dem Wasser unbedingt zu tragen. Dann ist die Ausbildung in einer Kanuschule nicht nur sicher, sondern meist mit viel Spaß verbunden. Egal, ob es sich bei der ausgewählten Schule um einen kommerziellen Anbieter oder um einen von einem Verein oder Verband getragenen Veranstalter handelt.

55. GRUND

Weil der DKV Ausbildung mit Qualität sicherstellt

Trainer gehören zum Kanusport wie das Salz zur Suppe. Das gilt sowohl für die Anfänger, die zum ersten Mal in einem Verein ins Boot steigen als auch für die mehrfachen Olympiasieger, die immer wieder mithilfe ihrer Trainer an der Technik feilen, die nötige Kraft und Kondition aufbauen und das Trainingspensum so steuern, dass sie genau dann fit sind, wenn es um die Medaillen geht.

Bleiben wir bei diesem Grund zunächst bei den Anfängern. Der Deutsche Kanu-Verband legt besonderen Wert auf eine gute Ausbildung der Kanu-Einsteiger. Seit dem Jahr 2000 sorgt der DKV mit einem Gütesiegel für eine qualifizierte Schulung in den Vereinen. Die können sich »DKV-anerkannte Kanu-Ausbilder« nennen, wenn sie mindestens drei Kurse pro Jahr anbieten, die auch Nichtmitgliedern offenstehen müssen. Diese Schulungen müssen von anerkannten Kanu-Lehrern oder lizenzierten Trainern durchgeführt werden. Damit wird sichergestellt, dass eine Anfängerausbildung im Verein sowohl den sportlichen Ansprüchen der Teilnehmer wie auch den Anforderungen an Sicherheit, Organisation und Gewässerschutz genügt. Und damit dies dauerhaft gilt, müssen die Vereine in jedem Jahr einen neuen Antrag für das Gütesiegel stellen und die entsprechenden Nachweise über die Erfüllung der geforderten Auflagen erbringen. Klingt etwas kompliziert, ist aber für die meisten Clubs mit relativ wenig Aufwand verbunden. Die angebotenen Kurse sind dazu in eine Termindatenbank im Internetsystem des Verbandes einzutragen, und der stellt auch nach den jeweils erfolgten Aus- sowie obligatorischen Weiterbildungen der Kanulehrer und Trainer die Lizenzen bzw. deren Verlängerungen aus und hält dies ebenfalls in seinen Datensystemen fest. Wer sich also als Kanu-Einsteiger einem Verein mit einem solchen Gütesiegel anvertraut, kann von einer guten und fundierten Basis-Ausbildung für sein Kanu-Leben ausgehen.

Qualität gehört bei den über 500 gewerblich tätigen Kanu-Anbietern zum Erhalt ihrer guten Geschäftsführung, viele von ihnen arbeiten zur Sicherstellung der Standards dabei mit dem DKV zusammen oder orientieren sich bei ihren Angeboten an den Richtlinien des Verbandes. Die wie oben angegeben zertifizierten Kanuvereine, die über ihre Landesverbände dem DKV angeschlossen sind, dürfen dies mit einem eigens geschaffenen Gütesiegel als Aufkleber oder in ihren Prospekten und Veröffentlichungen als Logo dokumentieren.

Es muss sich ja nun nicht gleich jeder das Ziel »Olympiasieg« auf die Fahne schreiben. Aber eine gute Schulung ist so oder so eine Basis sowohl für Erfolge im Leistungs- wie auch für tolle Stunden und Erlebnisse im Breitensport.

Weil gut ausgebildete Trainer im Breiten- und Leistungssport tätig sind

Wer sich für den Leistungssport entscheidet und in einer der zahlreichen im Kapitel 2 vorgestellten Disziplinen sportliche Erfolge feiern möchte, wird sich über kurz oder lang einem Verein anschließen, der über fachlich versierte Trainer verfügt. Voran kommt man im Kajak und Kanu natürlich auch einfach so. Um aber in einem Rennen ganz vorne zu liegen, bedarf es dann doch einer umfassenderen Anleitung, Betreuung und Begleitung im Trainingsprozess und Wettkampf. Das ist im Kanusport nicht anders als in den Populärsportarten, wo Trainer allerdings oft mit ihrer Arbeit im Fokus der Öffentlichkeit stehen.

Das geschieht im Kanusport eher selten, dennoch ist hier die Ausbildung der Trainer eine wesentliche Grundlage für Erfolg oder Niederlage. Schon in den frühen 2000er-Jahren hat der Deutsche Sport-Bund Rahmenrichtlinien für die Aus- und Weiterbildung der Trainer in den zahlreichen Sportarten festgelegt. Dem Grundkonzept dieser Richtlinien hat sich auch der Deutsche Kanu-Verband angeschlossen und seinerseits für die sportspezifischen Bedürfnisse der vielen Facetten des Kanusports entsprechende Lehrgänge, Ausbildungswege und Lizenzabschlüsse definiert. Der Schwerpunkt liegt dabei im Bereich der Trainer der Kategorien A, B und C. Hier finden viele in den Vereinen aktiven Kanuten einen Einstieg als Kanu-Lehrer, Fahrtenleiter oder Instruktor. Aufbauend auf diesem Grundwissen kann man dann durch das Absolvieren entsprechender Lerneinheiten, vergleichbar etwa mit Schulstunden in verschiedenen Fächern, mit der Trainer-C-Lizenz die Grundstufe der Trainerlaufbahn erklimmen. Die gibt es mit Breiten- und Leistungssport in zwei unterschiedlichen Ausrichtungen, die auch noch für die weitere Qualifikation zum Trainer-B gelten. Im Breitensport heißt das für die aktiven Paddler, dass sie u.a. mit der Unterstützung eines C- oder B-Trainers ihre Paddeltechnik verbessern oder sich vielleicht nach einer längeren Pause wieder mit einem individuell ausgearbeiteten Sportprogramm richtig fit machen können. Außerdem erhalten die Aktiven von den Trainern fachgerechte Beratungen z.B. in allen Fragen für die Planung einer eigenen Tour. Beide Trainergruppen sind natürlich auch in den Vereinen gefragte Experten für die Planung von sportlichen Veranstaltungen für die verschiedenen Altersklassen oder auch für Freizeiten und Wandertouren. Die B-Trainer sind zudem dazu angehalten, weitere Kanulehrer, Fahrtenleiter und junge angehende Trainer anzuleiten, also als Multiplikatoren zu wirken.

Im Leistungssport richtet sich das Augenmerk der unterschiedlichen Trainer-Gruppen auf die Wettkämpfe ihrer Schützlinge. In den C- und B-Stufen werden dafür alle erforderlichen Grundlagen vermittelt, die höchste Trainer-A-Stufe geht dann schon an den professionellen Bereich im Trainerhandwerk heran, ist Voraussetzung, um im Bereich von nationalen Auswahlmannschaften zum Einsatz zu kommen.

Wer dann noch eine Stufe draufsatteln möchte, kann sich zum Diplom-Studium an der Trainerakademie einschreiben und dann bei einem erfolgreichen Abschluss in jedem Fall in die hauptberufliche Trainerlaufbahn einbiegen.

Diese vorstehenden Beschreibungen reißen die vielen Möglichkeiten, die sich bei einer strukturierten Ausbildung zum Trainer bieten, nur an. Und sie geben nur einen ganz kleinen Einblick, wie aktive Paddler von einem Trainer profitieren können. Sicher ist aber, dass der DKV mit seinen Richtlinien für die Schulung der Coaches wichtige Meilensteine für den Kanusport setzt, die an allen Wegen des Sports, der Sicherheit und der Umwelt stehen.

Weil man rund um den Kanusport noch viel mehr lernen kann

Die Teilnahme an einem Lehrgang mit dem Ziel Trainer, Instruktor oder Kanu-Lehrer ist völlig freiwillig, endet aber meist mit einer Prüfung. Anschließend wird von den Absolventen meist erwartet, dass die die erworbenen Kenntnisse an Anfänger oder noch unerfahrene Kanuten weitergeben. Aber nicht jeder möchte sich in seiner Freizeit einem Prüfungsstress zu Erlangung einer Lizenz aussetzen und hat dann die zeitlichen und organisatorischen Möglichkeiten, sich in die Lehrarbeit der Vereine einzubringen. Dennoch muss man auch in diesem Fall nicht auf gute Schulungen mit auf seine Bedürfnisse abgestimmten Inhalten verzichten. Dazu finden sich eine große Anzahl an Lehrgängen und Schulungen. Viele davon werden ganz praktisch während einer gemeinsamen Ausfahrt vermittelt, andere wiederum haben mehr theoretischen Charakter.

Sowohl der DKV wie auch fast alle Landesverbände bieten regelmäßig solche Lehrgänge an, die meist offen sind für Nichtmitglieder. Dabei stehen gerade die Sicherheitsschulungen hoch im Kurs, die sich in den einzelnen Regionen an den Wasserverhältnissen und Gegebenheiten von Ufern, Ökologie, Infrastruktur und Hilfsorganisationen orientieren. Solchen Schulungen sollte man sich in jedem Fall widmen, wenn man sich mit einer gewissen Verantwortung für sich selbst und auch für andere auf dem Wasser bewegen möchte.

Der gesamte Bereich der Aus- und Weiterbildung ist im Deutschen Kanu-Verband in einem eigenen Ressort ähnlich wie eine Arbeitsgruppe organisiert. Hier werden gemeinsam mit den Landesverbänden, die als regionale Organisationen über ihre Vereine oder den Einzelmitgliedern meist wesentlich näher an den aktiven Paddlern dran sind, die Inhalte und der Umfang der Schulungsthemen abgestimmt. Dabei werden die verschiedenen Formen des

Kanusports berücksichtigt, denn im Kajak auf einem ruhigen See sicher zu fahren ist doch etwas anders, als sich mit dem gleichen Bootstyp auf Wildwasser oder im Küstenbereich zu bewegen. Und immer mehr spielt bei den angebotenen Kursen das Stand-Up-Paddling (SUP) eine Rolle, das gerade in den jüngeren Generationen das Interesse am Paddeln wieder geweckt hat.

Was so alles in den Kursen und Schulungen gelehrt wird, ist hier aus Platzgründen nicht im Einzelnen beschreibbar. Dazu sind die Sparten des Kanusports, die Art der Gewässer und die jeweiligen Ausbildungsziele zu vielseitig. Möchte man mehr darüber erfahren, findet man umfangreiche Informationen dazu im Internet oder in gedruckter Form. Aber auf eine Sache soll doch im nächsten Grund eingegangen werden, weil sie in der Öffentlichkeit durch ihren Namen den Kanusport bekannt gemacht hat.

58. GRUND

Weil die Eskimorolle
überlebenswichtig sein kann

Eigentlich wird sie fachlich korrekt als »Kenterrolle« bezeichnet. Weil aber das Kajakfahren schon in der Frühzeit für die Jagd bei den indigenen Völkern in den nördlichen Regionen der Erde eine wichtige Rolle in ihrem Leben spielte, hat sich der Begriff »Eskimorolle« in unserem Sprachgebrauch längst etabliert. Für die Inuit, wie diese Völker ja heute korrekt genannt werden, war die Beherrschung dieser Technik überlebenswichtig. Sie waren meist auf offener See mit weitem Abstand zum nächsten Land oder zur nächsten festen Eisfläche unterwegs und saßen durch die wärmende Kleidung und entsprechende Abdeckungen fest in ihren Booten. Bei einer Kenterung kopfüber im kalten Wasser zu liegen war da nicht nur unangenehm, sondern auch gefährlich. Und ein Aussteigen aus dem Boot, um den Kopf wieder über die Wasseroberfläche zu bekommen, hätte wohl kaum durch die Kleidung und das schwierige Wiedereinsteigen in das Boot zum Überleben beigetragen. Also mussten sie eine Technik entwickeln, um das kielobenliegende Boot aufzurichten und so möglichst schnell den Körper wieder aus dem Wasser herauszubekommen. Die Kenterrolle war erfunden und gehört heute zur Grundausbildung aller, die regelmäßig im geschlossenen Kajak oder Kanadier unterwegs sind.

Um die Rolle sicher zu beherrschen, braucht es ein wenig Übung, die man auch ohne Wasser durchführen kann. Dazu wird das Boot an Bug und Heck in zwei Gurte gelegt und mit Paddler an Bord umgekippt. Das Paddelblatt kann zu Anfang auf dem Boden abgestützt werden, entscheidend zum Wiederaufrichten bei der Rolle ist aber der in der Hüfte erzeugte Schwung. Am Anfang unterstützen Helfer noch bei der Drehung, aber mit etwas Übung kann man es dann schnell selbst schaffen. Der Schwung sollte also sitzen, bevor man sich mit der Übung ins Wasser begibt. Auch hier sollte man zunächst mit Helfern in vielleicht knie- oder hüfthohem Wasser starten und die nötige Sicherheit aufbauen. Vereine oder Schulen, die an fließenden Gewässern liegen, gehen für diese Übungen gerne in das nächste Schwimmbad, um dort im Nichtschwimmerbecken die ersten Wasserübungen zu absolvieren.

Dabei wird dann der Einsatz des Paddelblattes eingeübt, denn der ist in tieferen Gefilden ohne Grundberührung neben dem Hüftschwung ebenso wichtig. Dabei wird das Paddel flach auf die Wasseroberfläche gelegt, leicht schräg in Zugrichtung angestellt und dann mit einer ausholenden Bewegung nach hinten geführt. Dadurch entwickelt sich ein Auftrieb, der den zeitgleich eingesetzten Hüftschwung unterstützt und das Boot dann gleich nach dem Aufrichten durch das flach auf dem Wasser liegende Blatt stabilisiert.

Dies ist nur die Beschreibung der Grundform der Kenterrolle. Es gibt einige weitere Varianten, die sich vor allem in der Führung des Paddels und der Haltung des Oberkörpers unterscheiden. Rolle in

Vorlage, Hangrolle, Bogenschlagrolle, Sweep Roll, Stey Roll für den Kanadier sind einige davon. Es geht bei der Handrolle sogar mit einiger Übung ganz ohne Paddel durch geschickten Einsatz der Hände.

Die Grundlagen der Kenterrolle wurde wie beschrieben von den Eskimos entwickelt, die meist nicht schwimmen konnten und so auf das Verbleiben im Boot zum Überleben angewiesen waren. Sie haben rund 30 verschiedene Formen der Rolle angepasst an die jeweilige Umgebung sowie an Boot und Material entwickelt. In Europa gelang es erst Mitte der 1920er-Jahre mit den bis dahin entwickelten Bootsformen, eine solche Rolle zum Aufrichten eines Bootes nachzumachen. Bis dahin waren vor allem offene Boote im Einsatz, die nach dem Kentern vollliefen und somit nicht mehr ohne ein Verlassen aufzurichten waren.

Wer also demnächst Paddler bei der »Eskimorolle« auf dem Wasser beobachtet, kann mit diesen Grundkenntnissen dann schon ein wenig beurteilen, ob die Technik passt. Und wer dann selbst ins Boot steigt und nach dem Erlernen der ersten Grundtechniken im geschlossenen Kajak unterwegs sein möchte, für den wird die sicher beherrschte Kenterrolle zur »Hauptrolle« seines Lebens.

59. GRUND

Weil der EPP eine Art Führerschein ist

Einen Führerschein auf dem Wasser benötigt man nur für Sportboote mit einem Motor, der mehr als 15 PS an der Antriebsschraube entwickelt. Für Kanufahrer ist ein solch amtliches Dokument nicht notwendig. Für sie gibt es keine Pflicht, an den in diesem Kapitel beschriebenen Ausbildungsformen und -kursen teilzunehmen. Wer aber mit einer gewissen Eigenverantwortlichkeit auf einem größeren und vor allem von der Berufsschifffahrt genutzten Gewässer paddeln möchte, sollte dies nicht ohne eine umfassende Ausbildung tun.

Kommt es zu Unfällen auf dem Wasser oder gerät man durch andere Umstände in eine Kontrolle der Wasserschutzpolizei, ist es durchaus nützlich, eine solche Ausbildung durch ein Dokument nachweisen zu können. Das schützt zwar nicht vor einer Verwarnung oder einem Bußgeld, wenn man sich ggfs. unachtsam oder regelwidrig verhalten hat. Es fördert aber doch ein wenig das Vertrauen seitens der Behörden in die muskel-aktiven Wassersportler.

Genau dazu ist der Europäische Paddel-Pass, kurz EPP, ins Leben gerufen worden. 2004 entwickelten sechs europäische Kanu-Verbände die Idee dazu, stellten einen Katalog zusammen für die Fähigkeiten und Kenntnisse, über die man als aktiver Paddler verfügen sollte, und gestalteten auch eine Form, wie diese nachweisbar gemacht werden können. Der Deutsche Kanu-Verband trat 2007 dieser Gruppe bei, inzwischen ist der EPP von elf Ländern als Nachweis anerkannt. Wer in Dänemark, Finnland, Frankreich, Großbritannien, Irland, Italien, Norwegen, Slowenien, Schweden oder der Schweiz ein Boot ausleihen möchte, der dürfte bei Vorlage des EPP kaum abgewiesen werden. Nach und nach kommen sicher noch weitere Länder dazu, aktuell kann man sich auf der Webseite www.europaddlepass.eu informieren.

Ausgestellt wird der EPP in fünf Stufen, die aufsteigend mit den Farben Weiß, Grün, Blau, Rot und Schwarz verbunden sind. Viele Kanu-Vereine haben den EPP inzwischen in ihre Ausbildungsprogramme für die Paddler integriert. In den ersten beiden EPP-Stufen geht es um die Grundkenntnisse, wie sie schon in vorherigen Gründen vorgestellt wurden. Ab der dritten Stufe kommen Spezialisierungen z.B. für das Tourenfahren, Wildwasserstrecken und Küstenpaddeln hinzu.

Voraussetzung für das Befahren von Gewässern ist der EPP grundsätzlich nicht, daran soll sich auch durch die intensive allgemeine Ausbildung in den Vereinen und Schulen nichts ändern. Aber der EPP in der Tasche verstärkt bei den aktiven Sportlern zumindest das Selbstvertrauen in die eigenen Fähigkeiten.

Und noch einen Vorteil bietet der EPP: Einige Krankenversicherer erkennen ihn als Nachweis sportlicher Aktivitäten an, die ja oft mit einem Bonusprogramm der Kasse verbunden sind. Vielleicht ein Grund mehr, aktiv ins Boot zu steigen.

Weil Paddeln ein Familiensport ist

In diesem Kapitel war viel von einer guten Ausbildung und Schulungen im Kanusport geschrieben. Das mag so ein wenig anmuten, dass der Einstieg vielleicht doch ziemlich »trocken« ist und Spaß zumindest am Anfang nicht so richtig aufkommen könnte. Aber das stimmt sicher nicht, denn der Kanusport ist ausgesprochen gruppengeeignet und bietet im Freizeitbereich eine Unmenge an Abwechslung und Erlebnissen mit Freunden und Verwandten. Gerade das macht den Kanusport nicht selten zum Familiensport.

Die vielen Sportarten buhlen heute ganz besonders um den Nachwuchs. Bei manchen ist die Findung junger Talente ein Selbstläufer, weil die Sportart halt populär oder gerade bei den Kids ganz besonders angesagt ist. Andere Disziplinen müssen da schon etwas mehr tun, um sich für Kinder und Jugendliche attraktiv zu machen. Einfach mal einen »Tag der offenen Tür« zu veranstalten reicht da meist nicht.

Ein ganz wesentlicher Fundus für die Gewinnung neuer Mitglieder sind für die Vereine aber die Familien. Da findet man in vielen Kanuvereinen heute ganze Stammbäume von Generationen einer Familie, die dem Club angehört haben.

Ein Grund dafür liegt in der Sportart selbst. Da trifft man sich im Freundeskreis gerne mal auf ein Paddelwochenende mit der ganzen Familie. Im Bootshaus eines befreundeten Vereins wird Quartier bezogen, oder man zeltet ganz naturverbunden auf dem Vereinsgelände. Die Boote hat man aus eigenen Beständen mitgebracht, und wenn Mama und Papa in einem offenen Kanu aufs Wasser gehen, sitzen die Kleinen gerne mittschiffs mit im Boot. Selbstverständlich ausgestattet mit Schwimmweste und Sonnenschutz, so viel Verantwortung muss schon sein. Aber welches Kind entwickelt da nicht schon das gewisse Gefühl für Abenteuer? Und wenn man dann vom Boot aus bei geeignetem Gewässer und unter Aufsicht der Eltern auch noch ins Wasser springen darf, sind der Wonne kaum Grenzen gesetzt. Klar, dass damit ein Bezug zur Sportart schon im Kindesalter hergestellt wird. Und nicht wenige dieser Kinder beginnen dann selbst im entsprechenden Alter mit dem Paddeln und werden somit zur nächsten Generation im Verein. Selbst wenn es dann durch Schule, Studium und frühe Berufsjahre mal zu längeren Pausen kommt, die Prägung durch diese frühen Jahre im Boot bleibt, und oftmals hält die Treue zum Kanusport ein Leben lang.

Das führt gerne dazu, dass rüstige Großväter oder -mütter ab und an mal mit den eigenen Enkeln ins Boot steigen und eine gemeinsame Ausfahrt machen. Das mag nicht der Regelfall sein, denn Sport mit den Großeltern gemeinsam zu treiben gilt bei den Jugendlichen ja nicht unbedingt als cool. Aber ausgeschlossen ist es halt nicht, und oftmals bringt es gerade im sozialen Bereich für die Kinder Erfahrungen fürs Leben.

Ehe für alle – das ist ja ein Schlagwort in der Familienpolitik unserer Tage. Paddeln für alle, das ist schon lange ein Faktor für viele Familien, die damit immer wieder Akzente gegen Langeweile oder pubertäre Ausreißer setzen können.

Weil man zum Paddeln keine
teure Ausrüstung braucht

Wer kennt das als Eltern nicht! Da haben die eigenen Sprösslinge im Fernsehen oder im Internet eine trendige Sportart entdeckt, oder sie haben Freunde, die da schon aktiv sind. Und da will der Nachwuchs natürlich nicht hintanstehen, da möchte er mitmachen. Natürlich geht das nicht ohne eine gewisse Ausstattung mit aktuellen Klamotten bekannter Hersteller.

Da gibt es in diesem Grund nun eine gute Nachricht für die familienernährenden Alleinverdiener. Paddeln ist eine Sportart, bei der die preiswerte Schulsport-Ausrüstung voll und ganz als Kleidung reicht. T-Shirt, kurze Hose oder Leggins, dazu einfache Socken und möglichst billige Turnschuhe sind als Grundausrüstung mehr als ausreichend und einfach auch zweckmäßig. Boote, Paddel und Schwimmwesten stellen die Vereine oder Kanuschulen, dafür ist gesorgt, ohne den Familienetat überziehen zu müssen.

Wenn es dann zum ersten Mal mit einem Boot aufs Wasser geht, wird noch schneller deutlich, warum einfache Kleidung sinnvoll ist. Da klappt nämlich am Anfang nicht direkt jeder Paddelschlag, schnell spritzt mal Wasser hoch, trifft den eigenen Körper, die Kleidung wird nass.

Und auch das erste Einsteigen in die relativ schmalen Boote will am Anfang geübt sein. Nicht selten passiert es Anfängern, dass sie auf der einen Seite einsteigen und gleich mit einer Kenterung auf der anderen Seite wieder hinausfallen. Solange man nicht gelernt hat, dass man allein mit dem Paddel das Boot stabilisieren und damit eine Kenterung verhindern kann, ist der ein oder andere Badeausflug nicht ausgeschlossen. Anfänger neigen gerne dazu, nach den ersten Paddelschlägen, die etwas Abstand vom Ufer gebracht haben, beim Kippen des Bootes das Paddel loszulassen, um mit den Händen Halt am Bootsrumpf zu finden. Das geht aber genauso ins Wasser und damit in die Hose, Pardon: Kleidung.

Welcher Jugendliche möchte da dann in den teuren Designer-klamotten wassertriefend ans Ufer kommen? Das macht dann auch bei den dicksten Kumpeln keinen großen Eindruck, und deshalb können ebendiese Kleidungsstücke zu Hause im Schrank bleiben. Auch wenn inzwischen das Angebot an speziell für den Wassersport entwickelter Kleidung groß ist, ist der Kanusport halt keine Moden-schau. Je einfacher und unempfindlicher am Anfang die Bekleidung, umso besser. Und wenn man dann sicher im Boot ist, die Paddel-technik sitzt, dann bieten die entsprechenden Hersteller und Händ-ler auch funktionelle Kleidung an, der Wasser wenig ausmacht und in der man trotzdem chic aussieht. Mehr dazu gibt es im nächsten Kapitel.

Das Geld für teure Kleidung kann man also sparen. Besser ist das investiert in einen Schwimmkurs für den Nachwuchs. Denn wenn auch die Kleidung beim Paddeln eher Nebensache ist, so ist das »Schwimmenkönnen« ein Muss. Spätestens nach der ersten Kente-rung in den Übungsstunden weiß man warum.

7. KAPITEL

BOOTE, BOOTE, BOOTE

Weil es Bootstypen für jeden Anspruch gibt

Dass der Kanusport über eine Vielzahl von Facetten verfügt, ist in diesem Buch ja bereits mehrfach belegt worden. Sowohl im Leistungssport wie auch in der Freizeit kann man sich den verschiedenen Formen zur Bewegung im Boot hingeben. Und genau so groß ist entsprechend auch die Liste der Bootstypen, die man auf dem Markt findet. Kajaks gibt es für die olympischen Klassen im Rennsport und im Slalom. Diese Boote werden u.a. vom Institut für Forschung und Entwicklung von Sportgeräten (FES) entwickelt und entsprechend den Regularien für die festgelegten Maße gefertigt. Die FES wird vom Bundesinnenministerium gefördert, das ja für den Sport in Deutschland zuständig ist. In diesem Institut kommen moderne Messverfahren zum Einsatz, um z.B. den Widerstand der Boote im Wasser und damit den Krafteinsatz der Aktiven zu optimieren. Dabei ist zu beachten, dass die Boote nicht einfach nur »leichter« werden, sondern auch zum Erhalt der Sicherheit auf dem Wasser fest und robust gebaut sind, um einen Materialbruch durch die übertragene Kraft zu vermeiden. Ähnliches gilt auch für die Hochleistungspaddel, an deren Entwicklung die FES ebenfalls beteiligt ist. Was dort dabei herauskommt, ist quasi die Formel-1 im Kanusport. Für Einsteiger in den Leistungssport gibt es natürlich daneben ein breites Angebot verschiedener Hersteller, die ebenfalls die gesetzten Regeln einhalten, vom Materialeinsatz aber günstiger fertigen und damit auch im Verkauf anbieten können.

Das gilt gleichfalls für die Leistungsklassen in den anderen Facetten des Kanusports. Formen, Bauart und Zubehör sind auf die in den Wettbewerben geforderten Ansprüche abgestimmt. Im Kanu-Polo kommt z.B. ein Einer zum Einsatz, der sich doch klar von der Bootsform z.B. im Freestyle unterscheidet. Dennoch werden beide Einer-Kajak genannt. Als Anfänger und Laie mag man zunächst vor einem großen Wald stehen, dessen einzelne Bäume man kaum voneinander unterscheiden kann. Aber die erfahrenen Aktiven in den Vereinen und natürlich auch im Fachhandel helfen da gerne kompetent weiter. Erste Orientierung gibt dazu der Blick auf die Webseiten des DKV und der Kanuanbieter.

Im Freizeitbereich ist das Angebot ähnlich umfangreich, und natürlich findet man dort die Bootstypen wieder, die auch in den Wettkämpfen zum Einsatz kommen. Aber allein die Aufzählung von Touren-, Wildwasser- oder Seekajak deutet schon auf gravierende Unterschiede in den Bauformen hin. Natürlich sei hier das Faltboot nicht vergessen, auf das wir aber noch zurückkommen. Und da wir ja bereits den Unterschied zwischen Kajak und Kanadier beschrieben haben, ist auch damit klar, dass es in diesen Formen des Kanusports weitere Bootstypen mit verschiedener Ausprägung gibt. Nimmt man noch die Raftingboote oder die SUP-Bretter dazu, wird es noch umfangreicher, längst aber noch nicht vollständig. Wer dann noch über den Tellerrand schaut, findet heute noch viele traditionelle Bauformen, die sich in den Regionen dieser Welt seit den Ursprüngen der Nutzung von Kanus und Kanadiern erhalten haben.

Sucht man hier einen Einstieg in den Kanusport, kommt man um eine gute Beratung durch die Fachleute eines Vereins, einer Schule oder eben des Fachhandels nicht herum. Einen Überblick gibt das Internet, in einem späteren Grund kommen wir noch auf eine andere Informationsquelle zurück. Und ein paar besondere Bauformen werden auf den kommenden Seiten noch genannt.

63. GRUND

Weil das klassische Faltboot immer noch in ist

Für die älteren Generationen ist es wohl eine Art Inbegriff für das Paddeln, jüngere Leute haben es aber in den letzten Jahren wieder für sich entdeckt – das Faltboot. Das klassische Merkmal dieser Bootsbauform ist die flexible Bootshaut, die sich um ein aufgebautes Gerüst aus Holz- oder Aluminiumelementen spannt.

Der Ursprung dieser Bauform ist allerdings schon um die 2.500 Jahre alt. Da dienten Tierhäute als Bespannung von Booten, mit denen in Armenien Menschen und Waren transportiert wurden. Auf den Aleuten waren es die Ureinwohner Unangan, die mit solchen Kajaks Seelöwen jagten. Auch hier spannten sich die Tierhäute um Gestelle aus Holz oder Knochen. Baidarkas wurden diese Boote genannt, die als Vorbilder für die später entwickelten Faltboote gelten.

1905 baute der Architekturstudent Alfred Heurich ein solches Boot nach, befuhr damit erfolgreich die Isar von Bad Tölz nach München als Jungfernfahrt. Mehr als 100.000 Kilometer soll er in Folge mit diesem Boot unterwegs gewesen sein. 1907 lernte er dann Johann Klepper kennen, der die Möglichkeiten für diese Bauform von Kajaks erkannte und sich eine Lizenz bei Heurich für den Nachbau sicherte. Klepper baute fortan in Rosenheim die Boote in Serie und machte sie vor allem in Europa sehr populär. Das lag auch daran, dass es in den 20er- und 30er-Jahren noch kaum Autos als private Transportmittel gab und die aktiven Paddler ihre Boote mit auf die Bahnreise nehmen mussten. Dass diese dann zerlegbar und die Streben sowie die Bootshäute in Packtaschen mitgenommen werden konnten, sorgte für eine große Beliebtheit bei den Sportlern. Die Reichsbahn bot sogar Sonderfahrten für Faltbootfahrer an. Die Boote waren so populär, dass bei den Olympischen Spielen 1936 in Berlin für diesen Bootstyp Rennen um die Medaillen ausgetragen wurden. Klepper war klar der Marktführer, hatte fast 100.000 Boote bis Mitte der 1930er-Jahre verkauft. Und wie von einigen anderen Faltbootwerften auch wurden weitere Utensilien für die Paddler zum Camping angeboten, bei denen die Zelte aus den Materialien der Boote gebaut werden konnten.

Nach dem Zweiten Weltkrieg nahm das Interesse an den Faltbooten doch spürbar ab, andere Formen des Kanusports rückten in den

Vordergrund, mit der Verfügbarkeit von Pkw und Anhängern konnten dann auch feste Boote transportiert werden. Zwar dauerte der fachgerechte Zusammenbau eines Faltboots mit etwas Übung nur wenige Minuten, dennoch nahm das Interesse im Westen Deutschlands spürbar ab, während im Osten das Reisen mit den dort von Werften produzierten Faltbooten noch deutlich größer blieb.

Seit dem Jahr 2000 kann man von einer Wiederbelebung des Faltbootreisens sprechen. Die Verkaufszahlen stiegen wieder, sowohl in Deutschland und Europa als auch in den USA und Kanada. International sind einige Werften zu finden, die Boote nach dem klassischen Faltprinzip, aber mit neuem Design, neuer Technik und modernen Materialien anbieten.

Der Name Klepper hat all diese Entwicklungen überlebt, auch wenn das Unternehmen inzwischen zu einer Aktiengesellschaft geworden ist und die Boote weitestgehend im Ausland angefertigt werden. Stammsitz ist aber weiterhin Rosenheim, die Form aus den Anfangsjahren hat weiterhin Bestand, gebaut werden aber neben dem Klassiker in Blau und Silber auch weitere Modelle mit modernen Materialien, Farben und Designs für die Bespannung. Aus dem zwischenzeitlich angebotenen Benzinmotor als Zubehör ist ganz modern ein Antrieb mit Solarenergie geworden. Was also unsere Großväter begeisterte, ist heute wieder bei den jungen Generationen in.

64. GRUND

Weil der Kunststoff sich im Bootsbau durchgesetzt hat

Tierhäute, große Knochen, Treibholz, Holzstämme – es liest sich schon etwas abenteuerlich, was in der Frühzeit des Kanufahrens so alles für den Bau der Boote zur Verwendung kam. Aber es waren eben die Dinge, die die indigenen Völker in Südamerika oder in der Region nahe am Polarkreis in ihrem Lebensraum zur Verfügung hatten. Für sie wurden die Boote überlebenswichtig für die Jagd, da war alles recht, was schwamm und fest genug war, um sich auf dem Wasser bewegen zu können.

Als dann viele Jahrhunderte später das Kanufahren zum Sport wurde, war die Entwicklung der Holzbearbeitung so weit fortgeschritten, dass man entsprechend dünne Holzplatten biegen und an entsprechend zugeschnittenen Spanten sicher befestigen konnte. Um die Dichtigkeit der Boote herzustellen, kamen mehrfach aufgetragene Lackschichten zum Einsatz.

Spätestens mit der Entwicklung des Kunststoffs und der Verfügbarkeit dieses Materials in großen Mengen durch die Industrie war es nur noch eine Frage der Zeit, wann sich die Sportboot-Werften mehr und mehr auf dieses Material einrichten würden. Erste Formen wurden in den 50er- und 60er-Jahren für die Bootsfertigung in Serie hergestellt, Polyethylene oder PVC kamen als thermoplastische Kunststoffe für den Aufbau der Rümpfe zum Einsatz. Je mehr sich die industrielle Entwicklung der Stoffe fortsetzte, die Erkenntnisse über gesundheitliche Schäden und Umweltbelastungen durch Kunststoff wuchsen, umso mehr wurde auch mit neuen Grundmaterialien gearbeitet. Eine oft gehörte Abkürzung dabei lautet GFK. Sie steht für glasfaserverstärkten Kunststoff, bei dem dünne reißfeste Fasermatten in die Bootshäute in den verwendeten Kunststoff eingelegt werden.

Auch diese Fasermaterialien haben sich aus den frühen Anfängen immer weiter verändert, heute sind sie hauchdünn, federleicht und mit einer fast unzerstörbaren Stabilität verfügbar. Als Bezeichnung dafür hat sich u.a. die Abkürzung DCS für Diolen-Composite-System eingeführt. Dabei werden die aus Diolen bestehenden Matten Lage für Lage in Polyesterharze in eine Bootsrohform eingelegt, bis ein fertiger Rumpf nach dem Aushärten entstanden ist. Eine weitere Variante ist das Light-Composite-System (LCS), bei dem im Leichtbau Carbon- und Aramidfaser in moderne Kunstharze eingegossen werden. So produzierte Boote zeichnen sich sowohl für den Wettkampf als auch für die Touren durch sehr geringes Gewicht aus. Damit können sie leicht zum Wasser getragen und beim Fahren gut beschleunigt werden.

Auch hier gilt wie schon bei anderen Gründen: Grenzen sind weder bei der Entwicklung noch bei den Ideen der Bootsbauer gesetzt, alles heute schon Machbare kann an dieser Stelle kaum erwähnt werden. Eine bedeutende Rolle spielt aber der Umweltschutz. Das gilt während der Nutzung der Kunststoffboote für den möglichen Abrieb der Rümpfe und den dabei entstehenden Mikrokunststoff. Aber auch für die Entsorgung von Bootsrümpfen, wenn sie halt in die Jahre gekommen oder beschädigt sind, sodass eine Neuanschaffung gemäß den aktuellen Standards ansteht. Da findet sich in den Reihen der Kanuhändler immer ein versierter Ansprechpartner, der bei der Anschaffung einer eigenen Erstausrüstung oder Umstieg in Sachen Boot helfen kann.

65. GRUND

Weil es auch Boote für die Handtasche gibt

Gut, zugegeben – Handtasche ist ein wenig untertrieben, was die Größe angeht. Aber es gibt inzwischen durchaus Boote, die sich auf die Größe eines mittleren Reisekoffers zusammenpacken lassen und auch von Fluggesellschaften als normales Gepäckstück ohne Aufpreis akzeptiert werden.

Und wieder muss ein Wort etwas verändert werden, um auf den richtigen Punkt zu kommen. Zusammenpacken ist nicht ganz korrekt, zusammenfalten ist genau das, was man mit diesen Booten machen kann, um sie bequem transportieren zu können. Und dafür gibt es den Begriff »Origami«, die berühmte japanische Faltkunst. Sie stand bei der Entwicklung dieser Boote Pate und animierte die Bootsbautüftler zu ganz neuen Ideen.

Schon 2012 wurde durch den US-Amerikaner Anton Willis ein solches Schiff entwickelt, danach folgte quasi ein kleiner Boom. Immer mehr Techniker, Kanuten und Kreative machten sich Gedanken, wie man diese Form eines Kanus umsetzen kann. Hunderte von kleinen Modellen wurden zunächst aus Papier angefertigt, um die Falttechnik zu optimieren. Möglichst wenig Knicke, um das Material nicht zu sehr zu beanspruchen, dabei aber doch stabil formen, um die Sicherheit für die Nutzer zu gewährleisten, Bootsform optimieren, um auf möglichst vielen Gewässern sicher einsetzbar zu sein – das waren die Aufgaben, die man sich dabei stellte. Und wenn hier die besten Lösungen gefunden waren, dann mussten alle diese Ergebnisse vom kleinen Modell auf die großen Formate für ein Boot übertragen werden. Eine der schwierigsten Herausforderungen war dabei die Findung des besten Werkstoffes für die Fertigung des Bootsrumpfes.

2015 stellte eine Firma aus Belgien eine neu entwickelte Bootsserie vor. Über viele Jahre hatten ihre kanubegeisterten Inhaber geforscht, gebastelt und immer wieder ihre Erfahrungen mit kreativen Köpfen aus anderen Industriebereichen ausgetauscht. Heraus kam dabei die Entwicklung eines ganz neuen Kunststoffmaterials, das bis zu 20.000 Mal gefaltet werden kann, ohne dass dabei Risse oder eine Abnutzung der Bootshaut auftreten. Rein rechnerisch könnte man damit rund 54 Jahre lang jeden Tag das Boot aufbauen und wieder zusammenfalten. Um den Umweltbedingungen zu genügen, ist dieses Material recycelbar. Dazu kam nach der Festlegung auf diesen Kunststofftyp die optimierte Anfertigung von Schlaufen und versteifenden Streben, die möglichst wenig Gewicht für den Transport des fertigen Bootes mit sich bringen. Inzwischen ist diese Entwicklung zur Serienreife gelangt, und die belgischen Tüftler sind sogar mit Preisen für innovative Industrieentwicklungen ausgezeichnet worden. Das von ihnen entwickelte Material wird inzwischen auch von anderen Industriebereichen zur Produktfertigung eingesetzt. Ein Ende der Entwicklungsarbeit ist aber noch lange nicht abzusehen, längst arbeitet man in Belgien an weiteren Optimierungen, um die Boote noch stabiler, zugleich nutzungsfreundlicher und leichter sowie für Kundenwünsche in Sachen Platz für Paddler und Gepäck universeller zu machen. Die aktuelle Qualität der Boote erlaubt schon jetzt das problemlose Transportieren der Boote z.B. im Flugzeug, was das Mitnehmen des eigenen Gefährts zur Erkundung fremder Gewässer auf anderen Kontinenten relativ einfach macht.

Wer sich also nach den ersten angeeigneten Erfahrungen im Kanusport dieser Form des Reisens und Erlebens auf dem Wasser mit eigenem Boot widmen möchte, findet im Origami-Kanu dafür vielleicht genau den richtigen Bootstyp. Fachinformationen findet man zumindest dazu reichlich im Internet.

66. GRUND

Weil Luft ein Boot stabil machen kann

Es war in der Zeit des Wirtschaftswunders in der zweiten Hälfte des 20. Jahrhundert einfach chic, zum Urlaub mit dem eigenen Auto nach Italien ans Mittelmeer zu fahren. Und natürlich gehörten eine Luftmatratze und bei vielen Familien sogar ein kleines Schlauchboot ins Gepäck. Erst recht, als man nicht mehr mit dem Zelt, sondern dem eigenen Wohnanhänger und damit mehr Platz für Gepäck gen Süden fuhr. Gerne war dann auch das zusammensteckbare Doppelpaddel aus Holz mit nicht rostender Messingmanschette dabei, um so mit Boot oder Matratze sich auch mal ein größeres Stück vom Strand wegbewegen zu können. So ganz gehörte das zwar nicht in die Kategorie »Kanusport«, aber es hatte doch zumindest Ähnlichkeit damit.

Luft als entscheidender Bestandteil eines Bootsrumpfes ist also schon viele Jahrzehnte bekannt und vielfach in den zahlreichen Bootstypen bei der Marine, im Rettungs- und Überwachungsdienst auf dem Wasser und noch vielen weiteren gewerblichen und professionellen Bereichen im Einsatz. Die klassische Schlauchbootform hat sich als die nützlichste erwiesen. Auch in der Freizeit und im Sport, wie etwa beim Rafting, sind Schlauchboote ein beliebtes Utensil, dem sich im Laufe der Jahrzehnte durch immer flexibler werdende Kunststofffolien immer wieder neue Formen geben ließen.

Wer heute im Internet nach Luftbooten speziell für den Kanusport sucht, findet nicht nur einige Anbieter, sondern eine Vielzahl von Kajaks, technischen Ausbauten und Größen, die auf dem Markt verfügbar sind. Das geht vom Einer bis zum Mehrsitzer, vom Spaßboot für den Nachmittag am Baggersee bis zum Tourenboot mit Zuladungsvermögen von einigen Hundert Kilogramm. Unterschiedliche Bauformen und Bootslängen mit spitzem oder flachem Bug und Heck, schmalem oder eher bauchigem Innenraum, aufblasbaren oder festen Sitzen aus Hartschalen und noch vielem mehr an Details und auch Zubehör hält der Markt da bereit. Und natürlich sind der Farbgebung kaum Grenzen gesetzt.

Mit dem wachsenden Interesse am Stand-Up-Paddling hat sich in dieser Form des Kanusports ein neuer Markt für Luftgefährte ergeben. War es am Anfang das ausgediente Surfboard aus Hartkunststoff, das statt mit einem Segel fortan mit einem langen Paddel angetrieben wurde, so findet man heute ein reichhaltiges Angebot an aufblasbaren Brettern, die ein hohes technisches Niveau erreicht haben. Auf dem Dachgepäckträger anschnallen und damit den Windwiderstandswert des Pkw erheblich verschlechtern – das war gestern bei den alten Surfbrettern. Heute lässt man einfach die Luft raus, packt das zusammengefaltete Teil in die Zubehörtasche und legt das »Brett« in den Kofferraum. Gilt natürlich auch für die Kajaks, die ebenfalls nicht mehr auf dem Gepäckträger oder dem Anhänger mitgeführt werden, sondern für den Urlaub ebenfalls verpackt werden können.

Und wer meint, diese Luftboote wären zu empfindlich und nur was für den ruhigen See oder den beschaulich dahinfließenden Bach, der wird bei genauerem Studium der Angebote erstaunt sein, wo man überall mit diesen Booten gefahrlos fahren kann. Da ist auch Wildwasser bis zu einer mittleren Kategorie kein No-Go. Gerade in diesen meist felsigen Umgebungen ist es manchmal nötig, einige Strecken an Land zu Fuß zurückzulegen. Dafür wurden inzwischen diverse Boote entwickelt, die sich so zusammenlegen lassen, dass man sie in einem Rucksack auf dem Rücken mitführen kann. Manche Paddler haben daraus das Cityrafting entwickelt, bei dem zahlreiche an Flüssen gelegene Städte befahren werden, dabei aber Staustufen, Wehre oder andere Hindernisse zu Fuß oder per mitgeführtem Fahrrad bewältigt werden. Und damit sind die Ideen für den Einsatz der Luftboote noch lange nicht am Ende.

Reichhaltig ist das Zubehör, das bei den Luftbooten eingesetzt werden kann. Und eine kleinere Reparatur, wenn es doch mal eine heftigere Grundberührung mit Leck gegeben hat, ist nicht viel schwieriger als bei einem Fahrradschlauch.

67. GRUND

Weil die Natur alles für den Bootsbau bietet

In den vorangegangenen Gründen war viel von Kunststoff als prägendes Material für den modernen Bootsbau die Rede. Dass es aber auch ganz anders geht, hat Justin Dübner aus Hilden bei Düsseldorf bewiesen. Er hat 2017 ein Boot gebaut und dabei nur Materialien eingesetzt, die die Natur ihm bot.

Ursprüngliches Vorbild waren die früher in Alaska und Kanada gebauten Kanus aus Birkenrinde. Diese Techniken sind bis heute bekannt, und immer mal wieder werden derartige Kanus hergestellt. Darüber las der Hildener in Büchern und fasste den Entschluss, ein solches Boot quasi im eigenen Garten selbst zu bauen. Allerdings waren zunächst seine Kenntnisse im Bootsbau nicht so umfassend, als Aktiver in seinem Kanu-Club nutzte er dort das moderne Bootsmaterial. Also hieß es zunächst, sich mit der richtigen Be- und Verarbeitung des Naturbaustoffes Holz vertraut zu machen. Durch Unterstützung einer Werft nahe Potsdam lernte Dübner die Fähigkeiten, Holz zu biegen und zu spalten, was sich als gar nicht so einfach herausstellte. Spalten für den Kamin können ja heute viele, aber wie man dünne Fichtenwurzeln spaltet, um damit später u.a. die Bootswände zu vernähen, brauchte doch einiges an Übung. Ein wenig Glück hatte der Hobby-Bootsbauer auch, durch Freunde bekam er zwei große Rollen Birkenrinde aus Sibirien. Die ist wesentlich dicker und von Natur aus biegsamer als die in Deutschland verfügbare Baumrinde.

Hölzer der Fichte und Zeder kamen für die Leisten und Spanten zum Einsatz. Rund um ein so gebautes Gerüst wurde dann die Birkenrinde gespannt und mit den Fichtenwurzeln die einzelnen Stücke für die Bordwände vernäht. Fast alle Elemente des Rumpfes sind geklemmt oder vernäht, Klebstoff, Nägel oder Schrauben kamen nicht zum Einsatz. Als einer der letzten Arbeitsschritte wurden die Nähte und Übergänge zwischen den einzelnen Holzteilen mit einer im Topf gekochten Mischung aus Harz, Fett, Asche und Bienenwachs abgedichtet. Der Bug erhielt eine dicke Kappe aus diesem Topf, um ihn unempfindlicher gegen Beschädigungen zu machen.

Nach etwa 160 Arbeitsstunden war das Baumrinden-Kanu fertig und konnte als Zweisitzer erstmals Probe gefahren werden. Der Test verlief erfolgreich, auf dem Plan von Justin Dübner stand als Nächstes eine Tour auf dem Yukon im Norden des amerikanischen Kontinents.

Ob er die dann auch tatsächlich hat machen können, findet sich leider nicht in den heute üblicherweise genutzten Suchmaschinen im Internet. Aber Justin wäre nicht der Erste gewesen, denn Antrieb für ihn war u.a. ein Buch des Deutschen Dirk Rohrbach, der 2015 ebenfalls ein solches Boot gebaut und dann damit den Yukon über 3000 Kilometer befahren hat.

Es muss also nicht immer hypermodern sein, auch das Wissen der Urvölker um den Nutzen und die Verarbeitung der in der Natur vorhandenen Materialien kann noch heute Kanuten und Abenteurer begeistern.

Weil die Bootshaut auch mal »Plong« macht

Ein weiterer Werkstoff für den Bau eines Bootes sei hier als letzte Abrundung dieses Themas genannt. Auch er kommt im weitesten Sinne in der Natur vor, allerdings nicht in der Form, wie er für die Formung eines Kanus genutzt werden kann. Die Rede ist vom Metall Aluminium.

Die Vorteile sind klar: Leichte Bauweise, sehr robust vor allem auf seichten Gewässern mit steinigem Boden und dazu noch relativ leicht formbar für die Rundungen und Biegungen, die man für die Gerüst- und Rumpfelemente benötigt. In Ferienhäusern, wo das Boot verbleiben kann und nicht ständig transportiert werden muss, ist dieser Typ immer mal wieder zu finden. Auch Angler nutzen wegen der langen Haltbarkeit und dem möglichen Stauraum gerne diese Metallvariante der Kanus. Bei einigen gewerblichen Kanuverleihern sind Alu-Boote ebenfalls im Einsatz. Gerade für die nicht so versierten Paddler, die vielleicht in Ufernähe schon mal den ein oder anderen Stein oder eine Kiesbank treffen, ist das Risiko von größeren Schäden etwas minimiert.

Hersteller gibt es vor allem in Nordamerika und in Skandinavien. Als Zweisitzer wiegen diese Boote um die 30–35 kg, sind also mit zwei Personen auch an Land noch ganz gut zu tragen. Und Zubehör gibt es natürlich eine Menge. Verschiedene Sitze, einachsige Wagen zum Transport, eine Motorhalterung und auch eine Besegelung werden da vom Handel angeboten.

An das ungewöhnliche Geräusch, eben ein metallisches »Plong«, müssen sich Kanu-Puristen vielleicht etwas gewöhnen. Wer aber auf den entsprechenden Gewässern im Einsatz ist oder das Boot in der genannten Umgebung nutzen kann, wird schnell die Vorzüge der »Blechwannen« schätzen und nutzen lernen.

8. KAPITEL

AUF DIE AUSRÜSTUNG KOMMT ES AN

Weil die Ausrüstung ganz individuell ist

Das Boot bzw. Board ist unbestritten das wichtigste Utensil, um sich paddelnd auf dem Wasser fortzubewegen. In den bisherigen Gründen haben wir aber die Vielfalt des Kanusports kennengelernt. Da wird schnell klar, dass sich diese Vielfalt auch in der Ausrüstung für jeden einzelnen Paddler bzw. Paddlerin widerspiegelt.

Will man nur ab und an mal auf einem nahe gelegenen ruhigen See ein paar Runden drehen, kommt man sicher mit der einfachen Kleidung, die im Grund 61 vorgestellt wurde, über längere Zeit aus. Auch das Paddel muss nicht höheren Ansprüchen genügen, eine einfache Kunststofftasche genügt, um die persönlichen Dinge mit ins Boot zu nehmen. Soll es aber auf ein fließendes Gewässer gehen, empfiehlt sich schon etwas hochwertigere Kleidung, die vielleicht auch wasserabweisend ist.

Bei der Auswahl der Paddel spielt es natürlich eine Rolle, ob man den Kanusport im Leistungsbereich oder einfach nur in der Freizeit betreiben möchte. In einem Rennen oder z.B. Wettkampf im Kanu-Polo sind Blätter und Schaft der Paddel auf Dauer doch weit höheren Belastungen ausgesetzt als auf einer eher ruhigen Wandertour. Wer auf dem Wildwasser unterwegs sein möchte, dem dürfte daran gelegen sein, dass sein Paddel bei den gelegentlich möglichen Grund- oder Felsberührungen nicht gleich bricht.

Und gerade auf dem letzteren Gewässer spielt eine dichte und an Kragen und Ärmeln abschließende Kleidung eine Rolle, genau so wie beim Kanu-Slalom, Rafting oder beim Freestyle. Da in hochwertige Trockenjacken oder Anzüge zu investieren, kann sich schnell auszahlen, um Spaß und Lust am Kanusport zu erhalten. Weitere Ausrüstungsdinge kommen beim Kanusegeln infrage. Da sind die Paddel eher untergeordnet, dafür sollten der Mast, die Segel und die notwendigen Leinen eine gute Qualität aufweisen. Auch hier gibt es natürlich Unterschiede zwischen dem Gelegenheits- und dem Wettkampfsegeln.

In den folgenden Gründen sollen nur ein paar Ideen weitergegeben werden, was so alles an Ausrüstung infrage kommt und worauf man vielleicht bei der Anschaffung achten sollte, um die eigenen Ansprüche an den Kanusport zu befriedigen. Natürlich ist alles eine Frage des Geldbeutels. Am Anfang mag man noch mit den Dingen zufrieden sein, die vom Verein oder der Kanuschule zur Verfügung gestellt werden. Will man aber auf Dauer ins Boot steigen und seine Kanuaktivitäten ganz individuell planen und durchführen, ist der Wunsch nach eigenem Material schnell da.

70. GRUND

Weil es auf das Paddel ankommt

Das Paddel ist der Motor für den Kanuten. Hier die richtige Auswahl zu treffen, ist eine Wissenschaft für sich. Auch erfahrene Kanuhändler brauchen einiges an Information, um für einen Kunden genau das zu finden, was ihm den Kanusport zum Genuss macht. Blicken wir auf ein paar Kriterien, die für die Paddelwahl eine Rolle spielen.

Zunächst muss klar sein, welche Form des Kanusports man betreiben möchte. Ein preiswertes Paddel aus Kunststoff oder Holz reicht für die ersten Anfänge. Möchte man ein auf die vielleicht wachsenden Ambitionen abgestimmtes Paddel erwerben, sollte klar sein, ob es für eine kleinere oder größere Wandertour zum Einsatz kommt, ob man sich zukünftig auf wilderes Wasser begeben möchte oder sich eben einer der vielen anderen Facetten des Kanusports zuwendet. Soll es in den Leistungsbereich gehen, sind Paddel aus hochwertigen Kunststoffen mit Verstärkung aus Carbon quasi ein High-End-Produkt. Für Anfänger und Athleten auf der regionalen

Ebene gibt es natürlich auch hier je nach Geldbeutel günstigere Angebote.

Eng mit der Verwendung des Paddels ist verbunden, welche Bauart zum Einsatz kommt. Im Kajak ist es das Doppelpaddel, in Kanus für die Wandertour und natürlich im Kanadier wählt man das Stechpaddel.

Herrscht hier Klarheit, geht es an weitere technische Kriterien. Da hängt die Länge des Paddels von der eigenen Körpergröße und der Breite des verwendeten Bootes ab. Beim Doppelpaddel liegt die etwa zwischen 2,10 und 2,40 Meter. Dann geht es an die Blattgröße. Verfügt man über eine gute Portion Körperkraft und kann damit einen starken Durchzug des Blatts durch das Wasser herstellen, können größere Blätter gewählt werden.

Für Kinder, Jugendliche und eher zierlich gebaute Paddler sollte die Blattgröße kleiner sein. Auch die Blattform spielt eine Rolle. Anfänger bevorzugen eine symmetrische Form. Eine asymmetrische Form erfordert schon eine saubere Paddeltechnik und Führung des Paddels durchs Wasser. Kinetisch geformte Blätter reagieren effektiver bei Vor- und Rückwärtsbewegungen mit dem Boot. Hier muss man seinen ganz persönlichen Favoriten durch Ausprobieren finden. Das vierte Kriterium betrifft den Schaft. Der sollte etwas dicker sein, wenn man über große Hände verfügt. Oval geformte Schäfte erlauben einen besseren Griff, ergometrisch geformte oder gerade Schäfte bieten ebenfalls die Möglichkeit, seine ganz persönliche Vorliebe zu entwickeln.

Und als letzter Faktor für die Auswahl seines Lieblingspaddel kommt beim Doppelpaddel die Schränkung ins Spiel. Das ist der Winkel, der zwischen der Anordnung der Blätter am Schaft besteht. Sind beide Blätter genau gleich an den Schaftenden montiert, beträgt die Schränkung 0°, sie kann aber auch bis zu 90° betragen. Für welchen Grad man sich entscheidet, hängt vom persönlichen Fahrstil und dem körperlichen Einsatz ab. Generell sollte auf beiden Seiten beim Durchzug das Blatt so optimal ins Wasser tauchen, dass es die größtmögliche Umsetzung der Kraft in Vortrieb erlaubt. Einige dieser Doppelpaddelwerte gelten entsprechend umgesetzt auch für das Stechpaddel.

Schaut man in die Liste der verfügbaren Paddel der verschiedenen Hersteller, kommt man schnell auf eine Auswahl von mehreren Hundert Varianten, die alle ihre besonderen Eigenarten aufweisen. Der Anfänger mag davon zunächst »erschlagen« sein. Aber ein erfahrener Kanuhändler kann mit einer guten Beratung schnell eine erste Entscheidung unterstützen und er wird dann vor einer endgültigen Kaufentscheidung für Testfahrten das ein oder andere Musterpaddel mitgeben können. Die Zeit dafür sollte man sich in jedem Falle gönnen.

71. GRUND

Weil eine Basisausrüstung nach und nach zusammenkommen sollte

Im Grund Nr. 61 ist beschrieben, dass man für den Einstieg in den Kanusport nicht viel an Ausrüstung benötigt. Ein T-Shirt, eine Sporthose und möglichst einfache Sportschuhe reichen als Bekleidung erst mal aus, Boot, Paddel und Schwimmweste kann man sich zu Anfang leihen. Wer dann vom Paddelvirus infiziert ist, wird sich schon bald nach eigenem Equipment umsehen. Was für die Auswahl von Boot und Paddel wichtig ist, beleuchten die letztgenannten Gründe. Die sonstigen Dinge, die man sich dann als Grundausstattung zulegen sollte, sollen jetzt vorgestellt werden.

Auch hier gilt, dass das Angebot reichhaltig ist, die Ausführung von Bekleidung und Gebrauchsgegenständen sich natürlich auch wieder danach richtet, welche Form des Kanusports man bevorzugt, und dass Preisunterschiede für die einzelnen Teile von der Qualität des verwendeten Herstellungsmaterials abhängig sind. Es ist zudem nicht nötig, alle hier aufgezählten Utensilien gleich auf einmal zu kaufen, man sollte da zunächst Prioritäten setzen und je nach Bedarf dann die Ausrüstung nach und nach ergänzen.

Ein Muss ist in jedem Fall die Schwimmweste. Sie sollte bei jeder Ausfahrt getragen werden, egal, auf welchem Gewässer sie stattfindet, wie lange man unterwegs sein möchte oder wie das Wetter und die Temperaturen von Luft und Wasser sind. Im Grund Nr. 73 werden noch ein paar Details zur richtigen Auswahl der Schwimmweste genannt.

Ein Helm ist sicher nicht notwendig für die kleine Tagestour auf einem ruhigen See oder Fluss ohne Berufsschifffahrt. Wer auf schneller fließenden Gewässern oder an der Küste unterwegs sein möchte, dem sei ein Helm empfohlen. Er schützt den Kopf im Falle einer Kenterrolle vor einer unliebsamen Grundberührung in flachen oder ufernahen Gewässern. Gar Pflicht ist der Helm u.a. auf Wildwasser, beim Rafting, im Kanu-Slalom und beim Kanu-Polo, da mit Gesichtsschutz. Je nach Einsatzart gibt es verschiedene Ausführungen in unterschiedlichen Preislagen.

Ein Spritzschutz verschließt die Sitzluke eines Bootes und verhindert bei Wellenschlag und vor allem auf Wildwasser das Eindringen von Wasser ins Boot, was nicht nur unangenehm, sondern je nach Menge auch gefährlich sein kann.

Wer dann regelmäßig mit dem Boot möglichst zu allen Jahreszeiten unterwegs sein möchte, wird über kurz oder lang über die Anschaffung eins Neoprenanzuges nachdenken. Er empfiehlt sich im Herbst oder Winter und vor allem bei Wassertemperaturen um die 10°C. Der Anzug schützt durch den Neopren-Effekt den Körper nicht nur vor Auskühlung, was gerade bei einer Kenterung Lebensgefahr bedeuten kann, er verhindert gerade im Wildwasser kleine Verletzungen bei Fels- oder Grundberührungen und verschafft etwas Auftrieb, wenn man im Wasser liegt. Angeboten werden diese Kleidungsstücke in verschiedenen Qualitäten und Materialstärken. Paddler bevorzugen die ärmellose Variante, damit es durch die Paddelbewegung nicht zu Hautreizungen an Armen und in den Achselhöhlen kommt. Für die wärmeren Jahreszeiten gibt es auch Anzüge mit kurzer Hose.

Die nächste Stufe wäre dann der Trockenanzug, der einen optimalen Schutz vor Auskühlung und Spritzwasser bietet. Diese Anzüge schließen an Armen und Beinen sowie am Hals wasserdicht ab und werden mit einem wasserfesten Reißverschluss am Einstieg versehen.

Wer nicht gleich in einen teuren Anzug investieren, aber trotzdem den Oberkörper gegen Spritzwasser oder Regen schützen möchte, greift zur günstigeren Paddeljacke. Auch sie schließt weitestgehend wasserdicht ab, ist ab den mittleren Preisklassen meist atmungsaktiv und damit auch im Sommer bequem zu tragen. Die integrierten wasserdichten Taschen erlauben das Mitnehmen von Wertgegenständen ins Boot.

Wer ab und an mal am unbefestigten Ufer auf seinen Touren aussteigen möchte, um sein Boot um Hindernisse zu tragen oder an Land eine Rast zu machen, wird an Paddelschuhen sein Gefallen finden. Sie halten die Füße trocken, bieten aber am Ufer einen sicheren Tritt.

Zum Abschluss schauen wir noch auf die Kleidung, die man unter den genannten Anzügen und Jacken tragen sollte. Unter Neopren ist es meist nur die normale Badekleidung, denn der dünne Wasserfilm, der sich zwischen Haut und Anzug bildet, wärmt sich auf und verhindert so das Auskühlen. Unter Trockenanzügen kann je nach Jahreszeit ein T-Shirt aus Funktionsstoff und eine kurze Hose getragen werden. Bei kälteren Temperaturen empfiehlt sich Ski-Unterwäsche oder ein Fleece-Pullover.

All diese Ausrüstungsartikel werden im Fachhandel angeboten, die Auswahl mag neben einer guten fachlichen Beratung auch vom eigenen Geschmack und dem Geldbeutel abhängig sein. Abgesehen von der Schwimmweste gibt es nicht unbedingt ein Muss zum Tragen dieser Kleidungsstücke im Boot. Aber je länger man im Laufe der Jahre dem Kanusport frönen möchte, umso mehr wird man eine gute Ausrüstung zu schätzen wissen.

Weil Funktionskleidung im Wassersport sinnvoll ist

Zum Sport gehört die richtige Kleidung. Erst sie ermöglicht dem Körper, sich entsprechend der Sportart zu bewegen, ohne einzuschränken. Oder sie schützt vor Verletzungen, die durch Körperkontakt mit Gegnern oder Mitspielern verursacht werden können. Im Wassersport soll sie vor allem das Auskühlen verhindern und den Körper so gut es geht trocken halten, ohne dabei der Haut die Luft zum Atmen zu nehmen. Die richtige Funktionskleidung spielt also im Kanusport eine wichtige Rolle, um sich auf Dauer im Boot wohlzufühlen, auch wenn rundherum die Gischt nur so spritzt oder man vom frühen Morgen über die »Mittagshitze« bis zum kühlen späteren Abend unterwegs sein möchte.

Funktionsbekleidung für den Kanusport sollte einige Eigenschaften aufweisen: wasserdicht, winddicht, atmungsaktiv und thermoregulierend. Dazu sollte sie robust und strapazierfähig sein, möglichst elastisch, um bei der Paddelbewegung nicht zu stören. Und wenn sie dann noch leicht ist, da man im Boot ja nicht zu viel Gepäckgewicht mitschleppen möchte, pflegeleicht und nach vielen Waschgängen noch nicht verschlissen, hat man eine gute Wahl getroffen. Um diese Eigenschaften für den eigenen Gebrauch einschätzen zu können, muss man individuell bewerten, wie wichtig der Schutz vor Wind, Sonne und Regen ist, wie viel Spritzwasser, Wellen und Gischt bei den eigenen Paddeltouren zu erwarten sind und welches Wärmeempfinden man am eigenen Körper entwickelt. Das kann durchaus sehr unterschiedlich sein, wie die medizinische Wissenschaft umfassend nachgewiesen hat. Eine Rolle spielt, wie oft man selbst bei seinen Touren im Wasser liegt, also eine Kenterung möglich ist. Das hängt nicht unbedingt vom eigenen Können ab, sondern ist auf rauen und unbekannten Gewässern schneller möglich als auf der ruhigen Wochenendtour mit der Familie.

Hat man diese Faktoren für sich festgelegt, kann man sich im Fachhandel nach den Angeboten an Funktionskleidung und den dabei angepriesenen technischen Werten für die verwendeten Stoffe umsehen. Für die Wasserdichte eines Bekleidungsstücks gilt ein Messverfahren, das die Maßeinheit »Wassersäule« nutzt. Je höher die Wassersäule, die auf ein Gewebe drücken kann, bis es dem Druck nicht mehr standhält und Wasser durchdringt, umso besser die Eigenschaften als Funktionskleidung. Der Messwert wird in Millimetern angegeben. Hat ein Stoff die Angabe der Wassersäule von 1.800 mm, ist er verhältnismäßig durchlässig. Ab etwa 4.000 mm kann die Kleidung als wasserdicht definiert werden. Hochwertige Kleidung für den Outdoor-Sport ist mit 16.000–20.000 mm Wassersäule angegeben, das hält sehr starken Regen ab. Und bei mehr als 20.000 mm kann man davon ausgehen, dass man auch bei größeren Wassermengen relativ trocken bleibt. Bekleidung aus solchen Stoffen hat natürlich ihren Preis.

Ein anderes Kriterium ist die Atmungsfähigkeit. Je dichter der Stoff, umso weniger kann der beim Sport entstehende Schweiß entweichen. Der legt sich dann als Feuchtigkeit auf die Haut, fühlt sich unangenehm an und kühlt den Körper so weit aus, dass es gesundheitsschädlich sein kann. Deshalb verwendet man für die im vorigen Grund beschriebenen Jacken und Anzüge überwiegend mehrlagige Stoffe, bei denen die einzelnen etwa 0,01 mm dicken Lagen laminiert sind. Auch dabei gibt es qualitative Unterschiede, die meist von der Anzahl der eingearbeiteten Lagen abhängig sind. Die Textilindustrie hat für die Atmungsfähigkeit eines Stoffes ein Messverfahren entwickelt, bei dem die Menge des Wasserdampfs festgestellt wird, den ein Stoff pro Quadratmeter innerhalb von 24 Stunden durchlässt. Die

Menge wird in Gramm angegeben, ein Stoff mit 10.000 g/qm/24h gilt als sehr atmungsaktiv.

Einerseits soll kein Wasser durchkommen, damit das Kleidungsstück dicht ist, andererseits soll Wasserdampf entweichen können – das scheint ein Widerspruch zu sein. Aber den hat die Bekleidungsindustrie in den letzten gut 20 Jahren doch ganz gut in den Griff bekommen. Für Paddler kann man eine Art Faustformel benennen: Wer körperlich sehr aktiv ist und damit viel beim Paddeln schwitzt, sollte mehr Wert auf die Atmungsfähigkeit der Kleidung legen, was meist Abstriche bei der Dichte bedeutet. Wer oft bei Wind und Wetter auf längeren Ausdauertouren unterwegs ist, wählt lieber die etwas dichtere Variante. Und wenn man da zu einem Ergebnis gekommen ist, sollte man auch auf die Luft- und Wassertemperatur achten, die beim Paddeln in der Stammregion überwiegend vorherrscht. Denn hier kann man mit dem Zwiebelprinzip der Kleidung, bestehend etwa aus einem Funktionsunterhemd, einem T-Shirt darüber und dann einer wetterfesten Jacke als Abschluss, einem Auskühlen des Körpers vorbeugen. Trocken, warm und windgeschützt, dann wird der Kanusport zu jeder Jahreszeit zu einem gerne betriebenen Freizeitinhalt.

Aber bevor es nun zu wissenschaftlich mit zu viel Fachchinesisch wird, verweisen wir lieber wieder an die Fachleute der Ausrüster und geben den Tipp, dass man halt das ein oder andere ausprobieren muss, bis man für sich die ideale Funktionsbekleidung gefunden hat. Trocken- oder Nassanzug – das allein ist hier nicht die Frage, spielt aber durchaus eine Rolle.

Herausforderung Wildwasser – Erfahrung und Verantwortung sorgen für die Sicherheit.

Kanu-Polo – Tore, Punkte, Meisterschaft.

Oben: Das Runde muss ins Eckige – irgendwie!
Unten: Mit Paddel oder der Hand – beim Kanu-Polo ist einiges erlaubt.

Nur nicht berühren: die Stangen im olympischen Slalomkanal.

Rasante Positionskämpfe beim Boater-Cross.

Rafting – ein spritziges Vergnügen.

Oben: Das ganze Team ist gefordert.
Unten: Auf den Steuermann als Bootsführer kommt es am meisten an.

Olaf Obsommer – ein grandioser Filmemacher unterwegs mit und im Kajak.

Oben: Mit kleinen Booten durch wilde Schluchten.
Unten: Etwas für ganz Erfahrene und Mutige – der Ritt über den Wasserfall.

Die Physik überwinden: Freestyle.

Ein Wehr im Wasserlauf muss kein Hindernis sein.

Der Kanu-Rennsport – die olympische Königsdisziplin.

Oben: Olympiasieger 2016 unter sich: (v.l.) Sebastian Brendel und Jan Vandrey.
Unten: (v.l.) Max Rendschmidt, Tom Liebscher, Marcus Groß und Max Hoff.

Die Para-Kanuten gehören selbstverständlich zur großen Paddel-Familie.

Stand-Up-Paddling (SUP) findet immer mehr Freunde.

Einfach abschalten und die Natur genießen – das ist für viele Paddler das schönste an ihrem Sport.

Weil die Schwimmweste
unverzichtbar sein sollte

Ich weiß, die Protagonisten in der großen Paddlerfamilie sind sich uneins. Die einen sehen in einer Schwimmweste ein Utensil, das sie in der Bewegungsfreiheit einschränkt, im Sommer viel zu warm und unnütz ist, weil ja da die Wassertemperatur ausreicht und weil man ja sowieso ein guter Schwimmer ist und sich immer in der Nähe des Ufers aufhält. Die Schwimmwesten-Fraktion möchte am liebsten keinen Paddler ohne sehen, weil all diese gerade genannten Gründe ohnehin nur selten zutreffen und eine Schwimmweste bei schon so manchem Sturz ins Wasser lebensrettend war.

Wie dem auch sei, eine zwingende Vorschrift seitens der Behörden gibt es für den Wassersport nicht. Grund dafür dürfte dabei sein, dass man eine Pflicht ja auch kontrollieren und Verstöße sanktionieren müsste, was aber bei der Vielzahl der Gewässer und der vergleichsweise geringen Anzahl von Booten der Ordnungsbehörden kaum gerecht gegenüber allen Wassersportlern durchführbar wäre. Da vertraut man lieber auf die Selbstkontrolle der Sportverbände, die in ihre Regelwerke entsprechende Pflichten aufnehmen und dann in Wettkämpfen überwachen können. Für den Freizeitbereich bleibt es da bei dringlichen Empfehlungen und immer wieder den entsprechenden Hinweisen bei Schulungen oder den regelmäßigen Sicherheitsunterweisungen, die es in den Vereinen und Verbänden gibt. Wer auf dem Wasser sicher unterwegs sein möchte, für den sollte die Schwimmweste zur Basisausrüstung dazugehören. Und wer unabhängig von Vereinen, Verleihern oder Schulen sein möchte, wird sich über kurz oder lang eine eigene Weste anschaffen. Dabei gibt es einige Kriterien, die man beachten sollte.

Zwei grundsätzlich unterschiedliche Typen von Schwimmwesten sind auf dem Markt erhältlich. Die Feststoffweste ist mit Elementen aus Kunststoff (z.B. Polystyrol) mit hoher Auftriebsfähigkeit versehen. Diese Ausführung ist meist kostengünstig, sie bietet einen gewissen Prallschutz für den Oberkörpers, und im Sommer bei besonders heißen Temperaturen kann man die Weste nass machen, um damit den Körper zu kühlen. Das ist mit einer Automatikweste eher nicht der Fall, denn sie löst aus, wenn Wasser in die zusammengefaltete Weste eindringt. Dort ist meist eine Mechanik eingebaut, die eine Tablette und eine Gaspatrone ähnlich der eines Sahnespenders enthält. Das Wasser löst die Tablette aus, damit wird ein Ventil freigegeben, über das Kohlendioxid aus der Patrone in den Schwimmkörper der Weste eindringt und die dann wie einen Luftballon aufbläst. Diese Form der Schwimmweste liegt enger am Körper an als eine Feststoffweste, ist damit beim Paddeln weniger hinderlich und bietet somit einen gewissen Tragekomfort. Da sie sich meist im aufgeblasenen Zustand wie ein Kragen um den Hals und über die Brust des Paddlers legt, hält sie den Kopf über Wasser. Das ist bei Feststoffwesten überwiegend nicht gesichert. Dennoch bevorzugen viele Paddler die Feststoffvariante, besonders wenn auf einer Tour mit viel Spritzwasser zu rechnen ist. Das kann nämlich schon ausreichen, um eine Automatikweste auszulösen, was im Boot dann nicht nur unbequem ist, sondern auch das Austauschen der Tablette und Patrone bedeutet. Außerdem garantieren Automatikwesten nur dann einen sicheren Schutz, wenn sie in einem Abstand von etwa zwei Jahren regelmäßig technisch vom Fachhandel kontrolliert werden. Bevor man sich also für eine Variante entscheidet, sind auch hier wieder individuelle Kriterien zusammenzustellen, die bei der Auswahl eine Rolle spielen.

Eines sollte man aber in jedem Fall beachten: Eine Weste sollte das CE-Zeichen tragen und entsprechend der europäischen Norm gekennzeichnet sein. Dazu dienen Piktogramme in verschiedenen Farben, auf denen angegeben ist, über welche Tragkraft eine Weste verfügt. Die wird in der physikalischen Größe »Newton« angegeben, und für die richtige Wahl ist das Körpergewicht des Trägers der Weste entscheidend. Als Faustformel gilt, dass man pro 10 kg Gewicht mindestens acht Newton an Auftrieb für die richtige Weste anrechnen muss. Nur dann ist neben dem Tragkomfort ein Mindestmaß an Sicherheit im Falle einer Kenterung gewährleistet. Und dies gilt sowohl für Feststoff- wie auch für die Automatikwesten. Das ist nur ein kleiner Einblick in die richtige Auswahl für die ganz individuelle Schwimmweste, mehr bietet eine Fachberatung im Handel.

Alte Hasen mögen im Kanusport weiterhin ohne fahren, es soll ihnen auch weiterhin nur empfohlen, nicht vorbeschrieben sein. Wer aber gerade erst in den Kanusport einsteigt, für den sollte die Schwimmweste so selbstverständlich sein wie der Sicherheitsgurt beim Autofahren. Im Fall des Falles können beide lebensrettend sein.

74. GRUND

Weil Sack oder Tonne
eine Frage des Geschmacks sind

Sack oder Tonne – das ist hier die Frage. Nein, es geht diesmal nicht um den nun schon öfter angesprochenen Umwelt- und Naturschutz bei der Müllentsorgung, sondern einfach nur um das richtige Gepäckstück. Da bieten sich im Kanusport zwei grundsätzliche Varianten an, der Packsack und die Fasstonne.

Möchte man mit dem Kajak oder Kanu über einen ganzen Tag oder auch über mehrere Tage unterwegs sein, führt man meist die wichtigsten persönlichen Dinge mit. Das sind u.a. Kleidung zum Wechseln und auch die Wertgegenstände wie Geldbörse, Papiere und ein Handy, damit man im Fall des Falles Hilfe herbeirufen oder sich regelmäßig bei Familie oder Freunden melden kann. Die üblichen Gepäckstücke wie die knautschfähige Reisetasche oder der Hartschalenkoffer scheiden da aus Platzgründen und mangelnder Wasserfestigkeit schnell aus. Und neben dem Platz spielt auch die

Sicherheit eine Rolle, denn ein verrutschendes Gepäckstück verändert den Schwerpunkt des Bootes, und im schlimmsten Fall kann es dadurch zur Kenterung kommen.

Genau deshalb sind der Packsack und die Tonne wesentlich besser geeignet für die Fahrt auf dem Wasser. Beide lassen sich wasserdicht verschließen, wobei da die Techniken etwas unterschiedlich sind. Der Packsack ist in verschiedenen Ausführungen, Materialien und natürlich auch Größen erhältlich. Gefertigt aus robustem Material, ist er dennoch meist so flexibel, dass man ihn unter eine Abdeckung oder im Bootsinneren verstauen kann. Verschlossen werden die Säcke, indem man die Seite mit der Öffnung mehrfach einschlägt und dann die beiden Seiten mit den angebrachten Kunststoffclips zusammenführt. So entsteht gleich ein Tragegriff, hochwertigere Modelle verfügen dazu noch über weitere Gurte und können so als Rucksack verwendet werden. Die Dichtigkeit dieser Säcke hängt natürlich auch davon ab, wie man die Öffnung einschlägt. Mindestens drei- bis viermal sollte das vor dem Verschließen erfolgen. Erst dann hat das Wasser wenig Chancen, durch die entstehenden Falten zu dringen. Eine international anerkannte Zertifizierung reicht von »0 – kein Schutz« bis hin zur Ziffer »8 – Schutz gegen dauerhaftes Untertauchen«. Eine Garantie für den Schutz gibt es allerdings nicht zu 100%, die hängt eben immer davon ab, wie gut man den Verschluss nutzt.

Die angebotenen Größen für diese Säcke reichen von klein und handlich für die kleine Ausfahrt bis hin zu Seesackgröße für die längere Tour. Es empfiehlt sich auch die Nutzung von mehreren Säcken je nach Größe und Stauraum des Bootes. Erfahrene Kanuten haben diese Säcke in mehreren Farben, um das Suchen nach Kleidung oder Gegenständen zu erleichtern. Bei längeren Touren empfiehlt es sich, die Packsäcke noch mal in einen größeren Müllsack zu stecken, um den Wasserschutz zu erhöhen. Innerhalb eines Packsackes können Handy oder andere Geräte sowie das Portemonnaie durch verschließbare und mehrfach verwendbare Gefrierbeutel oder

Kunststoffdosen geschützt werden. Es empfiehlt sich, die Packsäcke in einem Boot mit einer Leine zu sichern, damit sie bei einer Kenterung nicht wegschwimmen. Und falls es der Platz zulässt, sollte man die im Sack eingeschlossene Luft nicht herausdrücken, denn die hält ihn an der Wasseroberfläche. Einige Hersteller haben inzwischen fest verschließbare Säcke im Angebot, die sich auf einem Kajakdeck befestigen lassen.

All diese Eigenschaften und Tipps gelten prinzipiell auch für die Kunststoff-Packtonne. Ihr Vorteil ist, dass sie meist mit ihrem Deckel sicher wasserdicht verschlossen werden kann. Der Nachteil ist allerdings vor allem im Kajak, dass die Tonne immer den gleichen Platzbedarf hat, egal wie voll sie gepackt ist. Dafür gibt es sie aber in verschiedenen Größen, die meist zwischen drei und 26 Litern Fassungsvermögen liegen.

Egal, für welches Gepäckstück man sich nun entscheidet, es ist immer sinnvoll, am eigenen Boot zu testen, wie viel Platz darin zur Verfügung steht, wie das Gepäck sicher verstaut werden kann und welche Gepäckgröße durch die Luken im Kajak passt. Aber ohne Sack oder Tonne geht heute kaum noch ein Paddler aufs Wasser, das ist neben Boot, Paddel und Schwimmweste für viele heute ein unverzichtbares Utensil.

Weil der Wurfsack Leben retten kann

Die Gefahren des Wassersports sollen an dieser Stelle nicht dramatisiert werden, aber sie gänzlich auszublenden wäre fahrlässig. Egal ob man auf einem ruhigen See oder Flüsschen oder doch auf einem turbulent fließenden Wildbach unterwegs ist – um die eigene Sicherheit sollte man sich immer kümmern. Entweder durch Informationen, wie man die nächstgelegene Hilfsorganisation oder ärztliche Versorgung bei Bedarf per Handy erreichen kann oder durch das Mitführen geeigneter Kleidung und Hilfsmittel, mit denen man möglichst schnell an ein Ufer kommen kann. Vor diesem Hintergrund ist in Grund 73 bereits die Schwimmweste als unverzichtbarer Ausrüstungsgegenstand beschrieben worden. Die soll nun mit dem Wurfsack ergänzt werden.

Er kommt dann zum Einsatz, wenn ein Paddler beim Kentern aus dem Boot gefallen oder gerutscht ist und frei im Wasser schwimmt. In diesen Situationen kommt immer etwas Stress auf. Entweder droht man bei kaltem Wasser rapide auszukühlen, was die Kräfte schnell schwinden lässt. Oder eine Strömung verhindert das sichere Schwimmen ans Ufer, wobei ein weites Abtreiben oder das Schleudern gegen Hindernisse gerade im Wildwasser die größten Gefahren darstellen. Auch erfahrene Kanuten, die sonst sichere Schwimmer sind, können sich von solchen Gefährdungen nicht freisprechen. Wasserschlucken beim Kentern oder das Anschlagen mit Kopf oder Körper am Wassergrund oder an Hindernissen können da schnell zu einer Situation führen, in der man Hilfe durch andere benötigt.

Genau dafür wurde der Wurfsack entwickelt. Er besteht aus einem Seil, das von einer sackähnlichen Umhüllung umgeben ist. Am außen liegenden Ende des Seils können Schlaufen oder andere Befestigungselemente angebracht sein. Beim Einsatz des Wurfsackes kann man damit dieses Ende des Seils am eigenen Körper oder entsprechenden Schlaufen an der eigenen Schwimmweste befestigen. Vom Rest des Seils werden zwei bis drei Meter aus dem Sack gezogen und dieser als Wurfelement dem im Wasser treibenden Paddler zugeworfen. Dabei wickelt sich das Seil, das in unterschiedlichen Längen meist zwischen 15 und 25 Metern angeboten wird, im Wurf/Flug aus der Umhüllung heraus. Diese ist am Wurfende fest mit dem Seil verbunden, der im Wasser liegende Paddler kann den Sack ergreifen und sich dann am Seil durch die Helfer am Ufer aus dem Wasser ziehen lassen. In diesem Moment geht es vor allem um Leben und Gesundheit. Um ein wegtreibendes Boot oder Gepäck kümmern sich meist andere Kanuten, die mit ihrem Boot die Bergung dieser Dinge vornehmen.

Das alles klingt zunächst einfach, kann aber gerade in Stress-situationen oder bei Wildwasser mit vielen Hindernissen zu einer Herausforderung werden. Deshalb wird in den angebotenen Sicherheitskursen der Kanuschulen, Vereine oder Verbände der Einsatz des Wurfsacks mit der richtigen Handhabung des Seils, der effektiven Wurftechnik und der nötigen Kommunikation aller Beteiligten geübt. Situation erkennen, sich selber sichern, Wurfsack vorbereiten, mit dem Hilfebedürftigen kommunizieren, sicher zielen, technisch sauber werfen, damit sich das Seil abwickelt, und dann am Ende den Paddelkameraden sicher ans Ufer ziehen – das alles will gekonnt und auch von erfahrenen Paddlern immer mal wieder eingeübt sein. Nicht selten beginnen die Fehler schon ganz am Anfang, wenn man in vielleicht aufkommender Hektik vergisst, das Seil am eigenen Körper oder in der freien Hand vor dem Wurf zu befestigen.

Wurfsäcke werden von allen namhaften Herstellern für Kanuzubehör angebotenen. Unterschiede gibt es bei Seillängen, verfügbaren Schlaufen oder beim Material der Seilumhüllung. Die machen dann auch Preisunterschiede aus. Aber die sollten auf gar keinen Fall ein Grund sein, auf einen Wurfsack bei regelmäßigen Touren mit Familie und Freunden zu verzichten. Wenn alle Mitfahrer einen solchen im Boot oder am Körper mitführen, ist die größtmögliche Sicherheit hergestellt. Selbst dann, wenn man den Wurfsack vielleicht nie in seiner Kanu-Karriere aktiv oder passiv einsetzt.

76. GRUND

Weil es eine Menge an Zubehör gibt

Die bisherigen sieben Gründe in diesem Kapitel befassen sich mit Ausrüstung, Zubehör und individuell zusammenzustellenden Artikeln, die man als Kanute sich nach und nach anschaffen muss, sollte oder kann. Doch damit ist nur ein kleiner Überblick über den Markt gegeben, der sich rund um den Kanusport im Laufe der Jahrzehnte entwickelt hat. Die Auflistung verfügbarer Boote für alle Disziplinen ist seitenlang, viele Hersteller bieten da für jeden Geschmack und Geldbeutel ein Exemplar an. Ähnlich sieht es bei den Paddeln aus, auch hier ist die Vielfalt an Formen, Materialien, Größen und Einsatzmöglichkeiten für den Anfänger zunächst »erschlagend«. Aber je mehr man selbst mit seinem Boot unterwegs ist, umso mehr lernt man die Unterschiede bis hin zu den Feinheiten kennen und kann dann seine Ausrüstung an die eigenen Wünsche anpassen.

Das gilt auch für die Kleidung, die vom einfachen Funktionsshirt bis zur kompletten Ausrüstung mit Unterwäsche, Jacken und Anzügen reicht, die selbst in polaren Gewässern den Körper schützen können. Eng zusammen hängt damit meist die Auswahl eines Spritzschutzes für den Einsatz im Kajak. Einfach nur eine entsprechend zugeschnittene Folie mit Gummizug für die Sitzluke tut es für den Anfang. Werden die Gewässer rauer und kälter, kommen Ausführungen aus Neopren mit hochgeschnittenem Schutz für den Oberkörper infrage, die neben dem Temperaturschutz auch Verletzungen verhindern können.

Geradezu unüberschaubar ist die Auswahl bei Taschen, Säcken, Tonnen und sonstigen Behältnissen, die man zum Transport seiner persönlichen Dinge im Boot mitführen kann. Und die werden noch ergänzt durch bruchsichere Trinkflaschen mit auslaufsicheren Verschlüssen und temperaturregulierenden Umhüllungen. Die gibt es auch für Boote und Paddel, um sein Material bei Transporten gegen Beschädigungen zu schützen.

Der beste Weg, sich einen ersten Überblick zu verschaffen, ist das Surfen im Internet, da haben alle Hersteller ihre Webseiten, oft schon mit sehr viel Informationen und Detailangaben versehen, auch zu den Preisen. Natürlich ist der Besuch bei einem größeren

Kanu-Händler sehr informativ, vor einem Kauf ist dort eine fachliche Beratung ohnehin unerlässlich. Und wer sich gerne kompakt einen Überblick verschaffen und sich dabei auch ein haptisches Erlebnis gönnen möchte, schaut in den nächsten Grund.

Weil Freizeitmessen eine gute Informationsquelle sind

Wen der Kanu-Virus gepackt hat, der möchte möglichst bald mit eigenem Boot und Zubehör sowie persönlicher Ausstattung unabhängig sein. Eine gute Gelegenheit, sich auf dem Kanu-Markt umzuschauen und unverbindlich über das Angebot zu informieren, bieten die zahlreichen Wassersportmessen, die es zwischen Hamburg im Norden und Friedrichshafen am Bodensee gibt. Gut 20 Veranstaltungen verteilen sich über das Jahr. Den Anfang macht mit der »boot« in Düsseldorf im Januar die weltgrößte Veranstaltung dieser Art. Hier wird u.a. für den Kanusport ein großer künstlicher Wasserlauf mitten in eine der Messehallen gebaut, zahlreiche Boote, Paddel und Schwimmwesten sind für die Besucher dort verfügbar. Da kann man dann mal eine halbe Stunde oder länger die ein oder andere Runde drehen und sich im Umgang mit Boot und Paddel ein wenig vertraut machen. Vor allem an den vier Wochenendtagen, die alljährlich im Zeitplan der Messe verankert sind, ist der Andrang doch recht groß. An den Wochentagen hat man da schon mal ohne längere Wartezeiten die Chance. In der Nachbarschaft des Wasserlaufs finden sich die Stände einiger Bootshersteller und Kanu-Händler, die fachkundig beraten und auch die Unterschiede zwischen den verschiedenen Bootsformen erläutern. Daneben besteht bei vielen Händlern die Möglichkeit, Paddel, Kleidung und anderes Zubehör gleich vor Ort zu kaufen.

Diesen so beschriebenen Service gibt es natürlich auch auf vielen der weiteren Messeplätze. Mit der »f.re.e« in München, der »Beach&Boat« in Leipzig, der »Bodenseewoche« in Konstanz, der »Interboot« in Friedrichshafen, der »Hamburg Boat-Show« sowie der »Boot&Fun« in Berlin seien hier die weiteren großen Messen in Deutschland genannt. Eine besondere Rolle spielt zudem die »paddleexpo« in Nürnberg. Hier sind sehr viele Hersteller aus dem In- und Ausland präsent, allerdings ist diese Messe nur Fachbesuchern vorbehalten, sodass man als »Normalbesucher« eine besondere Berechtigung benötigt.

Über alle diese Messeveranstaltungen und regionalen Ausstellungen findet man ausführliche Informationen im Internet, sodass man schon vorher planen kann, ob der bevorzugte Hersteller oder Händler vor Ort anzutreffen sein wird. Ein Besuch lohnt sich aber in jedem Fall, wenn man mit der Anschaffung eines eigenen Bootes und Zubehör liebäugelt.

78. GRUND

Weil es sehr viel Literatur über den Kanusport gibt

Sie halten ein Buch über den Kanusport in Händen, das vor allem Lust auf den Kanusport machen soll. Wenn das aber der Start zu einer umfassenden Sammlung von Büchern über das Paddeln ist, sollten Sie über einigen Platz für eine Bibliothek verfügen. Denn es gibt seit den ersten Fahrten im Kanu Mitte des 19. Jahrhunderts in England eine Vielzahl von Fluss- und Tourenbeschreibungen, die nicht nur die Gewässer und ihre Ufer vorstellen, sondern auch über unzählige Erlebnisse und Abenteuer berichten.

Von den in den 1860er-Jahren erschienenen Werken gibt es wohl kaum noch originale Exemplare. Einige wenige mögen bei privaten

Sammlern oder in archivarisch geführten Bibliotheken zu finden sein. Von anderen wurden hier und da mal Nachdrucke angefertigt, die aber wohl auch schon einige Jahrzehnte auf dem Buchrücken haben dürften.

Zahlreiche deutschsprachige Werke sind in der ersten Hälfte des 20. Jahrhunderts entstanden. Da wurde das Kanuwandern auf den Flüssen populär, und im Zeitalter ohne die elektronischen Medien waren Bücher eben die beste Möglichkeit, die Mitmenschen an diesem Freizeitvergnügen teilhaben zu lassen. Kaum einer der deutschen Flüsse ist in dieser Zeit ohne einen Fahrtbericht geblieben, aus denen dann die Nachfahrer ihre Informationen für die eigene Tour herausholen konnten.

Die Reisemöglichkeiten per Zug oder Lkw waren in den frühen Jahren des Kanusports in Deutschland noch gering, aber mit Beginn der 50er- und 60er-Jahre kamen immer weitere Kanubücher mit Beschreibungen von Fahrten im benachbarten Ausland hinzu. Im letzten Quartal des 20. Jahrhunderts häufte sich dann die Literatur über Fahrten auf anderen Kontinenten und über besondere Routen, die von Abenteurern in der Tradition der frühen Forschungsexpeditionen befahren wurden.

Der weitaus größte Teil der Kanu-Literatur befasst sich mit dem Touring und ist damit interessant für eine breite Leserschicht. Daneben findet sich natürlich einiges an Fachbüchern über den Kanusport als Wettkampf. Hier steht die Weitergabe von Wissen über Training, Technik und sportmedizinische Fragen im Vordergrund. Ergänzt wird dieses Genre durch einige Bücher, in denen man Wissenswertes über die großen Ereignisse aus dem Wettkampfsport nachlesen kann, vor allem über die Olympischen Spiele mit den großen Erfolgen der deutschen Kanuten.

Auch heute noch ist das Buch eine wichtige Informationsquelle für den Sport, auch wenn die Erscheinungsform sich hier und da den elektronischen Möglichkeiten angepasst hat. Immer wieder erscheinen neue Titel, und immer wieder kann man damit Gewässer kennenlernen, die man vielleicht schon mehrfach selbst befahren hat, die aber von anderen Paddlern dann doch aus einem noch nicht bekannten Blickwinkel gesehen werden.

Ein Segment der Literatur sind die Ratgeber. Auch die gibt es für den Kanusport, und im nächsten Grund soll darauf ein Blick geworfen werden.

Weil die Kanuten ihre eigene GmbH haben

Bekanntlich ist es für gemeinnützige Organisationen, wie es Sportverbände meist sind, immer etwas schwierig, selbst Produkte aus ihrem Bereich anzubieten, mit Sponsoren Verträge abzuschließen und die dabei in den Verband fließenden Gelder juristisch korrekt zu verbuchen. Oft stehen Vorschriften im Zusammenhang mit der Gemeinnützigkeit und der damit verbundenen steuerlich günstigen Behandlung eines Sportverbandes dem allgemeinen Einnahmesteuergesetz entgegen. Im privaten Bereich oder als Mäzen kann man da noch entsprechende Spenden leisten, die sind dann für den Verband unverfänglich. Hat der Verband aber selbst Kleidung und Produkte, die er seinen Mitgliedern zum Kauf anbieten möchte, oder kommen Sponsoren auf den Verband zu, die ihn im Rahmen eines geregelten Vertrages unterstützen wollen, geht das meist nur über einen rechtlich außerhalb des Verbandes angesiedelten Geschäftsbetrieb.

Einen solchen hat der Deutsche Kanu-Verband bereits 1983 gegründet. Im Vordergrund standen zunächst die Aktivitäten als Verlag für die verbandseigene Zeitschrift *Kanu-Sport* sowie die immer mehr werdenden Buchtitel, die dem DKV quasi als Herausgeber angetragen wurden. Inzwischen ist dieser Bereich ein sehr großes Standbein für die GmbH. Auf Kanu-Zeitschriften gehen wir im übernächsten Grund noch ein.

Sehr umfassend ist das Buchprogramm der DKV-GmbH. Kern sind hier die zahlreichen Gewässerführer, in denen in Taschenbuchform alle Flüsse, Seen und sonstigen für die Kanuten befahrbaren Gewässer mit großer Detailgenauigkeit in einer Auflösung von 100 Metern beschrieben sind. Da sind jede Brücke, jede Sehenswürdigkeit am Ufer, Anlegestellen, Campingplätze, Boots- und Gasthäuser, Fähren, Hindernisse, Schleusen und noch viel mehr enthalten. Dabei ist es egal, ob es sich um einen kleinen regionalen Fluss mit ein paar Kilometern Länge handelt oder um die großen Ströme wie Donau oder Rhein, die weit über 1000 Kilometer lang sind. Hier gibt es Autoren, die immer wieder die Beschreibungen überarbeiten, und bei einer entsprechenden Menge an Änderungen wird dann vom jeweiligen Buch eine neue Ausgabe konzipiert. Für die Tourenplanung sind diese Gewässerführer, die es sowohl für alle deutschen Gewässer als auch für viele im benachbarten Ausland gibt, eine unverzichtbare Grundlage. Auch im Zeitalter der elektronischen Medien zeigt die Nachfrage nach diesen Büchern, dass sie umfassend von vielen Tausend Paddlern regelmäßig genutzt werden. Besonders hilfreich sind dabei die detailgenauen Kartenwerke, mit denen die gesamten Flussläufe in hoher Auflösung dargestellt und in denen alle oben genannten Punkte mit Symbolen leicht verständlich und schnell auffindbar vermerkt sind.

Daneben sind einige Bücher verfügbar, in denen die landschaftlich reizvollen Regionen in Deutschland etwas genauer mit Angaben zum Umland und zur Strecken- und Etappenempfehlung vorgestellt sind. Auch hier finden die Kanuten oft Anregungen für eine persönliche Erstbefahrung oder entdecken besuchenswerte Orte an den Ufern. Ebenfalls sind in diesen Büchern Karten enthalten, sie dienen aber mehr für die Anfahrt zu den Gewässern, weniger für die detaillierte Tourenplanung. Dafür sind in diesen Büchern viele der vorgestellten Lokalitäten ergänzend zu den Beschreibungen mit Fotos abgebildet, was dann zusätzlichen Geschmack auf eine Tour in der Region macht.

Abgerundet wird das Angebot der GmbH durch Sportkleidung mit dem offiziellen Emblem des DKV, durch kleine Accessoires wie Schmuck oder Schlüsselanhänger, die jährlich herausgegebenen Bildkalender im Großformat und weitere Artikel für die Freizeit.

Zwei weitere Bereiche der GmbH sind die DKV-eigenen Campingplätze sowie die Vermarktung der Nationalmannschaften des Verbandes. Für Letzteres ist die GmbH gegenüber den Unterstützern der Ansprechpartner für die Abschlüsse von Verträgen und alle geschäftlichen damit verbundenen Vorgänge.

Zwei Campingplätze unterhält die Kanu-GmbH. Einer befindet sich am hessischen Edersee, der zweite direkt in Konstanz am Bodensee. Sie werden mit örtlichem Personal der DKV-GmbH verwaltet, das sorgt für die Abwicklung der Buchungen und Aufenthalte sowie für die Instandhaltung der Plätze. Die verfügen über Plätze sowohl für Dauermieter wie für Tagesgäste. Genutzt werden sie gerne u.a. von Gruppen aus Schulen oder Vereinen, die hier z.B. ein Jugendlager mit Kanufreizeit organisieren.

Im Kanusport geht es nicht um Millionen oder Milliarden von Sponsoren, wie sie bei anderen Verbänden immer wieder für öffentlichen Gesprächsstoff sorgen. Dennoch hat sich die Auslagerung der Verlags- und Vertriebsorganisation des Verbandes mehr als bewährt. Die DKV-GmbH ist für alle Kanuten ein wertvoller Partner, wenn es darum geht, mehr über Gewässer, Regionen und Touren zu erfahren. Mehr zur Kanu-GmbH findet sich unter www.kanu-verlag.de.

80. GRUND

Weil Apps auch im Kanusport verfügbar sind

Längst hat die moderne Navigation mittels Smartphone Einzug in den Kanusport gehalten. Vorreiter dazu war das umfangreiche Kartenmaterial, das der Deutsche Kanu-Verband bereits auf seiner

Internetseite den Nutzern zur Verfügung stellt. Durch ein Berliner Software-Unternehmen ist daraus nun eine Anwendung, kurz App, geworden, die man ganz bequem mit ins Boot nehmen kann. Voraussetzung ist natürlich, dass man sein Handy gegen Wasser geschützt hat, aber auch da gibt es ja inzwischen viele entsprechende Produkte auf dem Markt.

Der Name der App lautet »canua«. Sie ist inzwischen für die gängigen Smartphone-Betriebssysteme verfügbar und kann über die am Markt bekannten Anbieter heruntergeladen werden. Mit der App hat man alle Gewässerbeschreibungen auf dem Gerät im Überblick. Das Kartenmaterial beinhaltet alle Punkte, die in der Tourendatenbank des DKV enthalten sind. Dazu gehören Bootshäuser, Ein- und Ausstiegsplätze, Infrastrukturen und Besonderheiten des ausgesuchten Gewässers. Diese werden immer wieder aktualisiert, aktive Paddler können sich über die Website des DKV an der Aktualisierung jederzeit beteiligen, wenn sie Veränderungen bei ihren Touren festgestellt haben.

Zusätzlich neben den Informationsmöglichkeiten verfügt canua über eine Trackingfunktion. Damit wird die aktuelle Tour elektronisch aufgezeichnet und kann dann für weitere Auswertungen in das elektronische Fahrtenbuch übertragen werden.

Schöne neue Datenwelt mag mancher sagen und vielleicht mit gewisser Skepsis an die Nutzung solcher Apps herangehen. Aber hilfreich sind sie halt schon, wenn man entsprechend für den eigenen Datenschutz sorgt.

Weil Zeitschriften im Kanusport noch immer angesagt sind

Kommen wir von der neuen Datenwelt im vorherigen Grund noch mal zurück auf die Papierform, genauer gesagt die Zeitschriften. Immer mal wieder finden sich Berichte über den Kanusport in Magazinen und Journalen. Aber es gibt auch einige Zeitschriften, die sich nur dem Kanusport widmen. Drei sollen hier genannt sein.

Schon im Grund 79 ist die Zeitschrift *Kanu-Sport* erwähnt, die von der Kanu-GmbH herausgegeben wird. Sie erfüllt die Aufgaben eines Informationsmediums für die Mitglieder im Deutschen Kanu-Verband, aber das ist nur ein kleiner und auf wenige Seiten pro Ausgabe beschränkter Bereich. Viel umfassender sind die zahlreichen aktuellen Berichte aus dem Leistungs- und Breitensport. Jährlich erscheinen zwölf Ausgaben der Zeitschrift, die von den aktiven Kanuten abonniert werden kann oder von den Vereinen in den Landesverbänden für ihre Mitglieder bezogen wird. Zahlreiche aktive Paddler senden immer wieder gute Berichte und Bilder von ihren Touren aus aller Welt. Die Wettkampfressorts des Verbandes verfügen über erfahrene Mitarbeiter, die sich um eine Berichterstattung von den großen Meisterschaften und Veranstaltungen kümmern. Enthalten sind ebenfalls viele Tipps aus der Praxis, dazu Test- und Erfahrungsberichte zu Booten und Zubehör sowie nützliche Informationen wie etwa zur Beobachtung des Wetters, der richtigen ersten Hilfe und noch vieles mehr. Neben den monatlichen Ausgaben werden immer mal wieder Sonderausgaben z.B. zum Stand-Up-Paddling produziert.

Wer nun völlig unabhängig vom Einfluss eines Sportverbandes sich über den Kanusport lesend informieren möchte, kann zum *Kanu-Magazin* greifen. Das hat einen eindeutigen Schwerpunkt auf den Tourenbereich. Neben den Produkttipps finden sich auch in diesem Magazin Anregungen für die Praxis, die Technik und natürlich die Sicherheit auf dem Wasser. Besondere Höhepunkte der insgesamt sechs Ausgaben pro Jahr sind die Berichte über extreme Paddeltouren auf rauem Wildwasser, rund um große Inseln oder gar Kontinente. Und immer wieder werden besondere Persönlichkeiten porträtiert und interviewt, die einiges aus ihrem eigenen Leben rund um den Kanusport zu berichten wissen.

Ebenfalls sechsmal im Jahr erscheint das verbandsunabhängige *Kajak-Magazin*. Inhaltlich unterscheidet es sich kaum von den beiden anderen Zeitschriften, wobei der Erlebnisfaktor im Outdoor-Sport Paddeln in diesem Medium besonders herausgestellt wird. Wie das *Kanu-Magazin* kann man auch das *Kajak-Magazin* entweder abonnieren oder im Zeitschriftenhandel erwerben.

Wer sich also regelmäßig über den Kanusport per Zeitschrift informieren möchte, hat dazu genügend Möglichkeiten. Die drei erwähnten Medien sind die mit der größten Verbreitung in Deutschland. Wer im Internet mal gezielt sucht, wird sicher noch das ein oder andere Spezielle finden, aus dem interessante Informationen für das eigene Fahren im Kanu oder Kajak zu entnehmen ist.

9. KAPITEL

PIONIERE, PROTAGONISTEN UND PADDEL-ENTHUSIASTEN

Weil Toni Prijon sein Leben
dem Kanusport widmete

In diesem Kapitel wollen wir einige Pioniere und Protagonisten des Kanusports vorstellen, die in diesem Sport und in ihrem Leben Außergewöhnliches geleistet haben. Den Anfang macht Toni Prijon, dessen Name nicht nur für eine große Karriere als Sportler, sondern auch als Bootsbauer steht.

Geboren wurde Anton, der von allen nur Toni gerufen wurde, im italienischen Görz, das heute zu Slowenien gehört. Schon in jungen Jahren entdeckte er sein Talent für den Bootsbau, fertigte die ersten Kajaks selbst und gewann in ihnen auf dem heimischen Wildwasser die ersten Rennen. 1957 verließ er das damalige Jugoslawien, um in Rosenheim eine neue Heimat zu finden. Bei den dortigen Klepper-Werken fand er eine Anstellung als Bootsbauer und Anschluss an den Kajak-Club Rosenheim. Für ihn ging er weiterhin an den Start von Wildwasserrennen, meist in selbst gebauten Faltbooten. 1958 gelang auf der Ammer der erste nationale Meistertitel, ein Jahr später folgte in Südfrankreich Gold bei der Weltmeisterschaft. Das war dann zugleich der sportliche Höhepunkt, aber noch lange nicht das Ende für Toni im Kanusport.

Hier tüftelte er weiter an der Optimierung von Bootsformen, Innovationen für die Paddel und Verbesserungen für Kleidung. Inzwischen Schreinermeister gründete er 1962 nicht nur einen eigenen Betrieb, sondern auch eine Familie. Als in den 60er-Jahren das Faltboot an Attraktivität einbüßte, stieg Prijon auf Kunststoff als Material für seine Boote um. Als einer der Ersten ging er so mit seinen Formen und Entwicklungen in die Serienfertigung mit druckgeblasenen Kunststoffbooten, deren Riss und Formen er alle selbst entwickelte und immer weiter verfeinerte. Der Erfolg seiner Boote war Toni Prijon mehr als Bestätigung, zahlreiche Sportler jüngerer Generationen gewannen in seinen Entwicklungen Titel und Medaillen sowohl im Wildwassersport wie im Kanu-Slalom. Besondere Höhepunkte waren dabei die Goldmedaillen bei den Olympischen Spielen im Slalom wie im Jahre 2000 bei den Spielen in Sydney durch Thomas Schmidt im Einer-Kajak für Deutschland.

Der sportliche Erfolg stellte sich auch in der eigenen Familie ein. Sohn Toni jun. wurde 1987 Weltmeister im Slalom, auch die Enkel waren bereits erfolgreich bei Weltmeisterschaften. Alle Familienmitglieder haben von Toni sen. das Gen für den Wassersport geerbt.

Bis 1992 leitete Toni Prijon zusammen mit seiner Frau Lotte das Rosenheimer Unternehmen, das von Wirtschaftsverbänden und der Stadt Rosenheim mit Innovationspreisen ausgezeichnet wurde. Auch Toni jun. und seine Frau Rita führen das Unternehmen ganz im Sinne des Firmengründers weiter. Mehrere Tausend Wettkampf- und Freizeitboote verlassen heute noch jährlich die Werft, die weiterhin als Familienunternehmen mit rund 30 Mitarbeitern geführt wird.

Der Gründer Toni sen. blieb auch im Ruhestand kreativ, entwarf weiterhin Gipsmodelle für neue Bootsformen und begeisterte sich im hohen Alter noch für andere Hobbys, wie etwa das Kochen mit Produkten aus dem eigenen Gemüsegarten. Am 29. Dezember 2016 verstarb Toni Prijon, der wie kaum ein anderer Paddler zum Pionier für den modernen Bootsbau wurde.

Weil Oskar Speck Ungewöhnliches gelang

Sein Name ist etwas in Vergessenheit geraten, im Kanusport allerdings wird er noch heute als einer der großen Abenteurer gewürdigt, dem eine ganz besondere Geschichte widerfuhr. Geboren 1907, baute sich Oskar Speck eine Existenz als selbstständiger Elektromeister auf. Als Ende der 1920er-Jahre die Weltwirtschaftskrise auch Deutschland nicht verschonte, musste Speck seinen Betrieb schließen und die 21 Angestellten entlassen. Der 25-Jährige sah für sich keine berufliche Zukunft in der Heimat und entschloss sich, auf Zypern eine Arbeit anzunehmen. Dort wurden Kräfte für die Kupferminen gesucht. Aber das Geld für die Reise zum Mittelmeer und die Passage auf die Insel fehlte, und so entwickelte Speck die Idee, auf dem Wasserweg mit dem Faltboot zu reisen. Die Pionier-Faltboot-Werft sah darin eine gute Werbung für ihre Produkte und stellte Speck ein entsprechend seinen Vorgaben gefertigtes Boot zur Verfügung. Am 13. Mai 1932 brach er in Ulm auf, die Donau sollte ihn zunächst nach Österreich, Ungarn, Bulgarien bis ins Schwarze Meer führen. Von dort aus ging es weiter ins Mittelmeer nach Griechenland und dann in die Türkei. Immer ging es entlang der jeweiligen Küsten, denn das Boot drohte durch seine Bauart und die vorhandene Beladung leicht zu kentern. Speck hatte zwar nur das Nötigste mitgenommen, aber er selbst schleppte noch ein anderes Handicap mit sich – er konnte nicht schwimmen. Wäre er ins Wasser gestürzt, hätte das womöglich lebensbedrohliche Folgen gehabt.

Nach vielen Wochen erreichte er schließlich die Mittelmeerinsel. Doch die bisher zurückgelegte Paddelstrecke hatte in Oskar Speck die Lust auf mehr geweckt. An einem Job in den Kupferminen war er nicht mehr interessiert, sondern er machte sich auf Richtung Syrien, wo dann ein großes Abenteuer begann. Mal über Land, wo immer es aber ging auf dem Wasser, durchquerte er die arabischen Länder und gelangte weiter nach Indien und Asien. Immer wieder unterbrach er seine Reise, um mit Gelegenheitsjobs die Reisekasse zu füllen oder Vorträge zu halten. Längst war Australien zum erklärten Ziel geworden. Immer wieder schickte er auch Artikel und Bilder an die Berliner Zeitungen, die ihn im aufkommenden Nationalsozialismus als Helden feierten.

Davon bekam Oskar Speck auf seiner Reise kaum etwas mit. Erst als er im September 1939 tatsächlich in Australien ankam, wurde er sofort verhaftet. Der fünfte Kontinent befand sich bereits im Kriegszustand mit Deutschland. Da war ein Deutscher, der mit Foto- und Filmkamera seine Reise dokumentierte, natürlich suspekt. Oskar Speck wurde in ein Internierungslager gebracht, wo er bis zum Kriegsende blieb. Wie Speck selbst zum Nationalsozialismus stand, ist nie ganz klar geworden. Jedenfalls hatte er wohl wenig Interesse daran, nach Deutschland zurückgebracht zu werden, um sich dann als »Held« präsentieren zu lassen. Als der Krieg vorbei war, blieb er down under und begann den Handel mit Edelsteinen. Der brachte ihm ein beträchtliches Vermögen ein, mit dem er in Australien gut leben konnte. Der Kontinent wurde ihm dauerhaft zur neuen Heimat. Als er 1995 starb, vermachte er seinen Nachlass und insbesondere die Ausrüstungsgegenstände, Bilder, Filme und Dokumente, die seine Reise mit dem Faltboot beschrieben, dem Australischen Maritimen Museum. Darunter war allerdings nicht mehr das Boot, mit dem er in Ulm gestartet war. Das hatte auf der Reise längst seinen Dienst getan, war verschlissen und unterwegs ausgetauscht worden. Insgesamt viermal lieferte die Werft aus Bad Tölz neue Boote und Ausrüstungsgegenstände wie Paddel und Segel dem Abenteurer hinterher. Ob sich diese »Werbung« für die Werft am Ende auszahlte, mag man bezweifeln. Für Oskar Speck jedenfalls war diese Förderung seines Projektes eine wichtige Unterstützung, ohne die er sein Ziel Australien wohl nie erreicht hätte.

84. GRUND

Weil Alfred Heurich und Johann Klepper das Faltboot verbindet und trennt

Im Grund 63 wurde bereits das Faltboot beschrieben. Hier nun sollen zwei Männer gewürdigt werden, deren Namen neben Oskar Speck sehr eng mit dem Faltboot verbunden sind, die sich aber genau wegen dieses Sportgerätes entzweiten.

Alfred Heurich stammte aus Metz, wo er 1883 geboren wurde. Schon früh baute er Kajaks. 1897 fertigte er aus Bambusstäben und Segeltuch sein erstes zerlegbares Boot, mit dem er im Oktober des Jahres auf der Mosel fuhr. 1903 ging er nach München zum Studium der Architektur, doch das Interesse am Paddeln und dem Bau eigener Boote ließ nicht nach. Im Völkerkundemuseum in München sah er einen Eskimo-Kajak, der ihn 1905 zum Bau eines Boote mit 4,50 m Länge und 0,5 m Breite veranlasste. Mit diesem Luftikus genannten Gefährt ging er auf die recht wild fließende Isar bei Bad Tölz. Trotz vieler Schwierigkeiten schaffte er die Strecke in gut fünf Stunden nach München. Für das Boot hatte er für Material etwa 30 Mark ausgegeben, es war zerlegbar und hatte mit der Fahrt auf der Isar seine Tauglichkeit auch auf rauem Wasser nachgewiesen. In einem Lehrbuch über Faltboote fasste Heurich seine Erfahrungen zusammen, dazu gründete er in Rosenheim den ersten Faltbootklub. In den folgenden zwei Jahren entwickelte Heurich sein Boot weiter, nutzte Eschenholz für das Bootsgerüst und schuf so ein Schiff für sich und seine Frau, in dem sie nach eigenen Angaben rund 100.000 km ohne eine einzige Kenterung zurückgelegt haben sollen.

1907 wurde aber zu einer Art Schicksalsjahr für Heurich, denn er verkaufte die Lizenz zur Fertigung des von ihm entwickelten Faltbootes an den Rosenheimer Schneidermeister und Sport-artikelhändler Johann Klepper. Der produzierte fortan die Faltboote in Serie. Die Nachfrage nach den relativ kostengünstigen »Schiffen« für die kleinen Leute war groß, und so wurde diese von Heurich gemachte Erfindung für Johann Klepper zum großen Geschäft. Er gründete eine Werft, die bis zum heutigen Tag besteht. So gut sich damit das Faltboot entwickelte, umso mehr verschlechterte sich das Verhältnis zwischen Heurich und Klepper. Der wurde allgemein als »Erfinder« des Bootes angesehen, war wohl auch nicht bereit, seinen ursprünglichen Ideengeber Heurich über die ursprünglich vereinbarte Lizenzgebühr hinaus am geschäftlichen Erfolg zu be-teiligen. Der beklagte im Laufe der Jahre die fehlende Sicherheit der weiterentwickelten Klepper-Modelle, was die am Ende bestehende Feindschaft zwischen den beiden Männern noch vertiefte. Nach beruflichen Stationen u.a. in Brüssel und Metz kehrte Heurich 1923 nach Rosenheim zurück, machte aber nie seinen Frieden mit Klepper. Stattdessen schrieb er noch mehrere Bücher über seine Touren, darunter auch einen 24-bändigen Gewässerführer. 1967 verstarb Heurich in Rosenheim, die Stadt benannte nach ihm eine Straße. Der Kajakclub übernahm dauerhaft 1982 die Patenschaft über das Grab von Alfred Heurich, der ein Jahr später noch mal ins Licht der Paddelfamilie rückte. 16 Jahre nach seinem Tod fand man auf dem Dachboden eines Gastwirtes Teile eines von Heurich entwickelten Bootes. Es konnte aus den Teilen komplett rekonstruiert werden und ist seitdem im Holztechnischen Museum in Rosenheim zu sehen.

Wie schon im Grund 63 nachzulesen, führte Johann Klepper sein Unternehmen zum Erfolg. Als sein Sohn 1929 die Geschäftsführung übernahm, wurden täglich etwa 90 Boote produziert. Doch es blieb nicht dabei. Die speziellen Stoffe für die Bootsrümpfe eigneten sich auch hervorragend für Regenmäntel. In den Jahren des Nationalsozialismus belieferte Klepper damit u.a. die Wehrmacht wie auch die Reichsbahn. Heute konzentriert sich das Unternehmen wieder ganz auf den Sport und die Freizeitgestaltung mit dem Paddelboot. Verschiedene Modelle und ein reichhaltiges Angebot an Zubehör stehen zur Verfügung. Der Firmengründer Johann Klepper starb mit 81 Jahren 1949 in seiner Geburtsstadt Rosenheim.

Zeit ihres Lebens blieben Heurich und Klepper unversöhnliche Zeitgenossen. Vielleicht haben sie aber im Jenseits wieder zueinandergefunden, denn heute sind auf der aktuellen Internetseite der Klepper AG einige Einträge über die Faltboote und die Geschichte des Unternehmens zu finden, bei denen Alfred Heurich ausdrücklich als Ideengeber und Urheber der modernen Faltboottechnik genannt ist.

Weil Hannes Lindemann im Faltboot
den Atlantik überquerte

Möchte man heute in einem Sportboot, möglichst muskelbetrieben, den Atlantik überqueren, benötigt man einige offizielle Dokumente, Nachweise über die entsprechenden Trainings in Seemannschaft und Überlebensstrategien, und nicht zuletzt greift man auf die modernen Mittel der Satellitentechnik für Kommunikation und Navigation zurück. Das macht ein solches Unternehmen nicht gerade komfortabler und weniger gefährlich als in den 50er Jahren des 20. Jahrhunderts. Aber es erhöht doch die Sicherheit für die Protagonisten und die Möglichkeiten, im Notfall für eine Rettungsaktion geortet zu werden.

Als der 1922 geborene Arzt Hannes Lindemann vor gut 60 Jahren eine solche Tour über den großen Teich erstmals plante, hatte er zwar schon einige Erfahrungen für das Überleben auf hoher See gesammelt, aber es war immer noch unsicher, ob man eine Atlantiküberquerung im Paddelboot absolvieren könne. 1955 befuhr Lindemann den Atlantik mit einem 600 kg schweren Einbaum, ein Jahr später machte er sich mit einem Faltboot auf die lange Tour. Für mehr als zwei Monate sollte das 5,20 x 0,87 m große Boot sein schwimmendes Zuhause werden. Ausgerüstet mit Lebensmittelkonserven, Milch- und Bierdosen sowie einem Trinkwasservorrat von drei Litern startete Lindemann im ansonsten serienmäßig ausgerüsteten Faltboot auf den Kanarischen Inseln. Ein Sextant für die Navigation und ein Treibanker waren die wichtigsten nautischen Mittel, für mehr war kein Platz an Bord. Unterwegs ernährte sich Lindemann vom rohen Fleisch geangelter Fische, nur aufgefangenes Regenwasser bewahrte ihn vor dem Verdursten. Nach 72 Tagen erreichte er die Niederländischen Antillen, allerdings ziemlich entkräftet mit einem Verlust von 25 kg seines Körpergewichtes und nach dem Überleben von Orkanen und Kenterungen. Gerade auf diese Situationen hatte sich Hannes Lindemann durch autogenes Training und mentale Suggestionsübungen vorbereitet.

Es sollte nicht die einzige Atlantiküberquerung Lindemanns bleiben, 1960 machte er sich noch einmal auf den Weg. Über diese Erfahrungen schrieb er mehrere Bücher, arbeitete eine Zeit lang zusammen mit Albert Schweitzer in dessen berühmtem Hospital im afrikanischen Lambarene, wo er auch zahlreiche afrikanische Staatsmänner zu Gesprächen über seine medizinischen Erfahrungen während der Paddeltouren auf dem Atlantik traf. Lindemann galt als Experte für das autogene Training, verfasste dazu mehrere Bücher, arbeitete für das Deutsche Rote Kreuz und hatte zuletzt einen Lehrauftrag zu seinem Spezialgebiet an der Universität in Bonn. 2015 verstarb er in Bad Godesberg.

Für Hans-Günther Lindemann, genannt Hannes, war das Faltboot eigentlich nur Mittel zum Zweck für seine medizinischen Forschungen über die Beeinflussbarkeit der eigenen Psyche durch mentale Trainingsformen. Aber dennoch wurde er durch seine Atlantik-Befahrungen zu einem Pionier des Kanusports. Noch heute ist sein Faltboot, mit dem er 1956 in See stach, im Deutschen Museum in München zu bewundern.

Weil Freya Hoffmeister keine Freizeit-Kanutin ist

Liest man die bisherige Lebensgeschichte von Freya Hoffmeister, erkennt man schnell, dass sie klischeehaft so gar nicht in eine einzige Schublade passt. Und sie einfach nur als Kanutin zu sehen, weil sie damit gerade in den letzten Jahren besonders auf sich aufmerksam gemacht hat, wird ihr keineswegs gerecht.

Geboren wurde sie in Heikendorf, einem ursprünglichen Fischerdorf an der östlichen Kieler Förde. Heute ist Husum auf der anderen Küstenseite Schleswig-Holsteins ihre Heimat. Sie allerdings dort anzutreffen ist nicht immer so einfach, denn die Extremsportlerin ist oft unterwegs.

Zunächst absolvierte Freya eine Beamtenausbildung, wenn man aber ihren weiteren Lebenslauf nachliest, kann man sich die aktive Sportlerin kaum als Beamtin vorstellen. Dass sie Herausforderungen sucht, zeigte sich bereits bei ihrer Teilnahme an einem Miss-Germany-Wettbewerb, bei dem sie den sechsten Platz belegte. Mit einer Erbschaft als finanzielle Grundlage wagte Hoffmeister den Schritt vom Beamtenstand hinein in die Unternehmerschaft. Mit einer Eisdiele in Husum startete sie, der Erfolg stellte sich schnell ein. Mit weiteren Eisdielen und einer Salatbar entwickelte sich eine Art gastronomische Kette mit Managern und rund 40 Mitarbeitern.

Für Freya Hoffmeister bot sich damit die Gelegenheit, sich verschiedenen sportlichen Aktivitäten zu widmen. Wettkampfturnen, Bodybuilding und vor allem das Fallschirmspringen gehörten dazu. In der letzten Disziplin sammelte sie reichhaltige Erfahrungen, sprang oft mit Gästen im Tandem, dabei auch über dem Nordpol.

Und wie wurde nun aus dieser vielseitigen Sportlerin eine Kanutin? Dafür war ihr 1996 geborener Sohn »verantwortlich«. Schon in der Schwangerschaft machte Freya die ersten kleinen Touren mit dem Kajak auf den heimischen Gewässern. Als der Nachwuchs dann quasi »transportfähig« war, nahm sie ihn meist mit in der Gepäckluke ihres Bootes. Für ein »Kind der Küste« war schnell klar, dass Freya Hoffmeister nicht die gemütlichen Touren auf Binnengewässern suchte, sondern schnell die Nordsee ihr Revier werden sollte. 2003 ging es erstmals an der deutschen und dänischen Küste auf längere Fahrt, ein Jahr später gewann sie beim »Arctic Sea Kajak Marathon« in Norwegen. 2006 wurde sie nach 300 km Zweite beim Rennen rund um Fünen, im gleichen Jahr siegte sie in der Frauenklasse der Grönländischen Meisterschaften. Achtmal stand sie insgesamt bei internationalen Wettbewerben auf dem Siegerpodium, damit ist sie erfolgreichste deutsche Hochseekanutin.

Doch die Husumerin suchte weitere Herausforderungen und begann mit der Umrundung von Inseln und Kontinenten. Island war die erste Station, 33 Tage benötigte sie zusammen mit einem Partner für die Tour. Kurz danach ging es nach Neuseeland, wo sie als erste Frau die Südinsel umfuhr. Auch die nächste Station war in der südlichen Hemisphäre, wobei »Station« wohl eher untertrieben ist. In 332 Tagen umrundete Freya Hoffmeister Australien und damit zum ersten Mal einen ganzen Kontinent. 13.714 km legte sie zurück und war dabei schneller als der Neuseeländer Caffyn, dem als Erstem diese Fahrt gelungen war. Hoffmeister war die erste Frau und erst der zweite Mensch überhaupt, wobei eine sechstägige Passage über die offene See im nördlichen Australien der schwierigste Teil war.

Ende August 2011 startete Freya in Buenos Aires die Umrundung Südamerikas. Vier Monate später genau am Silvestertag ging es durch die »Roaring Fourties«, also die Gegend um den 40. südlichen Breitengrad rund um das berüchtigte Kap Hoorn. Dass eine solche Kontinentumrundung nicht in einem Stück zu machen ist, war von vornherein klar. Hoffmeister teilte sich die Strecken in insgesamt drei Abschnitte ein. Im Dezember 2014 ging sie auf das letzte Teilstück vom brasilianischen Recife zurück nach Buenos Aires. Am 30. April 2015 kam sie dort an und war damit der erste Mensch, der den südlichen amerikanischen Subkontinent mit dem Kajak umrundet hat.

Nach einer Pause von zwei Jahren ging es für Freya Hoffmeister 2017 wieder los, diesmal soll die Umrundung von Nordamerika gelingen. Mehrere Teilstrecken hat sie bis zum Redaktionsschluss dieses Buches bereits absolviert, und sicher wird man dann bald davon hören, dass Freya Hoffmeister auch diese Herausforderung erfolgreich gemeistert hat. Wie schon bei ihren früheren Touren hat sich die Husumerin auch für Nord- und Mittelamerika einen festen Zeitplan ausgearbeitet. Acht bis zehn Jahre soll das Projekt insgesamt dauern. Wie übrigens auch Hannes Lindemann bei seinen Atlantiküberquerungen, setzt Freya auf autogenes Training, um die Anstrengungen der langen Strecken des Alleinfahrens sowie die vielleicht auftretenden kritischen Situationen durch mentale Stärke zu kompensieren.

»Botschafterin des Kanusports«, diesen Titel erhielt Freya Hoffmeister schon nach ihrer Südamerikaumrundung durch den Deutschen Kanu-Verband. Dies würdigt nicht nur ihre große sportliche und emotionale Leistung, sondern auch die zahlreichen Kontakte und Begegnungen, die die Husumerin hat, wenn sie von heimischen Paddlern der Kontinente jeweils für ein kurzes Stück begleitet wird. Eindrucksvoller kann man den Kanusport wohl kaum verkörpern.

87. GRUND

Weil Olaf Obsommer die Leidenschaft zum Beruf machte

Sein Name und sein Gesicht mögen in der breiten Öffentlichkeit nicht so bekannt sein. Aber seine Bilder und Filme mit spektakulären Eindrücken aus dem Wildwasser, die hat man vielleicht doch schon mal gesehen. Dass dahinter aber ein Autodidakt seine Leidenschaft in den Mittelpunkt seines beruflichen Schaffens gerückt hat, wissen nur Insider.

Olaf Obsommer stammt aus dem niederrheinischen Grevenbroich, von wo seine Eltern ihn schon im Kindesalter mit auf den Rhein oder die Wupper zum Kanu- und Kajakfahren mitnahmen. Bald ging es für Olaf in den Verein sowie in die Kanujugend Nordrhein-Westfalen, deren Fahrten auf der Rur in der Eifel (das Flüsschen ohne h, nicht zu verwechseln mit der Ruhr durch den gleichnamigen Pott) dem jungen Kanuten erst mal etwas raueres Wasser näherbrachte. Davon sollte er dann nicht mehr loskommen. Mit weiteren Verbandstouren im DKV besuchte Olaf einige Flüsse und schließlich – ausgestattet mit der Freiheit des Autoführerscheins – als ersten größeren Höhepunkt die Alpen und ihre Gewässer.

Mehr zufällig entwickelte sich dann die Filmerei auf den unternommenen Touren. 1999 hatte Olaf erstmals eine Kamera dabei und machte Aufnahmen im Tessin, in Norwegen und auf Korsika. Bald wurden Kanufreunde auf diese ersten Filme und erfahrene Tourenveranstalter sowie Messeleiter, die immer nach guten Bildern für die Präsentationen ihrer Aktivitäten suchen, auf Olaf und sein Tun aufmerksam. Wenige Jahre nach dem Start ging ein digitales Aufnahmegerät immer mit auf Tour. Stimmungen einfangende Einstellungen, spektakuläre Szenen vom Wildwasserfahren und auch professionell gemachte Interviews der Protagonisten dieser Sportart entwickelten sich immer weiter, und durch die Unterstützung des Kletterers Udo Neumann lernte Olaf Obsommer schnell, seine eigenen Filme zu schneiden, sie mit Titeln, Grafiken und Vertonung zu beeindruckenden Werken zu machen.

Bald war klar, dass der ursprüngliche berufliche Weg zum Ingenieur und eine weitere Ausbildung in der medizinischen Pflege dann doch für die Karriere als Filmemacher zurückstehen würden. Immer öfter kamen Einladungen zu Vorträgen und Präsentationen seiner Filme, immer mehr begleiteten die Bilder von Olaf größere Veranstaltungen und einschlägige Festivals. Inzwischen sind es gut 50 Termine pro Jahr, die so im Kalender des inzwischen in Rosenheim lebenden Rheinländers stehen. Das will zusammen mit seinen Reisen und laufenden Filmprojekten gut organisiert und geplant sein, denn inzwischen sind die Säle, in denen Olaf seine Werke zeigt, ständig ausverkauft. Nur einmal stand er vor leeren Rängen und verschlossenen Türen. Da hatte er sich schlichtweg um eine Woche im Kalender vertan, war eben zu früh angereist zu einem Vortrag. Sieben Tage später war das Auditorium dann aber, wie inzwischen gewohnt, komplett gefüllt.

Was das Publikum zu sehen bekommt, ist faszinierend, manchmal auch angesichts der halsbrecherisch wirkenden Fahrten über

Wasserfälle und durch enge Schluchten atemraubend. Nur selten ist dabei aber zu erkennen, mit welch einfachen Mitteln Olaf Obsommer seine Bilder einfängt. Das liegt aber nicht an fehlenden Mitteln, sondern schlichtweg an fehlendem Platz im Boot, in dem ja auch noch das Tagesgepäck, Isomatte und Schlafsack sowie Kleidung und Lebensmittel mitgeführt werden müssen. Eine große Kamera und dazugehöriges Equipment können da gar nicht eingepackt und bei den Fahrten entsprechend bedient werden. Also ist es meist ein kleines digitales Aufnahmegerät, mit dem Obsommer seine Eindrücke festhält und dann am heimischen Schnittplatz zu einem seiner beeindruckenden Filme zusammenstellt. Inzwischen kann er nicht nur von diesen Dingen leben, sondern sie bringen ihm auch die finanziellen Mittel für weitere Reisen zu entlegenen Flüssen auf der ganzen Welt, die bisher kaum ein Paddler befahren hat und die dem Publikum meist gänzlich unbekannt sind. Wie eindrucksvoll das gelingt, zeigen die internationalen Filmpreise, mit denen Olaf Obsommer inzwischen ausgezeichnet wurde. Und auch der Deutsche Kanu-Verband, der ja ganz am Anfang mit seinen Tourenangeboten so ein wenig Pate stand, würdigte 2019 die Arbeit von Olaf Obsommer durch die Verleihung des Medienpreises des Verbandes.

Wer nun sich selbst ein Bild davon machen möchte, findet zahlreiche Beispiele auf dem YouTube-Kanal von Olaf Obsommer unter www.youtube.com/user/go4sickline. Aber Vorsicht: Die Bilder sind nicht nur faszinierend, sondern sie wecken vielleicht auch die Lust, solche Abenteuer mal selbst zu erleben. Dazu sind aber doch einige Erfahrungen nötig, die Olaf Obsommer bei seinen Vorträgen gerne weitergibt. Ein Besuch und eine Begegnung mit dem Filmemacher, der eben seine Leidenschaft zum Beruf gemacht hat, lohnen sich immer.

Weil man Prominente ab und an im Kajak antrifft

Bleiben wir in diesem Grund noch in der Welt der Medien und stellen zwei prominente Menschen vor, die ebenfalls eine eigene Geschichte im Kanusport haben.

Spätestens nach dem Erscheinen seines Buches *Ganz unten* 1985 kannte die ganze Republik Günter Wallraff. Der Autor und Journalist, der bis heute im investigativen journalistischen Genre unterwegs ist, erntet seitdem für seine Werke und seine Medienbeiträge sowohl Zuspruch wie auch zum Teil heftige Ablehnung bis hin zu Anfeindungen. Wie diese auf ihn, seinen Körper und die Psyche wirken und wie er all diese Emotionen kompensiert, verriet der Kölner 2017 in einem Beitrag für die Zeitschrift *Kanu-Sport* des Deutschen Kanu-Verbandes. Der Redakteurin Sabine Stümges stand er Rede und Antwort, verriet, wie er zum Kanusport kam und wie er auf ihn wirkte.

Den Marathon lief der Journalist früher in gut unter drei Stunden, aber die körperlichen Anstrengungen bei der Recherche zu seinem oben genannten Buch hinterließen Spuren. Mehrere Bandscheibenvorfälle ließen bei Wallraff wieder den Kindheitstraum vom Paddeln wach werden, denn das Sitzen und Paddeln im Boot war bei einem entsprechenden Training der Kräftigung der verletzten Wirbelsäule hilfreich. Und noch was kam ihm beim Kanufahren entgegen: Er konnte damit seiner Obsession vom Sammeln ungewöhnlicher Steine nachkommen. Nach den ersten Anfängen mit Training für die Arme ging es aufs Wasser. Und bald war er dann auch im Kanadier unterwegs, um beim Paddeln an den Küsten u.a. der Türkei, von Lanzarote oder Fuerteventura ungewöhnlich geformte und gezeichnete Steine zu finden. In diese Regionen zog Wallraff sich schon seit Ende der 1970er Jahre zurück, wenn der Rummel um seine Person in Deutschland ihm mal wieder viel zu groß wurde und er Abstand

zum Beruf und vom Prominentendasein mit all seinen Schatten-
seiten suchte.

Auch wenn einige bekannte Namen aus der Paddelszene ihn immer mal wieder begleiteten und versuchten, ihm die Grundlagen des
Paddelns und vor allem die Eskimorolle beizubringen, so sind diese
Fähigkeiten des Journalisten doch meist unbefriedigend geblieben.
So war es für Wallraff nicht ganz ohne Risiko, wenn er sich dann mal
zwischen den Kanarischen Inseln von der Ruhe, der entspannenden
Stimmung oder von Delfinen weit hinaus aufs Meer ziehen ließ und
dabei ab und an mal in heftigen Wind und Wellen geriet. Doch auch
auf heimischen Gewässern wie etwa dem Rhein hat er schon so seine
Erfahrungen gemacht, etwa als er bei einem der Jahrhunderthoch-
wasser bei kompletter Schifffahrtssperre hinausfuhr und prompt von
der Wasserschutzpolizei vom Wasser geholt wurde. So ungewöhnlich wie sein berufliches Schaffen, so in Teilen ungewöhnlich sind die
Erfahrungen von Günter Wallraff bei seinen Fahrten im Kanu. Ein
Wort passt zu beidem: extrem! Sowohl, wenn es darum geht, gesellschaftliche Entwicklungen in das Licht der Öffentlichkeit zu bringen,
als auch bei den Fahrten auf dem Wasser mit einem Kanadier, der
beladen mit Steinen bis zur Bordkante im Wasser liegt. Das Extreme
scheint das Leben des Kölners immer wieder zu prägen.

»Extrem« ist auch das Stichwort für den zweiten Prominenten,
der hier vorgestellt sein soll. Jochen Schweizer ist vielen bekannt
durch seine verschiedenen Unternehmen, in denen er Erlebnisse und Abenteuer anbot und bis heute vermarktet. Er machte das
Bungee-Springen in Deutschland salonfähig, baute die erste Anlage
an der Olympiaregattastrecke in Oberschleißheim bei München und
in der Folge an vielen Standorten in Deutschland und Österreich.
Antrieb für Schweizer waren seine eigenen Aktivitäten als Extremsportler und Stuntman u.a. in vielen international erfolgreichen
Filmprojekten.

Ich durfte den in Heidelberg geborenen Wahlmünchner bei einem
Vortrag 2015 kennenlernen. Dabei verriet er, dass ein Unfall bei

einer Wildwassertour im Kajak ihn fast das Leben gekostet hätte. Er schaffte es aber, trotz einer Verletzung aus der Situation herauszukommen, was sein späteres Leben beim Treffen von schwierigen Entscheidungen beeinflussen sollte.

Das galt auch 2003, als sein Bungee-Unternehmen nach einigen Unfällen, bei denen Schweizer und seine Mitarbeiter aber keine Schuld traf, vor dem Konkurs stand. Schweizer selbst schloss quasi über Nacht alle Anlagen, um die Ursachen für die Unfälle bedingungslos aufzuklären. Wirtschaftlich angeschlagen baute er sein Unternehmen um, bot fortan Gutscheine für Erlebnisse im Freizeitbereich an und ist darin bis heute ein erfolgreicher Unternehmer. Diese Erfahrungen brachte er dann als Protagonist einer Fernsehsendung ein, in denen er jungen Start-up-Unternehmen als Investor auf die Beine half.

Zu den von Schweizer angebotenen Erlebnispaketen gehören auch einige Paddel- und Raftingtouren sowohl auf ruhigen Flussgewässern wie auch im anspruchsvolleren Wildwasser. Damit kommt Schweizer zumindest wieder seinen eigenen sportlichen Aktivitäten sehr nahe.

Und eines hat er wohl mit Günter Wallraff gemeinsam, wie Schweizer in seinem Vortrag damals verriet: Immer, wenn es gilt auszuspannen und Abstand vom Alltagsstress zu gewinnen, zieht es den Extremsportler aufs Wasser, fährt er raus zur Regattastrecke vor den Toren Münchens, setzt sein Kajak ins Wasser und dreht ein paar Runden, um den Kopf frei zu bekommen.

Ob beide Persönlichkeiten heute noch dem Kanusport so zugetan sind, wie ich es hier beschrieben habe, soll nicht weiter belegt werden. Aber eines kann man sicher sagen: Beide haben für sich die Wirkung des Fahrens auf dem Wasser erfahren, haben daraus viel für ihr Leben außerhalb des Rampenlichts gewonnen und sind sicher gute Beispiele dafür, dass der Kanusport mehr als einfach nur Sport ist.

Weil man im Faltboot Kap Hoorn umrunden kann

Arved Fuchs ist bekannt für seine zahlreichen und meist spektakulären Polar-Expeditionen und seine Fahrten mit dem umgebauten Haikutter »Dagmar Aaen«. Doch lange bevor er sich aufmachte zu den Polen und als erster Mensch 1989 innerhalb eines Jahres sowohl den Nord- wie auch den Südpol zu Fuß erreichte, schaffte er eine außergewöhnliche Leistung im Faltboot. Gemeinsam mit seinem Freund Rainer Neuber umrundete er am 7. Mai 1984 Kap Hoorn, die berühmt-berüchtigte Südspitze des südamerikanischen Kontinents. Die Erlebnisse dieser Reise im antarktischen Winter hat er 2001 in einem lesenswerten Buch niedergeschrieben.

Da kann man die Verhaftung im Grenzgebiet zwischen Argentinien und Chile am Murray-Kanal fast hautnah nachvollziehen, man lernt die schwierigen Lebensbedingungen der Urbevölkerung in der Region Feuerland kennen, die nicht nur geografisch, sondern auch wirtschaftlich und gesellschaftlich fast »abgehängt« von der Welt sind. Und man erfährt von den rauen Verhältnisse auf dem Wasser mit meterhohen Wellen, die sich an den Felsen gefährlich brechen. Den »infernalischen Süden« nennt Fuchs die Region, wie er sie während der gut fünfwöchigen Reise gesehen hat.

Und warum nun im Faltboot und nicht in einem festen und vielleicht widerstandsfähigeren Kunststoffkajak? Für diese Entscheidung gibt Arved Fuchs einige Gründe an. Zunächst entspricht die Bauweise mit Holzgerüst und Bespannung eher den Urkajaks der Eskimos. Dass man mit diesen Booten im Falle einer Kenterung keine 360°-Rolle machen kann, nahmen Fuchs und Neuber in Kauf. Man entschied sich für die von Klepper gebauten Bootstypen, die, wie Arved Fuchs aber betont, weder von der Werft gesponsert noch ausgerüstet wurden. Es waren Boote, die man ganz normal im Handel gekauft hatte mit allen Vor- und Nachteilen. Nach der Expedition aber nahm Klepper einige Detailverbesserungen an seinen Bootstypen vor, die sich aus der Kap-Hoorn-Tour ergeben hatten.

Wichtig war für die beiden Abenteurer, dass man reichlich Platz für Gepäck und Proviant in den Booten hatte, und noch wichtiger war, dass man wegen der relativ hohen Kentersicherheit auch mal über eine längere Zeit auf dem Wasser bleiben und dabei zumindest für eine kurze Zeit eine kleine Schlafpause im Boot einlegen konnte. Eine ebenso bedeutende Rolle spielte die Reparaturfreudigkeit der Bootshäute. Mit Kleber und Gummilösung konnte man Löcher leicht flicken, und die dazu nötige Arbeitstemperatur von rund 15° C ließ sich im mitgeführten Zelt per Gaskocher schnell herstellen. Bei einem festen Boot wären solche Reparaturversuche bereits daran gescheitert, dass man das Boot gar nicht in das Zelt hätte einbringen können. Und auch wenn sie es nur wenig nutzen konnten, war die Möglichkeit, mit einem einfachen Segel im Faltboot Kräfte zu sparen, ein weiterer guter Grund, sich für diesen Bootstyp zu entscheiden. In den Vorbereitungen zu dieser Expedition traf sich Arved Fuchs übrigens auch mit Dr. Hannes Lindemann (siehe Grund 85), von dessen Atlantikerfahrungen die beiden Kap-Hoorn-Umrunder profitieren konnten.

Eine interessante Erfahrung gibt Arved Fuchs in seinem Buch noch zu den verwendeten Paddeln weiter. Die waren nämlich nicht gedreht, die beiden Blätter waren also nicht im Winkel gegeneinander versetzt. Bei Paddelexperten wirkt das eher laienhaft und dokumentiert, dass der Nutzer eines solchen Paddels kaum Ahnung von der Sportart hat. Doch Arved Fuchs führt hier vor allem den Wind an, der die Entscheidung zu Verschränkung oder eben nicht beeinflusst. Bei einem gedrehten Paddel schneidet das in der Luft befindliche Paddelblatt diese immer mit der schmalen Kante, was natürlich gerade bei Rennen oder schnelle Wildwasserfahrten mit Gegenwind die Bewegung erleichtert. Bei Schiebewind bringt aber die breite Position des Paddelblattes den Vorteil, dass die Kraft des Windes den Durchzug des Paddels durch das Wasser erleichtert und so zusätzlichen Vortrieb bringt. Ein weiterer Vorteil des ungedrehten Paddel ist die Stabilisierung des Bootes bei Pausen, da die Blätter auf beiden Seiten beim Schaukeln des Bootes flach auf dem Wasser aufliegen. Auch hier nutzte Arved Fuchs die Erfahrungen und Beschreibungen anderer Freiwasserpaddler und ihre Berichte über die unternommenen Touren. Rund um Kap Hoorn kamen dann die guten »alten« zusammensteckbaren Holzpaddel zum Einsatz, die auch härtesten Belastungen vor allem beim An- und Ablegen in Brandungswellen standhielten.

Eine solche Fahrt werden wohl nur wenige Menschen in ihrem Leben angehen und dann durchführen. Dazu braucht es viel Erfahrung nicht nur als Paddler, sondern auch für das Überleben in arktischen Regionen und den Planungen u.a. bei Ausrüstung, Reiseorganisation und medizinischen sowie technischen Bedingungen. Aber die Umrundung von Arved Fuchs und Rainer Neuber zeigt, dass die einfachen Mittel, über die viele Generationen lange vor unserer heutigen Zeit verfügten, kein Grund waren, die Welt um sie herum nicht per Boot zu erkunden.

90. GRUND

Weil die Pink Paddler ein besonderes Anliegen haben

Medizin und Sport, das gehört inzwischen auf vielen Gebieten zusammen. In der Krebstherapie haben sich in den zurückliegenden gut 20 Jahren zahlreiche Berührungspunkte ergeben. War man zunächst skeptisch, ob eine sportliche Belastung den durch den Krebs und die pharmakologischen Therapien ohnehin geschwächten Körper nicht noch zusätzlich angreift und eine Heilung verzögert, so weiß man heute, dass auf die Leistungsfähigkeit der jeweiligen Patienten abgestimmte körperliche Bewegung in Form von Sport heilfördernd sein kann. Dabei geht es weniger um die Physis der Patienten, sondern vor allem um die mentale Ablenkung von der Krankheit. Betroffene können beim Sport mehr oder weniger abschalten, lenken die Gedanken weg von der lebensbestimmenden Krankheit hin zu einer Konzentration auf die sportlichen Anforderungen.

Verfolgt man ab und an die Fernsehübertragungen amerikanischer Sportarten wie etwa Football, kann man meist im Herbst bei einigen Begegnungen die Spieler mit pinkfarbenen Accessoires auflaufen sehen. Handgelenks- oder Knöchelschützer, Socken oder Schweißtücher – alles ist pink. Damit machen sie aufmerksam auf den Kampf gegen den Krebs und unterstützen so auch zahlreiche Benefizaktionen, bei denen Gelder für Therapiemaßnahmen gesammelt werden. Aus dieser Bewegung sind die Pink Paddler entstanden, die hauptsächlich aus Frauen bestehen, die vom Brustkrebs betroffen sind.

Auch in Deutschland hat sich inzwischen eine entsprechende Bewegung formiert. Initiatorin ist Hannelore Braselmann, die bei einem Besuch 2009 in Kanada erstmals auf die Paddlerinnen in pinken Trikots und Ausrüstung traf. Prägend bei dieser Aktion ist das Gemeinschaftserlebnis. Deshalb fahren die Damen auch nicht in Kajaks oder Kanus, sondern vor allem in den größeren Drachenbooten. Hier erfordert das mannschaftliche Miteinander, der gemeinsame Einsatz der Paddel und den Fokus auf den Rhythmus große Konzentration von den paddelnden Damen. Das ist die beste Voraussetzung, um zumindest für die ein oder andere Stunde den Kopf von den Gedanken rund um die Erkrankung zu befreien. Nach ersten Anfängen rund um Wiesbaden hat sich daraus inzwischen eine richtige Bewegung mit einigen Teams in vielen Bundesländern entwickelt, die u.a. an extra ausgeschriebenen Regatten oder Treffen teilnehmen. Dabei geht es auch ab und an nach Amerika und Kanada, der Heimat der pinken Bewegung.

Auch wenn man mit Sport allein diese Krankheit nicht überwinden kann, so zeigen doch die Pink Paddler und viele weitere Initiativen, dass er in der Therapie inzwischen doch eine wichtige Rolle einnimmt. Wer mehr dazu erfahren möchte, findet Informationen auf www.paddeln-gegen-brustkrebs.de.

Weil Paddeln, eine saubere Umwelt und Fotokunst eine Symbiose eingehen

Die Verschmutzung der Meere vor allem durch Plastikmüll ist seit einiger Zeit ein großes Thema in den Medien. Immer wieder sieht man Aufnahmen von riesigen Müllfeldern, die z.T. größer sind als ganze Länder auf den festen Kontinenten. Und immer wieder liest man Nachrichten von Tieren, die diesen Müll als vermeintliche Nahrung ansehen und dann daran qualvoll verenden. Meist stehen dabei die von Deutschland weit entfernten Weltmeere im Fokus, aber das Problem selbst findet eigentlich direkt vor unserer Haustüre statt.

Einer, der auf beeindruckende Weise auf dieses Problem aufmerksam macht, ist der aus Andernach stammende Stephan Horch. Heute lebt er in Winningen an der Mosel, also nur wenige Kilometer von meinem eigenen Wohnort im Hunsrück entfernt. Und bei meinen eigenen Ausfahrten als Mitglied eines Koblenzer Rudervereins komme ich öfter dort vorbei und sehe die Paddler auf dem eigentlich malerischen Fluss. Aber Stephan Horch hat mit seiner Initiative »Clean River Project« gezeigt, dass auch dieser Fluss erheblich durch Plastikmüll belastet ist, der dann über den Rhein in die Nordsee und von dort aus in die Weltmeere gelangt. Um dies zu verhindert, befährt Horch seit einigen Jahren die Mosel immer wieder mit seinem Kajak und sammelt dabei den schwimmenden oder an den Ufern abgelagerten Kunststoffmüll ein. Das ist bei jeder Ausfahrt mindestens ein halber Müllsack auf wenigen Kilometern. Und immer wieder schließen sich andere Paddler dem engagierten Umweltschützer an, dabei kommen jedes Mal ganze Müllberge zusammen, die anschlie-ßend dann fachgerecht entsorgt werden. Inzwischen gibt es auf vielen Flüssen initiiert durch die anliegenden Wassersportvereine oder Gemeinden die »Dreck-weg-Tage«, die im Rahmen ihrer Möglichkeiten für die Sauberkeit der Gewässer sorgen. Aber oft muss man erkennen, dass nur wenige Tage später die Situation an den Ufern sich wieder darstellt wie auf einer wilden Müllkippe.

Stephan Horch hat diese Dinge umgesetzt in eine Kunstaktion, um damit eine Nachhaltigkeit zu erzeugen und die Öffentlichkeit auf die Problematik aufmerksam zu machen. Er gründete auf der Basis seiner Clean-River-Project-Aktivitäten einen eigenen Verein, der nicht nur regelmäßig Müll sammelnd unterwegs ist, sondern danach die gefundenen Objekte fotografiert. Daraus hat sich eine ganz eigene Form der Fotokunst entwickelt, bei der mal einzelne Müllobjekte ins Licht gerückt werden oder ein ganzer Müllhaufen mit einem Kajak in der Mitte einen ganz eigenen Eindruck von den Zielen des Vereins vermittelt. Und gleichzeitig wird damit sehr wirkungsvoll dokumentiert, was unsere Gesellschaft so alles auf dem »Wasserweg« entsorgt, ohne über die Folgen nachzudenken.

Inzwischen wurde diese Initiative mehrfach mit Umwelt- und Engagement-Preisen ausgezeichnet. Und die entstandenen Bilder sind auf zahlreichen Ausstellungen zu sehen und hinterlassen bei den Betrachtern nicht nur optische Eindrücke, sondern auch nachhaltige Gedanken zum eigenen Umgang mit ihrem Plastikmüll.

Der Umweltgedanke rückt bei den Paddlern in den Vereinen und Verbänden immer mehr in den Mittelpunkt der Bewegung auf dem Wasser. Immer mehr wird den Sportlern bewusst, dass sie sich um die Erhaltung ihres Sportreviers mehr als in früheren Jahrzehnten kümmern müssen. Aktivitäten wie das »Clean River Project« tragen dies in die Öffentlichkeit, die nicht selten einen großen Anteil an diesen Missständen trägt. Mehr dazu unter www.cleanriverproject.de.

10. KAPITEL

PADDELN UNBEGRENZT

AUF FLÜSSEN, STRÖMEN UND MEEREN

Weil man beim Paddeln nicht immer auf dem gleichen Sportplatz steht

So wie jeder Sportverein seine/n eigene/n Sportplatz oder -halle als Sportgelände hat, gibt es natürlich auch bei den Kanuvereinen eine »Hausstrecke«, die man vom eigenen Steg auf dem heimatlichen Gewässer befährt und wo man seine Trainings- oder Freizeit- und Fitnesskilometer absolviert. Doch anders als bei fest gebauten Plätzen und Hallen sind Gewässer meist naturabhängig. Sie verändern sich eigentlich ständig, sei es durch einen wechselnden Wasserstand oder durch den Bewuchs an den Ufern. Gerade bei den größeren Strömen wie Rhein, Donau, Weser oder Elbe spielt dabei die Strömung und die wassertechnischen Bauten zur Regulierung von Geschwindigkeiten und Richtung eine erhebliche Rolle. Je nach Jahreszeit kann das von Tag zu Tag unterschiedlich sein. Eine Sand- oder Kiesbank, über die man am Vortag noch problemlos rübergefahren ist, kann bei stark fallendem Wasserstand 24 Stunden später schon nicht mehr die Wassertiefe aufweisen, die man für ein Kajak oder Kanu benötigt. Da geht es um wenige Zentimeter, aber die sind durchaus entscheidend.

Und bei den großen Strömen sowie den Binnenkanälen nimmt natürlich die Berufsschifffahrt einen Einfluss auf die Beschaffenheit des Gewässers. Allein der durch die Frachter verursachte Wellenschlag ist bei jedem Schiff unterschiedlich, also bei keiner Ausfahrt gleich. Immer wieder muss man auf diese Situationen reagieren, muss aufmerksam sein und sein Umfeld auf dem Wasser beobachten. Und wenn sich dann die Behörden entschließen, am Ufer Veränderungen vorzunehmen, Mündungen von kleineren Flüssen oder Bächen zu befestigen oder die Buhnen/Kribben zur Flussregulierung umzubauen, hat das direkten Einfluss auf das heimische Gewässer, auf dem man vielleicht schon seit Jahrzehnten unterwegs ist und das man dann trotzdem neu »erfahren« sollte.

Genau das macht für viele Touren- und Freizeitpaddler ihren »Sportplatz« so interessant. Da wird es auch nach der 1000. Ausfahrt nicht langweilig, und es macht immer wieder Spaß, die Gewässer auf Tourenfahrten neu zu erleben, obwohl man vielleicht schon öfter dort unterwegs war.

Was für die heimischen Bedingungen der Vereine gilt, hat natürlich auch für die Regattastrecken, auf denen der Leistungssport zu Hause ist, eine Bedeutung. Jede Anlage hat da ihre ganz eigene Infrastruktur, ihre Umgebung unmittelbar an den Ufern. Auch beim Wasserstand gibt es hier und da mal Veränderungen, die von den Aktiven wahrgenommen werden. Und was für die attraktive Lage der Bootshäuser angeführt wurde, findet man auch bei den Regattastrecken. Die meisten sind von viel Grün umgeben, bieten sowohl für die Sportler wie auch für Besucher ein Umfeld, in dem man sich wohlfühlen kann, das einlädt, entlang der Regattastrecke einen Spaziergang während der Rennen zu machen. Die Länge der Strecke für die jeweiligen Wettbewerbe ist festgelegt, aber ansonsten hat jede Regattabahn ihren ganz eigenen Charakter.

Nicht eingeengt durch feldbegrenzende Linien, Wände von Sporthallen oder Umrandungen eines Sportgeländes, sondern Bewegung in der freien Natur, immer wieder neue Herausforderungen durch Veränderungen und dazu ein bisschen das Gefühl von der Freiheit der Schifffahrt – das unterscheidet den Kanusport von den Ballsportarten und macht ihn dadurch zusätzlich attraktiv.

93. GRUND

Weil die Lahn einer der schönsten Flüsse ist

Natürlich ist es beim Tourenfahren eine Geschmackssache, und jeder hat da so seine Vorlieben. Aber für mich ist die Lahn nach wie vor einer der schönsten Flüsse für den Wassersport. Startet man in

Marburg, hat man bis zur Mündung 173 Kilometer vor sich, die man in zehn bis zwölf Tagen im entspannten Paddeltempo zurücklegen kann. Weiter geht es nach Gießen, wo besonders an den Pfingsttagen immer besonders viel los ist, da die dortigen Rudervereine eine große traditionsreiche Regatta veranstalten. Nächste Station nach rund 15 Kilometern ist Wetzlar, wo der dortige Kanu-Club als Kanu-Station zum Zelten einlädt. Auf der weiteren Strecke genießen Tourenfahrer die bis an den Fluss heranreichende Natur und auch die immer wieder unterschiedlichen Bedingungen auf dem Wasser. Da die Lahn hier nicht voll ausgebaut ist, müssen immer mal wieder Untiefen und kleinere Wehre überwunden werden. Weiter geht es nach Weilburg, wo es eine Besonderheit gibt, die jeder Wanderfahrer einmal befahren haben sollte. Hier macht die Lahn eine kleine Schleife, in deren Verlauf zwei Wehre mit ihren Untiefen liegen. Um diesen aus dem Weg zu gehen, wurde Mitte des 19. Jahrhunderts ein etwa 200 m langer Tunnel durch einen Bergzug am Ufer gebaut, der in zwei Schleusen mündet. Der Tunnel ist gerade so breit, dass man mit Sportbooten durchfahren kann.

Hinter diesem Highlight einer jeden Lahn-Tour beginnt das enge, aber malerische Tal mit seinen kleinen Ortschaften, vielen Brücken und Schleusen. Da schon vor einigen Jahrzehnten die Lahn als Wasserweg für Frachter aufgegeben wurde, sind diese teilweise in nicht optimalem Zustand. Ab und an muss man dann auch mal das Boot umtragen, d.h. vor der Schleuse am Ufer aus dem Wasser nehmen, es auf dem Land um den Schleusenbau herumtragen, was schon mal ein paar Hundert Meter sein kann, und dann das Boot hinter der Schleuse wieder ins Wasser bringen. Immer mal wieder werden die Schleusenanlagen restauriert, sodass sie weiterhin für die Wassersportler per Selbstbedienung nutzbar sind. Trotzdem muss man im Zeitplan bei einer Lahnfahrt immer mal wieder die längeren Unterbrechungen einplanen.

Besondere Vorsicht muss man in Runkel walten lassen. Hier ist die Schleuse immer nutzbar, aber im Auslauf, dem sog. Unterwasser, komt von der Seite eine starke Strömung in das Fahrwasser, und hier gilt es besonders, das Boot in der Spur zu halten. Eine kleine Pause in Runkel an Land einzulegen lohnt sich immer, vor allem in der warmen Jahreszeit. Es gibt dort eine Eisdiele, die in Kreisen der Wassersportler Kultstatus genießt.

Schon von Weitem sieht man den Dom von Limburg, einem der nächsten lohnenden Etappenziele, da es dort sowohl am Kanu-Club wie auch auf einem großen Campingplatz direkt am Wasser gute Zeltmöglichkeiten gibt. Ein Stück hinter Limburg beginnt der Natur-park Nassau, durch den sich der Fluss in vielen kleinen Biegungen windet. Historische Bedeutung hat die Stadt Bad Ems, über viele Jahre im 19. Jahrhundert bevorzugte Kurstadt der Regenten aus Europa. Von dort aus sind es noch rund 15 Kilometer bis nach Lahnstein, wo der Fluss in den auslaufenden Mittelrhein bei Koblenz mündet.

Wenn man nicht gerade nur an den langen Wochenenden die Zeit findet für eine Lahnfahrt, ist der Fluss durch Hessen und Rhein-land-Pfalz wirklich ein Traum für Wassersportler. Etwas eng wird es allerdings an Pfingsten und den drum herum liegenden Wochen, denn nicht nur die Paddler wissen die Lahn zu schätzen.

Wie eingangs gesagt, es ist Geschmackssache. Aber einmal im Paddlerleben sollte die Lahn auf dem Fahrtenplan stehen. Es lohnt sich!

94. GRUND

Weil die Mosel besonders im Herbst Kanuten anzieht

Sport und Alkohol, das ist ja immer mal wieder ein Thema. Gera-de die Wassersportler gelten als trinkfest und verstehen es ja auch, zünftig zu feiern. Längst aber ist hier ein Bewusstsein für einen maß-vollen Umgang mit den promillehaltigen Getränken gewachsen, und auf den Vorbildcharakter für die Jugend wird da besonderen Wert gelegt.

Dennoch, so einen guten Schluck Wein, den lassen die Paddler nicht lange stehen, und deshalb stehen gerade die Flüsse mit den Rebenhängen an den Ufern bei Touren im Spätsommer und Herbst besonders hoch im Kurs.

Zweifelsohne ist da die Mosel ganz vorne, denn ähnlich wie die Lahn gilt auch dieses Gewässer als landschaftlich und von der Infrastruktur her als gutes Wandergewässer. Aus Frankreich und Luxemburg kommend ist der erste markante Punkt in Deutschland die Mündung der Saar in die Mosel bei Konz. Kurz danach liegt mit Trier eine der ältesten Städte Deutschlands an beiden Seiten des Ufers. Von hier aus sind es knapp 200 Flusskilometer bis zur Mündung der Mosel in den Rhein bei Koblenz. Und diese Strecke beheimatet links und rechts unzählige kleine Orte, Gemeinden und Städtchen, in denen sich die meisten Einwohner ihre wirtschaftliche Grundlage durch den Weinbau und den Tourismus schaffen.

Dass der Beruf des Winzers nicht zu den körperlich bequemen gehört, wird spätestens beim Blick auf die an den steilen Berghängen stehenden Weinstöcke klar. Und vielleicht verdanken gerade diesem Umstand die im Spätsommer und Herbst anstehenden Weinfeste in fast jedem der Moselorte ihren Ursprung. Nach der Lese und dem Einbringen der jährlichen Ernte in die Lagerung zur Reifung haben es sich die Winzer und ihre Mitarbeiterinnen und Mitarbeiter redlich verdient, über ein Wochenende oder den ein oder anderen Tag länger sowohl die Früchte ihrer Arbeit aus den Vorjahren zu genießen, als auch es sich dabei mit den Produkten der heimischen Bäcker, Metzger und Landwirte gut gehen zu lassen. Dabei ist das ganze Dorf auf den Beinen, jeder packt mit an, und keiner kommt beim Feiern zu kurz. Für die Gastronomie und den Tourismus sind diese Gelegenheiten natürlich Höhepunkte im Geschäftsbetrieb geworden, denn an den Feiern wollen natürlich auch gerne die Gäste und Besucher teilhaben.

Einige davon kommen dann halt über den Wasserweg, und auch darauf hat sich die Region eingerichtet. Da gibt es nicht nur einige Kanuvereine, die gerade in dieser Zeit eine Menge an Übernachtungsanfragen zu verzeichnen haben, sondern auch viele Möglichkeiten zum Anlanden der Boote mit kurzen Wegen zu Pensionen und Hotels. Gerade in den letzten zehn Jahren haben sich hier die Tourismusvereine durch den Bau von Steganlagen hervorgetan. Viele Gasthäuser haben hier über die Jahre schon ihre Stammgäste aus der Wassersportszene, sind u.a. mit Räumen zum Trocknen von Kleidung bei Regenwetter eingerichtet oder mit Möglichkeiten zur Lagerung von Bootsmaterial versehen. Einige Winzer haben im Laufe der Jahre persönliche Beziehungen und Freundschaften zu den regelmäßig vorbeikommenden Paddlern entwickelt. Nicht selten kommen die Sportler auch über das Jahr dann mal mit dem Pkw zu Besuch, um persönliche Weinvorräte im heimischen Keller aufzufüllen.

Natürlich geht die ein oder andere Flasche Wein für den nächsten Tag mit an Bord, allerdings gelten auf dem Wasser die strengen Regeln des Straßenverkehrs für den Alkoholkonsum, und die Beamten der Wasserschutzpolizei haben da gerade in den Zeiten der Weinfeste ein besonderes Auge drauf.

Der Ausbau der Mosel ist auf die Befahrung mit größeren Frachtern und mit den langen Schiffen der Flusskreuzfahrten eingerichtet. Da es aber einige Schleusen im Verlauf der rund 200 Kilometer gibt, bei denen die Abfertigung dieser Schiffe doch einige Zeit in Anspruch nimmt, zieht sich die Berufsschifffahrt doch recht weit auseinander, was den Fluss eben als Fahrtengewässer für die Sportler sehr attraktiv macht.

Paddeln und Genießen – für viele Wassersportler gehört das mindestens einmal im Jahr zu den festen Ritualen. Dafür bieten die Fahrtengebiete in Deutschland eine Menge an Regionen an, die Mosel nimmt dabei im Ranking der Gewässer einen der vorderen Plätze ein.

Weil aus einem Industrieabfluss
ein Naturgewässer wurde

Wurden in den beiden vorherigen Gründen Nebenflüsse des Rheins
mit ihren besonderen Reizen für Wassersportler vorgestellt, soll in
diesem Grund als Beispiel für einen der kleinen Nebenflüsse der
großen Ströme ein Blick auf die Niers im Gebiet des Niederrheins
geworfen werden. Sie ist ein gutes Beispiel dafür, wie sich durch
Menschenhand Gewässer und ihre Ufer im Laufe von Jahrhunderten
verändert haben.

Schon im Mittelalter begannen die am Niersufer lebenden Menschen, die Gegend großflächig zu roden, um Wiesen- und Ackerland
zu schaffen. An den Ufern wurden dann im Laufe der folgenden
Epochen zahlreiche Mühlen gebaut, um die Wasserkraft zu nutzen.
Da die Niers aber über vergleichsweise wenig Gefälle verfügt, wurden erste Begradigungen und Veränderungen am Wasserlauf vor-
genommen, um die Mühlen effektiver nutzen zu können. Mit der
Industrialisierung des Landes wurde der kleine Fluss immer mehr
kanalisiert, um die eingeleiteten Abwässer aus den anliegenden Betrieben und Städten möglichst schnell abfließen zu lassen. Das führte
zu einem schweren Eingriff in die Natur, vor gut 100 Jahren galt die
Niers als »toter« Fluss ohne lebensfähigen Raum im und am Wasser.
Als man dann in der zweiten Hälfte des 20. Jahrhunderts mit dem
Bau und später der Modernisierung von Kläranlagen begann, erholte
sich der Fluss, und seit einer großflächigen Renaturierung findet
man seit den 80er-Jahren wieder zahlreiche Tiere und Pflanzen in
und an der Niers.

Das hat den etwa 100 km langen Fluss zwischen Mönchenglad-
bach und der Mündung in die Maas beim niederländischen Gennep
zu einem beliebten Gewässer für Paddler gemacht. Im Laufe dieser
Arbeiten wurden einige Begradigungen zurückgebaut, sodass sich

der Flusslauf nun auf vielen Kilometern wieder durch die typische Niederrheinlandschaft schlängelt.

Einen kleinen Nachteil für erholungssuchende Paddler hat diese Entwicklung aber auch mit sich gebracht. Entlang der Ufer haben sich vor allem in der Nähe der Städte zahlreiche gewerbliche Kanuverleiher niedergelassen. Damit ist die Zahl der eher Spaß und Party suchenden Eintagespaddler doch spürbar gestiegen, die es mit den kameradschaftlichen Verhaltensregeln auf dem Wasser mangels entsprechender Erfahrungen nicht immer so genau nehmen. Wer für seine Touren nicht unbedingt auf die Saison im Hochsommer angewiesen ist, findet aber auf der Niers zu den übrigen Jahreszeiten nicht nur eine reizvolle Landschaft, sondern auch eine gewisse Ruhe und Erholung.

Für eine Wochenendtour empfiehlt sich z.B. die etwa 46 km lange Strecke zwischen Wachtendonk über Geldern, dem Walfahrtort Kevelaer und dann Weeze bis nach Goch. Zum Übernachten plant man die Tour am besten mit Zelt. Da finden sich einige Möglichkeiten, da auch verschiedene Gasthäuser auf der Strecke sich auf Kanutouristen eingestellt haben und in kleinem Rahmen Zeltmöglichkeiten anbieten. Einschränkungen durch Wehre oder Pflanzenbewuchs gibt es in geringem Maß, die sind aber alle recht gut zu überwinden, sodass sich die Niers zu einer Familienfahrt mit kleineren Kindern im Boot durchaus eignet. Dazu bei tragen verschiedene gastronomische Einrichtungen für regelmäßige Pausen. Die liegen zwar nicht immer direkt am Wasser, sind aber gerade rund um die Städte meist von dort aus gut zu erreichen.

Und zu sehen gibt es einiges. Die historischen Ortskerne der Niederrheinstädte sind vielfach restauriert, ebenfalls zahlreiche größere Schlösser und Herrenhäuser, die zu besichtigen sind. Kevelaer ist nicht nur für die Verehrer der Marienkultur sehenswert und der Naturpark Schwalmtal-Nette bietet große Flächen im typischen Stil der Region mit viel Wald auf meist sandigem Boden, zahlreichen Wasserflächen und Picknickmöglichkeiten. Museen zum einen, aber auch einige naturbelassene Schwimmbäder zum anderen lassen nur wenig Wünsche für die eigene Freizeitgestaltung offen.

Es ist natürlich immer Geschmackssache, welche Art von Gewässern in welchem Umfeld und mit welchen Möglichkeiten zum Anlegen und Übernachten bei längeren Fahrten man bevorzugt. Unter den Tausenden von Flussstrecken in Deutschland und den benachbarten europäischen Ländern lässt sich da aber sicher immer etwas finden, was der verfügbaren Zeit, dem Geldbeutel und der eigenen sportlichen Fitness entspricht. Die Niers sei hier nur als ein Beispiel genannt, das viele Paddler außerhalb Nordrhein-Westfalens vielleicht nicht so kennen. Ähnliches ist aber auch in vielen anderen Regionen zu finden, entsprechendes Informationsmaterial für die eigene Tourenplanung kann man über die Kanuverbände beziehen.

96. GRUND

Weil man Regionen bei einer Orientierungsfahrt kennenlernen kann

Sie waren in den 70er- und 80er-Jahren durchaus beliebt, die Freizeit-Autorallyes auf der Straße, bei denen man an Kontrollpunkten bestimmte Aufgaben lösen musste und am Ende mit Preisen und Pokalen bei gutem Abschneiden prämiert wurde. Mit steigenden Benzinpreisen und wachsendem Umweltbewusstsein findet man diese motorisierten Freizeitvergnügen aber inzwischen kaum noch.

Auf dem Wasser haben solche Touren bei Paddlern aber weiterhin ihren Reiz, da gibt es einige im Angebot. Waren wir im letzten Grund ganz im Westen der Republik unterwegs, springen wir nun in den östlichen Raum für ein Beispiel dieser Touren im brandenburgischen Cottbus. Dort organisiert der örtliche Kanuverein schon seit Jahrzehnten die internationale Spreewaldfahrt, die als Orientierungsfahrt ausgeschrieben wird und damit den Teilnehmern neben dem Erkunden des Spreewaldes auch Wertungspunkte an den Kontrollstellen liefert. Daraus ergibt sich am Ende ein Ranking über die Platzierung im Wettbewerb. Dabei gibt es für die unterschiedlichen Altersklassen verschiedene Strecken zwischen 15 und 20 Kilometern mit etwa einem Dutzend Kontrollstellen. Die sind auf einer Karte eingezeichnet, die im Boot mitgeführt wird und anhand der man seinen Weg durch die verzweigten Flussarme der Spree suchen muss. Das ist nicht immer so einfach, und nicht selten nimmt man dann schon mal den falschen Weg. Umkehren mit entsprechendem Zeitverlust und dann das nächste Ziel neu anfahren gehört bei dieser Tour dazu. Aber noch nie ist ein Paddler dabei verschollen, alle finden in angemessener Zeit den Weg, der in Burg an der Spree sowohl beginnt wie auch endet.

Besonders bei den Jugendlichen zwischen zwölf und 18 Jahren ist diese Fahrt beliebt, oft machen sie mehr als ein Viertel des Teilnehmerfeldes aus. Und gerade sie haben den besonderen Ehrgeiz, den Weg durch die rund 300 Kanäle und Spreearme durch den Auenwald möglichst optimal zu finden. Als besondere Belohnung winkt zudem an einem der Kontrollpunkte für jeden Teilnehmer eine Tüte mit den leckeren Spreewaldgurken. Am Ende gibt es dann die üblichen Pokale und natürlich ein zünftiges Abendessen mit anschließender Party. Auch das gehört eben bei den Wassersportlern zur »Tradition«, die halt in dieser Form nicht antiquiert und verstaubt ist, sondern in jedem Jahr für viel Spaß, sportliche Herausforderung und gute Laune sorgt.

Wenn man dann schon mal in der Region ist, hat man am nächsten Tag die Möglichkeit, an einer geführten Kanufahrt durch den Spreewald ohne die Herausforderungen der Rallye teilzunehmen. Und wer am ersten Oktoberwochenende, das ebenfalls traditionell immer der Termin für die Fahrt ist, keine Zeit hat, muss auf eine Orientierungsfahrt in der Region nicht verzichten. Seit 2002 gibt es eine von den Cottbuser Kanuten eingerichtete Strecke mit 16 Kontrollpunkten, die man zwischen April und Oktober befahren kann.

Je nach Menge der angefahrenen Stellen gibt es am Ende das Spree-waldabzeichen in Gold, Silber oder Bronze sowie eine Urkunde.

Tradition muss also nicht langweilig sein, sondern kann durchaus für jede Altersgruppe ganz besondere Reize bereithalten. Die Spreewaldfahrt der Cottbuser Kanuten ist dafür sicher ein sehr gutes Beispiel.

Weil die Bundeshauptstadt ein interessantes Paddelrevier ist

Bleiben wir noch auf der Spree, blicken aber von Cottbus in Richtung Berlin. Die Hauptstadt ist von vielen Flussarmen und Kanälen geprägt, viele laden zu einer Paddeltour ein, um die stadtbekannten Gebäude und Viertel mal von der Wasserseite aus kennenzulernen. Leider gilt das nicht für das Regierungsviertel, denn hier ist die Spree gesperrt für Sportboote. Das Sicherheitsrisiko ist den Ordnungsbehörden zu groß, dass sich halt doch mal in die große Schar der engagierten Berliner Wassersportler unliebsame Kräfte untermischen. Nur an wenigen Tagen, etwa für von den Wassersportverbänden organisierte Auffahrten oder Regatten, wird vom Befahrungsverbot eine Ausnahme unter strengen Auflagen gemacht.

Dennoch hat Berlin noch genügend Wasserwege zu bieten, die bequem ausreichen, um einen oder auch mehrere Tage die Stadt zu erkunden. Ein möglicher Startort dazu ist der Tempelhofer Hafen. Von dort aus gelangt man schnell in den Teltowkanal, fährt vorbei am imposanten Verlagsgebäude der Familie Ullstein, weiter durch eher industriell geprägte Gegenden, wobei das Sarotti-Schokoladenwerk noch imaginäre Geschmackserlebnisse hervorruft. Das brackige Wasser kann das in diesem Kanal eher nicht, weshalb man die weiteren Kilometer bis zur Spree meist zügig absolviert. Hier erinnern das ehemalige Funkhaus des DDR-Fernsehens und ein stillgelegtes Kraftwerk an vergangene Zeiten, als die Stadt in diesen Bereichen geteilt war und die Spree die Grenze zwischen West und Ost bildete. Schon von Weitem grüßen die »Molecule Men«, drei etwa 30 Meter hohe menschliche Skulpturen, die symbolisch für die drei Bezirke Kreuzberg, Friedrichshain und Treptow stehen, die sich nahe den Skulpturen berühren. Weiter kann man noch fahren bis zur pittoresken Oberbaumbrücke, dort beginnt das für Sportboote gesperrte Areal.

Über eine Schleuse gelangt man in den Landwehrkanal, dessen Ufer mit viel Grün gesäumt sind, da sie vom bekannten preußischen Gartenarchitekten Peter Joseph Lenné für die Bevölkerung als Erholungsort ausgeführt wurden. Vorbei geht es an einigen Ausflugslokalen und Szenekneipen, und vor allem durchfährt man eine Menge Brücken, von denen Berlin ja mehr haben soll als das italienische Venedig. Eine der schönsten davon ist die Admiralsbrücke. Traurige Berühmtheit erlangte die Lichtensteinbrücke nahe der Zoo-Fasanerie. Hier besiegelte sich das Schicksal von Rosa Luxemburg und ihren Gefährten. In der Nähe ist die Zoo-Schleuse, und über sie kommt man wieder in die Spree. Hier trifft man auf ganz unterschiedliche Bilder der Hauptstadt. Erst der große Garten des Schlosses Charlottenburg, dann die eher funktionellen Bauten der Siemensstadt mit großem Kraftwerk inklusive Kühlturm. Doch schon wenig später wird es mit dem Erreichen der Zitadelle Spandau wieder deutlich malerischer. Militärisch in den Jahren ihres Bestehens ohne große Bedeutung befindet sich heute in der Zitadelle vor allem ein Areal für große Konzerte mit weltbekannten Künstlern. Wer nun eine solche Tour als Rundfahrt abschließen möchte, kommt über die Havel von Spandau weiter vorbei am Grunewaldturm zum Griebnitzsee, von wo aus man wieder in den Teltowkanal einfahren kann.

Die hier beschriebene Tour ist nur ein Beispiel von vielen Möglichkeiten, innerhalb einer Großstadt mit dem Kajak oder Kanu unterwegs zu sein. Auch andere Städte wie etwa Hamburg mit seinen zahlreichen innerstädtischen Wasserwegen und Fleeten laden da ein zu Erkundigungen von der Wasserseite. Dabei ist allerdings zu beachten, dass man auf dem Wasser meist nicht allein ist, denn gerade an diesen Orten hat der Tourismus mit seinen Motorschiffen Hochkonjunktur. Wenn man jedoch gut plant und Befahrungsregelungen beachtet sowie ein wenig die Nebengewässer in seine Tour mit einbezieht, kann man eine solche Tour genießen und Weltstädte aus einer besonderen Perspektive kennenlernen.

Weil Paddeln und Radfahren sich gut ergänzen

Als gebürtiger Düsseldorfer gehöre ich zweifellos zu den sogenannten »Wessis«, auch wenn mich meine journalistische Arbeit für den Wassersport schon in den frühen 80er-Jahren vor der Wende öfter in die DDR hat reisen lassen. Doch unbestritten ist, mit welch großer Vielfalt an Gewässern, Regionen und erlebnisreichen Tourenmöglichkeiten wir »Wessis« nach der Öffnung der Grenze beschenkt wurden. Als ein Beispiel dafür sei in diesem Grund ein Abschnitt im Gebiet von Saale und Unstrut erwähnt, auf dem man nicht nur mit dem Boot eine Menge zu sehen bekommt.

Als guter Ausgangsort für ein paar Tage in der sehenswerten Region sei hier ein Campingplatz in Naumburg direkt im Saale-Unstrut-Dreieck genannt. Die im Süden von Sachsen-Anhalt gelegene Stadt bietet einiges an Sehenswürdigkeiten und natürlich in vielen inzwischen gelungen restaurierten Gebäuden etwa rund um den Marktplatz eine Gastronomie für jeden Geschmack. Natürlich ist man in Naumburg auch auf den Tourismus eingestellt, etwa mittels eines Fahrradverleihs direkt am Campingplatz. Für eine Tour mit den »Drahteseln« lockt der nahe gelegene Saale-Weinwanderweg. Von dem aus bieten sich an einigen Stellen malerische Ausblicke ins

Flusstal und natürlich gute Einkehrmöglichkeiten, wie das Kloster Pforta. Dort kann man die Produkte dieses eher kleinen, aber durchaus feinen Weinanbaugebietes verkösten und so richtig entspannen.

Welthistorische Orte befinden sich ebenfalls ganz in der Nähe von Naumburg. Besonders hinweisen kann man da auf das Städtchen Nebra, den Fundort der weltberühmten Himmelsscheibe. Ein Museum mit Planetarium informiert ausführlich über dieses Fundstück, wobei ein etwa 7000 Jahre altes Observatorium ganz besondere Einblicke eröffnet. Es besteht aus einem Pfahlkreis mit 70 Metern Durchmesser, dessen bewusst gelassene Lücken genau den Sonnenstand zu den Jahreszeitenwenden anzeigen. Alles erinnert ein wenig an das wesentlich bekanntere Stonehenge im Süden Englands.

Das und noch einiges mehr ist mit dem Fahrrad an Land zu entdecken. Aber hier soll es ja um das Paddeln gehen und da ist die Saale ein Revier mit vielen naturbelassenen Ufern, an denen man immer wieder auf Eisvögel oder Kormorane trifft. Ein paar Herausforderungen bieten kleine Untiefen oder Stellen mit Schwallwasser, hier ist die Aufmerksamkeit des Paddlers gefragt. Belohnt wird man aber durch die Ruhe und die Natur auf beiden Seiten des Flusses. Bad Kösen ist eine der Städte, die man auf diesem Flussabschnitt passiert. Hier rauscht ein großes Wehr, das man nur durch Umtragen des Bootes hinter sich lassen kann. Bad Kösen lädt gleich zu einer Rast ein, bevor es weitergeht auf der danach ruhiger fließenden Saale. Die Fahrt wird immer mal wieder unterbrochen durch Wehre wie etwa in Almrich, die aber alle mit An- und Ablegestellen für das Umtragen gut ausgebaut sind. Schnell ist auf diesem Wasserwanderweg ein Paddeltag vorbei, der zahlreiche Eindrücke einer an vielen Stellen nahezu unberührten Natur hinterlässt. Das ist natürlich nur ein winziger Ausschnitt aus dem großen Repertoire an Paddeltouren, die sich in den für viele Wessis halt doch immer noch »neuen« Bundesländern anbieten. Es lohnt sich in jedem Fall, auch als erfahrener und weit gereister Kanute diese Regionen zu befahren. Egal, ob mit dem Boot oder ergänzend mit dem Fahrrad.

Weil die See ihre Reize hat

Dem Seeklima sagt man ja gerne nach, dass es im positiven Sinne ein »Reizklima« sei. Die in der Luft enthaltenen Salze zusammen mit Jod wirken wohltuend auf Atemwege und Bronchien, schon im Kindesalter konnte ich selbst diese Erfahrungen machen.

Ganz andere, aber nicht weniger interessante Reize haben die See bzw. die Küstengewässer natürlich auch für den Kanusport. Dass es mit dem Seekajak dafür eine besonders geeignete Bootsform gibt, wurde ja bereits an anderer Stelle in diesem Buch erwähnt. Aber nur einfach vom Tourenboot auf diese Schiffe umsteigen und dann in See stechen wäre ohne die entsprechenden Erfahrungen und theoretischen Kenntnisse eher fahrlässig bis lebensgefährlich. Wer also von vergleichsweise ruhigem Wasser der Ströme, Flüsse und Bäche auf das wellige und sich ständig ändernde Gewässer der Nordsee wechseln möchte, sollte das gut planen und keinesfalls ohne eine gute Schulung durch erfahrene Paddler angehen. Denn neben den Wellen und Strömungen sind auch die Witterungsbedingungen und nicht zuletzt die Gezeiten bestimmende Faktoren, um eine solche Tour zum Erfolg oder Desaster werden zu lassen.

Die im Norden liegenden Landeskanuverbände haben in ihren Reihen einige Experten für solche Fahrten. Sie bieten im Laufe des Jahres einige Kurse und geführte Fahrten auf den Küstengewässern und rund um die Friesischen Inseln an. Mehr dazu findet sich im jährlichen erscheinenden Sportkalender, der ja in früheren Gründen in diesem Buch ausführlich vorgestellt wurde. Natürlich sind im Internet einige Angebote zu finden, sowohl von den organisierten Verbänden wie von privat geführten Kanuschulen.

Als Beispiel für den möglichen Ablauf einer solchen Tour für Neulinge sei hier eine Fahrt rund um Baltrum beschrieben. Die Insel ist fünf Kilometer lang und maximal 1,4 km breit. Diese kleinste Insel im Wattenmeer eignete sich damit besonders für eine Erstbefahrung auf der See. Abhängig ist eine solche Fahrt in erster Linie immer vom Wetter und den Wasserverhältnissen, die vom Wind maßgeblich beeinflusst werden. Deshalb benötigt man in der Planung eine gewisse Flexibilität, denn meist kann man erst wenige Tage vor dem geplanten Start genau festlegen, wo es losgeht und welche Route genommen wird. Doch bevor es aufs Wasser geht, gibt es für Anfänger ein paar Übungen an Land für die Balance, die richtige Körperbewegung gegen den Einfluss der Wellen und die richtige Einordnung von Situationen, die auf der See eintreten können. Danach folgen die ersten Übungen im Boot, und gerade für See-Anfänger sind diese ersten Eindrücke mit beladenem Kajak, der Wirkung von Wellen und Wind sowie die optisch meist ungewohnte Weite der offenen See durchaus emotional. Eine gute körperliche Fitness ist sowieso Voraussetzung, aber auch die richtige Bewegung der Blätter durch das Wasser, die Führung des Paddels und das Abstützen des Bootes bei kabbeligem Wasser will da zunächst gelernt und gekonnt sein, bevor es aus einem schützenden Hafen hinausgeht. Eine besondere Herausforderung ist das Kentern und anschließende Wiedereinsteigen ins Boot, das außerhalb des Hafens schon einiges Geschick erfordert. Und auch das »auf den Haken nehmen«, sprich das Abschleppen von körperlich etwas schwächeren Mitfahrern, die gegen Wind und Welle nicht aus der Fahrtengruppe herausfallen sollen, will auf dem offenen Wasser gelernt sein.

Hat man das aber alles so weit im Griff, wird man durch das Erlebnis der ersten Fahrt auf dem offenen Meer für die Anstrengungen mehr als entschädigt. Bei der Fahrt nach Baltrum startet man z.B. im Küstenhafen Nessmersiel, Ziel ist meist der Jachthafen im Westen der Insel. Von dort ist es ein kurzer Fußmarsch bis in den Ort Baltrum, wo es nicht nur Stärkung durch ein reichhaltiges Kuchenangebot, sondern auch Möglichkeiten zum Übernachten gibt. Wenn man dann bei der Hin- oder Rückfahrt auf den Sandbänken noch aus gebührender Entfernung die neugierigen Robben und, je nach

Jahreszeit, auch deren Jungtiere beobachten kann, ist eine solche Seereise nahezu perfekt.

Diese kurze Beschreibung reißt nur an, was alles für eine Tour in Küstengewässern notwendig ist und welchen Erlebnisfaktor die Natur allein schon durch die Gezeiten, aber auch die Witterung und Tierwelt bieten kann. Da wird man schnell auf den Geschmack kommen und sicher immer wieder diese Herausforderung suchen. Theorie in Sachen Seezeichen und Verhalten auf den Schifffahrtsstraßen sollte man sich vorher aneignen und für die jeweiligen Fahrtgebiete vorbereiten. Die Praxis übertrifft dann meist die Erwartungen noch um ein Vielfaches.

100. GRUND

Weil die Ostsee zu Inseltouren einlädt

Im vorigen Grund ging es auf die Nordsee, um einen ersten Eindruck vom Seekajakfahren zu vermitteln. Die Gezeiten spielen da eine große Rolle, der Wechsel zwischen Ebbe und Flut lässt da Strömungen entstehen, die zwar tückisch, aber für den geübten Paddler nicht unbeherrschbar sind.

Wer das Seefeeling erleben, dennoch den besonderen Herausforderungen des Wattenmeers (zunächst) aus dem Wege gehen möchte, entscheidet sich vielleicht für eine Tour auf der Ostsee. Gerade nach der Wende haben sich hier einige Zugänge zu den bis 1989 gesperrten Gebieten ergeben, wobei die Umrundungen einiger Inseln wie Rügen, Usedom oder Poel sowohl auf dem Wasser als auch an Land z.B. ein Wochenende zu einem Erlebnis für alle Paddlersinne machen kann. Bleiben wir als hier genanntes Beispiel bei Poel, das ja als Insel gegenüber den anderen allgemein nicht ganz so bekannt ist.

Auch wenn das Fahrtgebiet Ostsee nicht ganz so herausfordernd für den Kanusport erscheint wie etwa die als rauer angesehene

Nordsee, so gehören natürlich hier eine gewisse Vorbereitung, Erfahrungen im Kanusport im Allgemeinen und im Seekajakfahren im Besonderen zum Rüstzeug für eine mit Verantwortung durchgeführt Tour. Dass man sich mit den örtlichen Gegebenheiten, Seezeichen und Möglichkeiten zum Ablegen sowie Anlanden im Vorfeld vertraut macht, sollte ebenso selbstverständlich sein.

Poel dehnt sich auf 36 Quadratkilometern aus und bietet ganz unterschiedliche Küstenlinien. Im Norden der Wismarer Bucht gelegen, findet man weite Sandstrände zum Baden mit oder ohne Textilien, was die Insel gerade in der Sommersaison zu einem Touristenmagneten macht. Darauf sollte man sich einstellen, wenn man seine Tour für die Hauptferienzeit plant. Als Gegenpol dazu findet man einige Steilküsten und natürlich die zum Teil idyllischen Boddengewässer zwischen Festland und Insel. Zum An- und Ablegen eignen sich u.a. Stellen in Boiensdorf oder auch an den Campingplätzen, die natürlich für ein Feriendomizil als Ausgangspunkt für Tagesfahrten ausgewählt werden können.

Will man die Insel komplett umrunden, muss man sich auf etwa 27 km Fahrtstrecke einstellen. Die kann man zwar mit etwas sportlicher Fitness an einem Tag absolvieren, aber Wind und der damit verbundene Wellengang sollten dabei beachtet werden. Je nach Wetterlage sollte man die Runde um die Insel entweder gegen oder im Uhrzeigersinn auswählen. Wer sich etwas mehr Zeit nehmen kann, findet immer wieder Abstecher etwa in das Städtchen Rerik, ins Salzhaff oder nach Wismar. Hier gibt es direkt am Jachthafen das Bootshaus der Kanuabteilung der TSG Wismar. Von der Insel aus sind dafür ca. 15 km auf dem Wasser zurückzulegen. Für die Übernachtungen bei einer Mehrtagesfahrt plant man am besten die Mitnahme eines Zeltes, da gibt es eine Menge an Campingplätzen, die vom Wasser aus zu erreichen sind.

Und wer gleich ein paar Tage für einen Urlaub bleibt, dem wird Kultur z.B. in der maritimen Sammlung Kaltenhof oder den Museen in Wismar geboten. Von dort aus kann man auch in den Sommermonaten mit einer Hansekogge zu einem Tagestörn starten. Wer klares Salzwasser nicht scheut, dabei aber zu quasi jeder Tageszeit mit dem Kajak auf dem Wasser sein möchte, statt ab und an durch den Wattschlick gestoppt zu werden, findet an der Ostsee sein See-Eldorado. Ausprobieren geht über Beschreiben, deshalb soll dieser Grund halt auch nur Geschmack machen für die eigene Fantasie und die Umsetzung in eine gute Reise mit ganz eigenen Erlebnissen.

101. GRUND

Weil es auch mal auf Weltreise gehen kann

»Träume nicht dein Leben, sondern lebe deine Träume!« Nach diesem Motto planten Martin Lunz und seine Lebensgefährtin Nadine Puschkasch Anfang der 2000er-Jahre ein großes Abenteuer. Eine Weltreise sollte es sein. Aber nicht per Flugzeug, Schiff oder Eisenbahn, sondern mit dem Fahrrad, dem Kanu und zu Fuß. Übernachtung, Transport und Essen, das waren die wesentlichen Faktoren, die in die Planung einflossen. Wie genau die Route um die Welt aussehen sollte oder welche Kontinente und Länder auf dem Weg liegen würden, das war eher grob ausgesucht, da sollten auch der jeweilige Zufall oder die sich unterwegs ergebenden Begegnungen ihren Einfluss haben. Ein Budget von sieben Euro pro Tag war ebenfalls veranschlagt für alle anfallenden Kosten inkl. Verpflegung, verbindende Flüge zu den jeweiligen Kontinenten und Verbrauchsmaterial für die ausgesuchten Gefährte. Die größte Rolle spielten dabei die Fahrräder, auf denen schließlich gut 96.000 Kilometer zurückgelegt wurden. 4.300 Kilometer ging es mit dem gut verstaubaren Faltkanadier über diverse Flüsse und entlang der ein oder anderen Küste, zwischendurch ging es auch nur mal zu Fuß weiter. Drei Jahre hatten der damalige Outdoor-Trainer und die Krankenschwester geplant, geworden sind es am Ende dann sieben.

Im Juni 2003 ging es in Limburg an der Lahn los, erst über Süddeutschland und ein kurzes Stück auf dem Wasser der Altmühl Richtung Donau, auf der man für vier Wochen über 1.163 Kilometer bei der TID (siehe Grund 48) mitfuhr. Schon da lernten die beiden Abenteurer die ungeheure Gastfreundschaft der Balkanvölker kennen und schätzen, die ihnen dann im weiteren Verlauf der Reise durch andere Einheimische auf anderen Kontinenten entgegengebracht wurde. Mit dem Fahrrad durch den Nahen Osten ging es dann weiter bis nach Indien. Rund 1000 Kilometer paddelnd teils unter extremsten Bedingungen legten Martin und Nadine auf dem Ganges zurück. Meist war Karten- oder Informationsmaterial über die Gewässer so gut wie nicht vorhanden, Stromschnellen, kanalisierte Stücke ohne Wissen, was sie am Ende erwartete, und viele andere Dinge prägten diese spannenden, aber auch anstrengenden Wochen auf dem Wasser.

Weitere Abschnitte auf dem Wasserweg wurden u.a. in Laos auf dem Mekong, in Neuseeland an der Küste und dem Wanganui River sowie nach dem Flug über den Pazifik in Chile und Bolivien zurückgelegt. Auch hier meist ohne Kartenmaterial, manchmal nur mit abfotografierten Touristeninformationen. Und immer waren es die Begegnungen mit den Menschen der Regionen, aber auch das Erleben von Natur, von frei lebenden Tieren, die vielen Erlebnisse und manchmal unverhofften Alltagssituationen, die den beiden Weltreisenden in Erinnerung geblieben sind.

Ende Mai 2010 kamen sie wieder zu Hause an, nach sieben Jahren ohne Zeitstress, ohne Verpflichtungen und ohne durchgetakteten Tagesablauf. Doch schon wenige Tage später standen sie wieder in ihrem alten Berufsleben, Martin Lunz inzwischen als Trainer für Führungskräfte und Teambildung. Ab und an kehren sie bei Einladungen zu Diavorträgen zu ihrer großen Weltreise zumindest in den Erinnerungen zurück. Ein weiteres »Lebensabenteuer« kam dann drei Jahre nach ihrer Reise hinzu, als der gemeinsame Sohn Oskar auf die Welt kam.

Es ging nur auf den kleineren Teilstücken mit dem Kanu voran. Aber obwohl Martin und vor allem Nadine nur wenig Paddelerfahrungen hatten – die Wasserwege spielten schon bei der Planung eine Rolle, und zum Befahren mit dem Faltkanadier gab es kaum eine Alternative. Vielleicht ist eine solche Tour nicht für jeden Kanuten etwas, aber man sollte eben nicht zu lange warten, bis man sich seinen wie auch immer gestalteten Lebenstraum erfüllt. Martin und Nadine haben es mit ihrer Weltreise getan.

102. GRUND

Weil man Tourenplanung unterstützen kann

Hilfsbereitschaft, Unterstützung, Kameradschaft – das sind alles Werte, die von den Kanuten untereinander besonders gepflegt werden. Einige Beispiele haben wir in diesem Buch schon beschrieben, und die beziehen sich nicht nur auf Notfälle, sondern werden von den meisten aktiven Paddlern auch im ganz normalen Kanualltag gelebt.

Ganz besonders gilt das für die Planung der Touren, denn die ist entscheidend für den Erfolg einer Fahrt und das gute Gefühl unterwegs, die richtige Strecke ausgesucht zu haben, sich nicht körperlich zu überfordern und auch mit den Situationen auf dem Gewässer zurechtzukommen. Basis für die Planung sind die Informationen, die man über das Gewässer und die Region erhält, entweder aus Büchern, Kartenmaterial oder elektronisch über die Webseiten u.a. des Deutschen Kanu-Verbandes. Gewässer ändern sich aber nun gerne mal, und das durchaus in kurzen Zeitabständen. Da entwickeln sich Sand- oder Kiesbänke, durch das Versenken von Gegenständen gibt es Hindernisse, ein Bauwerk wird durch die Behörden verändert, oder am Ufer gibt es Veränderungen, die auf den Wasserlauf Einfluss nehmen. Und natürlich sind auch die Tipps über Rastplätze und gastronomische Einrichtungen sowie die Möglichkeiten für Übernachtungen genauso wichtig. Hier mit altem Material zu arbeiten kann schnell zur falschen Planung führen. Aktuell sollten sie sein, die Infos über all das Wissenswerte rund um das vorgesehene Gewässer.

An der Aktualität dieser Informationen kann man sich als aktiver Paddler selbst beteiligen. Dazu hat die Kanu-GmbH des Deutschen Kanu-Verbandes eine eigene Webseite eingerichtet, in die man die Veränderungen oder Neuerungen, die man auf der eigenen Fahrt festgestellt hat und die von den Angaben in den Gewässerführern abweichen, eintragen kann. Diese Informationen werden in die elektronischen Toureninformationen auf den Webseiten des Verbandes eingepflegt und sind dort dann aktuell für andere Kanuten zu finden. Und auch bei der regelmäßigen Überarbeitung und Neuauflage der in Buchform herausgegebenen Gewässerführer werden diese Änderungen eingepflegt, soweit es sich nicht nur um temporäre Situationen vor Ort handelt. Bei einem Blick auf die Startseite www.kanu.de sind in der Rubrik »Freizeitsport« die Bereiche mit den Gewässerinformationen schnell zu finden.

Jeder Kanute kann diese Eintragungen in die Datenbank machen und so mithelfen, dass die gesamte Kanufamilie davon profitiert. So sind die Angaben meist ganz aktuell, und man kann bei seiner eigenen Tourenplanung prüfen, ob sich daraus vielleicht Änderungen für die anstehende Fahrt ergeben. Eine wichtige Hilfe also, die man als Paddler allen anderen zukommen lassen kann und von der man auch selbst profitiert. Kostenlos, in meist wenigen Minuten gemacht und mit großem Nutzen für alle ganz im Sinne der Kanufamilie, die sich hier aktiv unterstützt.

11. KAPITEL

UND SONST
NOCH SO ...?

Weil man vom Kanu aus angeln kann

Wer hier und da mal an einem Gewässer entlangspaziert, hat sie bestimmt schon einmal getroffen, die Petrijünger. Entlang des Ufers stehen sie meist mit jeweils ein paar Meter Abstand zueinander und halten ihre Angelruten ins Wasser, führen die Leine mit dem Köder am Haken hin und her oder warten einfach ganz geduldig und fast bewegungslos, bis dann ein Fisch anbeißt. Der wird dann meist begutachtet, mancher schuppige Geselle landet direkt wieder in seinem nassen Element, andere werden dann auch mal mit in die Küche der Angler genommen, um dann als Mittag- oder Abendessen verzehrt zu werden. So ist er nun mal, der Lauf der Dinge. Auf größeren Seen sieht man auch schon mal Angler mit einem entsprechenden Kahn hinausfahren, das Ergebnis ihres Tuns ist in etwa das gleiche.

Wie wäre es aber mal mit Angeln vom Kajak oder Kanu aus, mit allem, was dazugehört einschließlich der wackeligen Lage der Boote im Wasser, die beim Kampf mit dem Fisch dann doch eine Herausforderung darstellen kann. Es gibt einige unter den Kanuten, die sich genau diesem Hobby verschrieben haben. Das Kanufahren haben sie meist in jungen Jahren in seinen vielfältigen Formen mit viel Energie und Bewegung kennengelernt. Wer dann mit zunehmendem Alter eher die Entspannung sucht, dabei aber nicht auf die Ausfahrt mit dem eigenen gewohnten Boot verzichten möchte, packt dann irgendwann die Angel mit an Bord.

Voraussetzung ist allerdings der Besitz der nötigen Kenntnisse über den richtigen Umgang mit den Tieren, die genauso wie die Landgeschöpfe dem Tierschutz unterliegen. All dies lernt man bei der Ausbildung mit abschließender Prüfung zum Fischereischein. Hat man den, benötigt man auf den meisten Gewässern noch die Fischereierlaubnis, denn oft sind diese Gewässer von den Besitzern durch Fischereivereine oder Privatpersonen gepachtet, die dann wiederum den Anglern mit der ausgestellten Erlaubnis das Angeln in diesen Gewässern gewähren. Egal ob von Land oder vom Wasser aus, in jedem Fall sollten auch Kanu-Angler sich zunächst mit all diesen Vorschriften und Regelungen vertraut machen.

Ist alles geregelt, kann man mit dem eigenen Kanu aufs Wasser gehen und die mitgeführte Angel ins Wasser halten. Entweder sitzt man zu zweit im Boot, einer paddelt und man kommt so vorwärts, der andere hält die Angel mit dem Köder am Ende ins Wasser. Auf den werden dann die Fische aufmerksam, und durch die Bewegung durch das Wasser wird der Köder für Beute gehalten. Und schon schnappt der ein oder andere Fisch zu. Man kann auch allein im Boot sein, dann wird die Angel an einer speziellen Halterung im Kajak oder Kanu befestigt, und man kann völlig auf sich gestellt die Ruhe genießen. Jeder so, wie er es gerne mag.

Im Laufe der Zeit entwickelt so jeder Kanu-Angler seine eigenen Vorlieben, findet seine speziellen Plätze, kann mal ganz wie die Tourenfahrer mit dem Boot auf dem Autodach in andere Regionen fahren und sein Angelglück dort versuchen. Manche spezialisieren sich dann auf besondere Fischarten, wie etwa die Raubfische, die sich nach dem Anbeißen lange und mit viel Kraft gegen den Zug der Angeln wehren. Das erfordert dann nicht nur Kraft, sondern auch eine Menge Geschick, um nicht vom Fisch zum Kentern gebracht zu werden. Wer möchte das schon in seinem Kreis der Paddelfreunde dann erzählen?

Es ist eine kleine, aber feine Klientel, die diesem Hobby-Mix zwischen Angeln und dem Kanusport nachgeht. Die meditative Ruhe des Angelns verbunden mit der sportlichen Herausforderung im Boot, das ist es, was die Kanu-Petrijünger an ihrer Leidenschaft so lieben.

Weil das SUP-Board zur
Fitnessmatte werden kann

Im vorherigen Grund war von Entspannung, vom Abschalten des Alltagsstresses die Rede. Mancher benötigt dazu einfach einen Sessel, in den er sich mit geschlossenen Augen setzt und dabei in eine Meditation gleitet. Andere suchen die gleiche Wirkung in körperlicher Ertüchtigung und Bewegungsformen, die dem Berufsalltag so völlig entgegenstehen. Neben den üblichen Sportarten haben dabei die Bewegungsformen aus dem Yoga in den letzten Jahrzehnten immer mehr Freunde gefunden. Ein ganzer Berufszweig an Yoga-Lehrern hat sich daraus entwickelt, die erste Übungen für Anfänger bis hin zu komplizierten Formen für Fortgeschrittene vermitteln. Meist nutzt man dazu leichte Sportkleidung und eine dünne Matte auf dem Boden.

Seit ein paar Jahren nun tauschen einige Yoga-Anhänger diese Matte gegen das wackelige Brett aus dem Stand-Up-Paddling. Da geht man nicht mehr in einen Raum oder eine Halle, sondern ganz bewusst mit dem Brett aufs Wasser, um dann dort die Übungen gemäß den Yoga-Lehren zu vollziehen und so die gewünschte Entspannung zu finden. Klingt zunächst wie einfach nur ein neuer Trend unter so vielen, die sich im Sport im Laufe der letzten Jahre auf dem Markt der Freizeitgestaltungen tummeln. Doch auch gestandene Yoga-Lehrer haben inzwischen die Herausforderung und die Verstärkung der Wirkungen auf dem SUP-Brett erkannt und setzen sie gezielt in ihre Stunden mit ein. Durch das instabile Brett ist der Körper mit seiner Muskulatur ständig darum bemüht, die Balance zu halten. Auch die kleinste Kippbewegung wird durch Anspannen der Muskeln ausgeglichen. Meist geschieht das im Unterbewusstsein, was dann wieder neben der Konzentration auf das Gleichgewicht eine zusätzliche mentale Herausforderung ist. Weiter soll an dieser

Stelle nicht auf die Yoga-Philosophie eingegangen werden. Aber wer selbst schon damit Erfahrungen gesammelt hat, kann sich diese Weiterentwicklung auf einem wackeligen Brett mitten auf dem Wasser sicher gut vorstellen.

Wer es lieber etwas körperbetonter mag, widmet sich der SUP-Fitness. Die Grundlagen dazu sind wie beim SUP-Yoga. Auch bei der Fitness ersetzt das Brett die Matte. Aber statt Yoga-Formen ähneln die auf dem Brett ausgeführten Übungen dann mehr dem Pilates oder der gezielten Bauch-Beine-Po-Gymnastik. Dabei wird auch das Paddel mit eingesetzt, nur die Fantasie der Übungsleiter und Teilnehmer an den Stunden setzt die Grenze bei den denkbaren Bewegungsabläufen.

Mancher mag nun denken, dass diese SUP-Übungen wohl nur für den Sommer geeignet sind, denn wer will nun schon bei Minustemperaturen im Winter nach draußen gehen, um die vielleicht täglichen Fitnessübungen zu absolvieren. Doch auch da haben sich die Ideen schon fortgesetzt. Da geht das Brett mit in die Sporthalle oder den Vereinsraum, wo es auf eine weiche Sportmatte gelegt wird und damit dann auch eine gewisse Instabilität bietet. Und schon werden wieder Muskelgruppen angesprochen, von denen manch einer kaum weiß, dass sie in seinem Körper vorhanden sind.

Die vielen Formen und Facetten des Kanusports sind in diesem Buch ausführlich vorgestellt worden. Aber ich bin sicher, wenn man in ein paar Jahren mal vergleicht, ob sich da doch nicht noch Lücken ergeben, wird man manch neue finden, die sich durch neu erfundene Nutzung von Booten und Material vielleicht erst in Zukunft auftun werden.

Weil Drachenboote immer noch beliebt sind

Wer sich in den 80er- und 90er-Jahren die Veranstaltungskalender mancher Städte anschaute, fand nicht selten darin eine Drachenboot-Regatta. War ein Gewässer von mindestens 300 Metern vorhanden, gab es richtige Volksfeste darum herum, und eine Vielzahl an Teams aus Firmen, Familien, Interessensgruppen, öffentlichen Behörden und, und, und fand sich zusammen, um gegeneinander in den sportlichen Wettstreit zu treten.

Diese Welle ist inzwischen etwas abgeebbt, dennoch hat das Drachenbootfahren kaum etwas an Beliebtheit verloren. Noch immer treffen sich zahlreiche Mannschaften, um regelmäßig ins Boot zu steigen und den Teamgeist beim gemeinsamen Paddeln zu stärken. Und es gibt nach wie vor einige Event-Agenturen, die sich intensiv um den Drachenbootsport kümmern und die Regatten für Firmen, Institutionen und als Rahmenprogramm für Stadtfeste und andere Publikumsveranstaltungen organisieren. Ich selbst darf da auf Einladung von Wolfram Faust, einem mehrfachen Welt- und Europameister sowie Olympiateilnehmer im Kanusport, öfter die spannenden Rennen vom Ufer aus als Moderator begleiten. Wolfram gründete gemeinsam mit Olympiasieger Uli Eicke (siehe Grund 34) Anfang der 90er-Jahre eine der ersten Drachenbootabteilungen in einem Kanuclub in Wuppertal. Heute verfügt er über zahlreiche Boote in verschiedenen Größen, mit denen er dann samt dem nötigen Zubehör und seinem bis zu 50 Köpfe zählenden Team durch ganz Deutschland und zu europäischen Events reist, um dort die Regatten fachkundig auszurichten.

Da kommen dann zum Beispiel die Mitarbeiter der Finanzämter aus allen Teilen Deutschlands jährlich zusammen, um ihre Meister im Drachenbootsport zu ermitteln. Oder ähnlich wie bei den populären Firmen-Laufveranstaltungen finden sich auch für die Drachenboote zahlreiche Mannschaften zu einer Firmen-Regatta ein, um ein paar mal vorher zu trainieren und dann um Pokal und Medaillen zu kämpfen. Natürlich geht es nicht um die großen Titel, aber es ist schon eine gewisse Ernsthaftigkeit dabei. Da wird schon mal taktisch gefahren, werden rasante Endspurts hingelegt, um auf der Ziellinie doch noch den Drachenkopf den entscheidenden Zentimeter vorne zu haben. Über allem stehen aber der Spaß und das sportlich faire und gesellige Miteinander, das eben im Alltag in den Büros und an den Schreibtischen vielleicht nicht so aufkommt. Hat man aber einmal zusammen im Boot gesessen und um eine gute Platzierung mitgekämpft, schweißt das doch über den sportlichen Wettbewerb hinaus zusammen.

Dieser Effekt gilt auch für die Angebote, die es rund um den Drachenbootsport für Jugendgruppen, in der Sozialarbeit und für andere gesellschaftliche Gemeinschaften gibt. Hier spielen der Sport, das gemeinsame Erlebnis auf dem Wasser eine Rolle, um möglichen Problemen im Zusammenleben zu begegnen und die Integration in ein Team zu ermöglichen.

Nicht nur die Vereine und Verbände im Sport pflegen also den Drachenbootsport mit ihren Regatten und Meisterschaften, auch für Otto Normalsportler, der sich nicht fest an diese Organisationen binden und nur ab und an mal für den Spaß ins Boot steigen möchte, bietet der Drachenbootsport eine ganze Menge. Die Suche im Internet mit den Stichworten »Drachenboot, Regatta und Event« zeigt eine beträchtliche Anzahl von Treffern zu organisierenden Agenturen und Veranstaltungen an.

Weil beim Kanusport nicht immer
Wasser im Spiel sein muss

Andere Sportarten haben es vorgemacht, da verlassen die Aktiven mal gerne mit ihren Sportgeräten das sonst so gewohnte Element. Das gilt für Radfahrer oder auch Ruderer, die schon mal im Trockenen einer Halle oder im Trainingsraum ihres Vereins auf ein Ergometer steigen. Sei es, weil draußen die Witterung ein Freilufttraining nicht zulässt, oder auch nur, weil die Zeit knapp ist und für eine lange Trainingseinheit mit allem Drum und Dran nicht ausreicht. Auch die Ski- und Snowboardsportler brauchen nicht immer den Schnee, manchmal lockt der feine Sand in einer trockenen Wüstengegend, um auf den Brettern kunstvolle Schwünge hinzulegen. Kunstflugpiloten gehen nicht immer direkt in die Luft, sondern trainieren auch mal gerne im Flugsimulator. Nur ein paar Beispiele zum Thema »Sport mal anders«.

Der Kanusport steht da nicht hintan, denn man kann ihn auch ganz ohne Wasser ausüben. Die erste Form ist schon oben genannt, nämlich das Ergometer. Das gibt es für das Doppel- wie auch das Stechpaddel. Und gerade Letzteres wird dann gerne von den Drachenbootfahrern für Training oder Wettkämpfe genutzt, eine ganz normale Sporthalle reicht da völlig. Die Ergometer sind mit elektronischen Messgeräten ausgestattet, die messen die Schlaglänge und Durchzugskraft und errechnen daraus für den Wettkampf die jeweiligen Positionen eines Teilnehmerfeldes. Mit einer Grafik übertragen auf Monitore oder Leinwand kommt da richtig Regattastimmung auf. Wasser kommt nur aus den Poren der Aktiven beim Schwitzen oder der obligatorischen Trinkflasche.

Wasser ist zwar bei der nächsten Spielart mit im Spiel, aber nicht in flüssigem Aggregatzustand. Auf der rund 60 Meter langen Eisfläche eines Stadions funktionieren ebenfalls Drachenbootrennen.

Dazu wird unter den normalen 10er-Booten ein Gestell mit Kufen befestigt. Statt Paddel kommt ein über die Eisfläche gespanntes Seilsystem zum Einsatz. An dem ziehen sich die Teams im üblichen synchronen Paddelrhythmus über die Eisfläche. Hat man das gegenüber der Startlinie liegende Ziel erreicht, müssen sich die Paddler auf ihrem Sitz drehen und in der entgegengesetzten Richtung zurückpaddeln – äh, ziehen.

Was auf dem Eis funktioniert, passt auch auf die Straße. Nur sind dabei nicht Kufen unter dem Boot, sondern ein Gestell mit sechs Radachsen. Seil und Drehen im Boot bringen dann den nötigen Spaß und natürlich auch die sportliche Herausforderung.

Wasser ist dann bei der letzten Variante dabei, allerdings im begrenzenden Ausmaß eines Hallen- oder Freibades. Auch da kann man auf kurzen Distanzen Wettkämpfe in den verschiedenen Bootstypen des Kanusports abhalten oder einfach nur die richtige Paddeltechnik trainieren. Und für das Üben der Kenterrolle (siehe Grund 58) ist das Schwimmbad allemal die sicherste Umgebung, in der Paddelfreunde im Fall des Falles beim Aufrichten des Bootes helfen können.

Wenn im ersten Absatz dieses Grundes von Schnee und Sand für die Skiläufer die Rede war, sind das auch für die Kanusportler inzwischen geeignete Untergründe, um mit einem Boot einen Hang herunterzufahren. Sei es im Rafting-Schlauchboot oder mit dem Wildwasserkajak aus Kunststoff, immer wieder suchen die Protagonisten die besondere Form des Kanusports. Bei dem steht selten der Wettkampf im Fokus, sondern fast immer der Spaß und die Gaudi.

Es muss also nicht immer Wasser sein, es geht manchmal auch ganz ohne Boot. Der Spaß am Kanusport ist einfach der Antrieb für viele Varianten mit der klassischen Paddel-Bewegung.

Weil Deutschland eine gute Bühne
für internationale Meisterschaften bietet

Spaß und Vielseitigkeit stehen für die meisten Kanuten im Vordergrund. In der Öffentlichkeit definiert sich der Kanusport aber ansonsten meist über die großen Erfolge bei Olympia und internationalen Meisterschaften. Deshalb soll in diesem Grund noch mal der Hochleistungssport im Mittelpunkt stehen.

Olympische Spiele in Deutschland, das ist nach wie vor ein Traum einiger Sportfunktionäre und Stadtoberhäupter, der sich allerdings in den zurückliegenden knapp 50 Jahren nicht mehr hat realisieren lassen. Aber Schauplatz von hochkarätigen Kanu-Veranstaltungen sind die Regattastrecken in unserem Land dennoch regelmäßig. Fixpunkte im Kalender des Internationalen Kanu-Verbandes ICF sind u.a. Weltcup-Regatten im Kanu-Slalom auf dem Eiskanal in Augsburg sowie im Kanupark von Markkleeberg. Die Wedau-Regattabahn in Duisburg ist alljährlich Schauplatz einer Weltcup-Regatta im Sprint. Schauplatz vieler internationaler Meisterschaften ist auch der Beetzsee in Brandenburg an der Havel, der im Erscheinungsjahr dieses Buches 2019 sein 50. Jubiläum als Regattastrecke feiern konnte.

Weltmeisterschaften sind natürlich die Höhepunkte im Rennsport. Und da bewerben sich deutsche Ausrichter ebenfalls regelmäßig um die Austragung. Ohne Anspruch auf Vollständigkeit seien hier die Veranstaltungen für die nächsten Jahre genannt. 2020 tragen die Para-Kanuten ihre WM in Duisburg auf der Wedau aus. 2022 fahren die Slalom-Spezialisten in Augsburg um die WM-Medaillen in Gold, Silber und Bronze. Und ein Jahr später geht es erneut in Duisburg um Edelmetall auf den Sprintstrecken. Die Ruhr-Metropole genießt international als Austragungsort einen sehr guten Ruf, denn schon mehrfach war sie für die Weltmeisterschaften die gastgebende Stadt, zudem bietet sie mit dem direkt an der Regattabahn befindlichen Leistungszentrum des Deutschen Kanu-Verbandes gute Voraussetzungen für die Ansprüche der Sportler. Für 2021 hat der europäische Verband seine Titelkämpfe im Sprint nach Duisburg vergeben. Auch im Juniorenbereich wird um die Welttitel gefahren, 2020 ist der Beetzsee in Brandenburg an der Havel die Bühne dafür.

Das ist nur eine kleine Auswahl an Top-Regatten auf den Strecken in Deutschland. Weitere internationale Veranstaltungen findet man in den Kalendern der internationalen Kanu-Verbände. Eines ist aber in jedem Fall garantiert: EM und WM sind eine hervorragende Bühne, um Kanusport auf höchstem Niveau zu erleben. Wer sonst nur vom Fernsehsessel aus die Rennen verfolgt, kann beim Besuch einer Regatta ein faszinierendes Livegefühl erleben und mit den Aktiven am Ufer so richtig mitzittern. Gelegenheiten dazu gibt es in erreichbarer Distanz genügend. Und auch wenn der Buchtitel heißt »111 Gründe, paddeln zu gehen«, kann man diesen Grund auch anführen, um »ZUM Paddeln zu gehen«.

108. GRUND

Weil Paddel-Festivals für alle sind

An einem frühen Morgen auf seinem Lieblingsgewässer so ganz allein unterwegs, das kann schon ein großer Genuss sein. Ruhe, Entspannung, Bewegung – das alles nutzen viele Paddler gerne zum Aufladen der eigenen Batterien.

Doch der Kanusport versteht sich vor allem als Teamsport. Man sitzt zwar meist allein in seinem Boot. Dann mit einer Gruppe unterwegs sein, gemeinsam die Natur erleben oder neue Regionen vom Wasser aus kennenlernen, das ist für die meisten Paddler das Salz in der Suppe, das macht für sie ihre Sportart aus.

Wer in den Kanusport neu einsteigt und sich nicht an einen Verein binden möchte, muss sich halt bei anderen Gelegenheiten seine

Sportfreunde suchen. Eine gute Gelegenheit dazu bieten die zahlreichen Paddel-Festivals, die im Laufe eines Jahres stattfinden. Da kommen gerne mal mehr als 1000 Kanuenthusiasten an einem Ort zusammen, fahren gemeinsam eine Tourenstrecke, erkunden eine Region oder treffen sich in einem Kanu-Park oder einer Regatta-Anlage, um ein gemeinsames Wochenende zu verbringen und dabei die Herausforderungen auf dem Gewässer zu meistern. Hoch im Kurs steht dabei das Quatschen über die geliebte Sportart, sei es am Rand des Wassers oder am Abend auf dem Campingplatz oder der nahen Unterkunft. Da wird gefachsimpelt, neueste Trends im Kanusport bewertet, Erfahrungen über Material, Kleidung oder Paddelregionen ausgetauscht und natürlich auch die Geselligkeit mit Essen und Trinken gepflegt. Gerne geht es da rustikal zu, der Grill gehört dazu genauso wie das Campingbesteck. Da braucht es keinen stilvoll gedeckten Tisch oder das Ambiente eines Restaurants. Hauptsache, man hat es bequem und man ist unter gleichgesinnten Leuten.

Festivals dieser Art sind im Internet einige zu finden. Eines der größten findet jährlich im Kanu-Park in Markkleeberg vor den Toren Leipzigs statt. Und der hat viel zu bieten. Auf der künstlich angelegten Slalomstrecke mit ihrem Wildwasser kann man abfahren und sein Können in den Wellen und Walzen beim Überwinden der Hindernisse testen und ausbauen. Auch die Freestyler kommen auf ihre Kosten, meist tragen sie vor dem anwesenden großen Publikum einen Wettkampf aus. Auch im Boater-Cross wird um Sieg und Plätze gefahren und damit der Wildwasserkurs auf viele Arten genutzt. Wer es etwas ruhiger angehen möchte, kann in den Auslaufseen der Anlage auf das Stand-Up-Board steigen und darauf die ersten Erfahrungen machen. Direkt neben der Wildwasseranlage lädt der Markkleeberger See zu einer Rundtour ein. Die dort ansässige Kanuschule bietet am Festivalwochenende Kurse in verschiedenen Disziplinen an. So kann man z.B. die ersten Runden mit einem Seekajak fahren, was doch aufgrund seiner Länge für viele Wildwasserfahrer etwas ungewohnt ist. Und für die Tourenfahrer organisieren die heimischen Kanufreunde Touren durch die sächsische Metropole mit ihren zahlreichen Wasserflächen. Aus dem früheren Braunkohlefördergebiet ist im Laufe der Jahre eine attraktiv renaturierte Erholungslandschaft geworden.

Die Bootshersteller und -händler haben inzwischen die Festivals als gute Möglichkeit entdeckt, ihre Produkte einem breiten Publikum näherbringen zu können. Da kann man mit neuen Bootsformen oder Paddeln erste Fahrten machen, bevor man sich für einen Kauf entscheidet. Und gute Beratung gibt es ganz ohne den üblichen Messestress in der Naturumgebung. Kleidung, Schwimmwesten und andere Ausrüstungsgegenstände finden sich natürlich auch zum Ausprobieren.

Jubel und Trubel sind nicht immer jedermanns Sache. Wenn man aber Anschluss an die Kanuszene sucht, bieten die Paddel-Festivals dazu eine gute Plattform. Mehr Kanu an einem Ort und an einem Wochenende geht da kaum.

109. GRUND

Weil eine Mitgliedschaft im DKV Vorteile hat

In diesem Buch ist öfter vom Deutschen Kanu-Verband (DKV), seinen Landesorganisationen und den Vereinen die Rede. Der Sport in Deutschland wurzelt etwa seit dem 19. Jahrhundert im Vereinswesen und den daraus sich später gebildeten Verbänden. Auch wenn diese heutzutage immer mal wieder als antiquiert, verstaubt und konservativ langweilig angesehen werden, hat man als Mitglied einer solchen Organisation doch seine Vorteile. Möchte man im Kanusport regelmäßig an Wettkämpfen in einer der Disziplinen oder Bootsklassen teilnehmen, geht das kaum ohne einen Anschluss an eine der Kanu-Organisationen.

Wer einfach nur in seiner Freizeit paddeln möchte, dabei aber in Bezug auf einen Verein unabhängig bleiben und dennoch die Vorteile des Verbandes genießen möchte, für den hat der DKV einen guten Kompromiss im Angebot. Über einen der 18 Landesverbände kann man sogenanntes Einzelmitglied werden. Das ist verbunden mit einer jährlichen Gebühr je nach Verband zwischen 60 und 80 Euro (Stand 2019), dafür erhält man aber nicht nur eine Mitgliedskarte, sonders kann auch einige Leistungen in Anspruch nehmen. Auf Touren kann man in den meisten der rund 800 Vereinsbootshäuser als DKV-Mitglied kostengünstig übernachten. Das gilt auch für die etwa 280 Kanu-Stationen im Land. Einige Campingplätze entlang der Wasserwanderwege gewähren Nachlässe für die Ausweisinhaber. Für die Planung der Fahrten sind Beschreibungen, Gewässerführer und -karten eine Voraussetzung. Diese erhält man als DKV-Mitglied bei der Kanu-GmbH zu Vorzugspreisen. Im vorherigen Grund sind die Paddelfestivals beschrieben. Als Mitglied im Verband erhält man hier einen Nachlass auf die Teilnahmegebühr, was ebenfalls für etwa 1.500 weitere Veranstaltungen gilt, die jährlich in Deutschland rund um den Kanusport stattfinden.

Ganz wichtig ist eine Sportversicherung, in die man als Mitglied eines Landesverbands eintritt. Die ist im Jahresbeitrag enthalten, sichert im Falle eines Unfalls mit ihren Beiträgen die Deckung von Leistungen, die in einer normalen Kranken- oder Unfallversicherung nicht unbedingt enthalten sind. Und damit man immer auf dem neusten Stand der Informationen ist, sich über Paddelregionen für eine eigene Fahrt informieren oder Testberichte zu Booten und Material ganz individuell auswerten kann, gibt es monatlich die Zeitschrift *Kanu-Sport* des DKV frei Haus geliefert.

In jedem Bundesland sind die genauen Leistungen mit kleinen Unterschieden im Angebot. Es lohnt sich unter dem Strich aber sicher, als Einzelmitglied eines Landesverbandes den Kanusport zu betreiben. Wer öfter und intensiver auf vielen unterschiedlichen Gewässern unterwegs ist, hat den Jahresbeitrag schnell amortisiert.

Weil der Kanusport auch Kunst ist

Viel war in den bisherigen Gründen von Medaillen, Titeln und Meisterschaften die Rede. Der Freizeitsport, das individuelle Fahren auf Gewässern in aller Welt ist erwähnt, und auch das Gesellige und Kameradschaftliche im Kanusport fand seinen Niederschlag. In diesem vorletzten Grund kommt nun noch die Hochkultur als Abrundung dazu.

Im Grund 91 ist das Thema Kunst im Kanusport schon etwa angeklungen. Hier wird gesammelter Müll in Fotokunst umgesetzt. Doch nicht nur die Künstler unserer Zeit verbinden ihr Schaffen mit dem Boot, auch namhafte Maler der Kunsthistorie haben Kanuten und ihr Treiben auf dem Wasser als Motive gewählt. Einer der bekanntesten und hier als Beispiel genannt sei Pierre Auguste Renoir (1841–1919). Der Impressionist hat sich in den Jahren zwischen 1880 und 1885 mehrfach dem Wassersport gewidmet, sein bekanntestes Werk ist wohl »Das Frühstück der Ruderer«. Zwei Kanuten hat Renoir beim Mittagessen gemalt, dazwischen eine Dame, die dem Betrachter aber den Rücken zuwendet. Inspiriert zu diesen Werken haben ihn wohl seine damaligen Freunde und Bekannten, von denen einige dem Wassersport sehr zugetan waren und die Renoir immer wieder neue Motive und Inspirationen vermittelten. Als Dank hat er einige dieser Freunde in den Bildern verewigt.

Stöbert man im Internet, findet man unter den Suchbegriffen »Kanu Kunst« eine Vielzahl von Einträgen. Betrachtet man die Einzelseiten, geht eine breite Palette von künstlerischen Stilrichtungen auf, von der einfachen Skizze über klassische Ölgemälde bis hin zu Skulpturen. Und das alles in fast jeder Preislage. Das Angebot reicht da von Originalen aktueller Künstler in Auftragsarbeit über zeitgenössische Karikaturen bis hin zu hochwertigen Kopien oder Kunstdrucken von älteren Werken. Und wer etwas für den Schreibtisch sucht, um sein sportliches Hobby jederzeit präsent zu machen, findet dafür kleine Bootsmodelle oder Paddlerfiguren. Auch die beliebten »Schraubenmännchen«, die man vielleicht im weitesten Sinne noch als Kunst bezeichnen kann, bereichern das Angebot, um z.B. als Geschenk für den ambitionierten Paddler genutzt zu werden.

Wer einmal in den Kanusport einsteigt, wird von da an so schnell nicht mehr von ihm loskommen. Und je mehr man Erfahrungen sammelt, je größer der Freundeskreis in diesem Sport wird und je intensiver der Kanusport seinen Platz im Lebensalltag einnimmt, umso mehr findet man Bilder, Formen, Bücher und vieles mehr, in dem der Kanusport seinen Niederschlag hat und damit immer wieder daran gemessen werden kann, wie vielschichtig, abwechslungs- und erlebnisreich diese Sportart sein kann.

111. GRUND

Weil in diesem Buch 111 Gründe, aber noch längst nicht alle genannt sind

Wir sind beim letzten Grund in diesem Buch angekommen. Und wenn ich jetzt so auf die vielen genannten Argumente blicke, die für den Kanusport stehen, muss ich schon jetzt feststellen, dass wohl längst noch nicht alle aufgeführt wurden. Das liegt natürlich an der Sportart selbst, die sowohl mit ihren leistungssportlichen Aspekten wie auch den Aktivitäten im Freizeit- und Hobbybereich für alle Aktiven bei jeder Ausfahrt und damit – wenn man so will – quasi täglich neue Erlebnisse und Eindrücke vermittelt. Ich höre schon jetzt viele Kanufreunde sagen: »Na das hätte er aber auch noch erwähnen können. – Da hat er aber eine Menge nicht berücksichtigt. – Da hätten wir noch viele ganz andere Erlebnisse und Fakten beitragen können, die gar nicht auf den zurückliegenden Seiten vorgekommen sind.« Dieser »Kritik« kann ich mich aber problemlos stellen, denn mit der Mischung zwischen Historie, Ergebnissen, Großereignissen, Persönlichkeiten und der Betrachtung von breitensportlichen Aktivitäten und noch einigen anderen Gründen mehr, die für das Paddeln stehen, soll natürlich ein Interesse bei jenen Leserinnen und Lesern geweckt werden, die bisher nicht so viel mit dieser Sportart anzufangen wussten. Vielleicht sind diese 111 Gründe aber schon ausreichend, um sich dem Kanusport zu widmen und mit ihm anzufangen. Dann hätte sich die Zusammenstellung dieser Gründe schon gelohnt. Für eine tiefer gehende Befassung mit einzelnen Facetten, die vielleicht auch dann den Experten genügen würde und in der alle Protagonisten dieser Sportart sich wiederfinden, reicht der Platz in dieser Buchreihe nicht aus. Aber wer weiß, vielleicht bieten sich ja noch kleine Fortsetzungen in weiteren Auflagen.

QUELLEN

Die historischen Daten und Fakten zu den im Buch genannten Personen und Ereignissen sind überwiegend den deutschen Wikipedia-Seiten im Internet entnommen.

Eine wertvolle Quelle für die Informationen, Veranstaltungen und Angebote des Deutschen Kanu-Verbandes war dessen Internet-Auftritt unter www.kanu.de. Das im Buch beschriebene Angebot der DKV Wirtschafts- und Verlags GmbH ist deren Web-Auftritt unter www.kanu-verlag.de entnommen.

Die historischen Daten des DKV und seiner Athletinnen und Athleten sind der Festschrift *100 Jahre für den Kanusport – Deutscher Kanu-Verband 1914–2014* entnommen.

Die Basis für die Beschreibungen von Booten, Ausrüstungsgegenständen und nicht zuletzt der Touren waren Veröffentlichungen in der DKV-Verbandszeitschrift *Kanu-Sport* in den Jahrgängen 2017–2019. Darin enthalten waren zudem die Beiträge über Günter Wallraff (Grund 88) sowie zur Weltreise von Martin Lunz und Nadine Paschuschka (Grund 101). Beschrieben wurde hier auch der Bootsbau von Joachim Dübner (Grund 67).

Die Informationen zum Grund 89, der Umrundung von Kap Hoorn durch Arved Fuchs, stammen aus dessen Buch *Im Faltboot um Kap Hoorn*, erschienen 2001 im Verlag Delius Klasing.

Bildnachweis

Bildteil 1: Seite 1: © Stefan Bühler, Seite 2: © Stefan Bühler, Seite 3: © Gabriele Koch, Seite 4: © Falk Bruder, Seite 5: © Uschi Zimmermann / Gabriele Koch / Falk Bruder, Seite 6: © Dietl Pöhls / Elke Roder, Seite 7: © Gabriele Koch, Seite 8: © Falk Bruder, Seite 9: © Drachenboot-Events.com / Wolfram Faust, Seite 10: © Robert Müller, Seite 11: © Robert Müller, Seite 12: © Falk Bruder, Seite 13: Falk Bruder, Seite 14–15: © Uschi Zimmermann, Seite 16: © Falk Bruder.

Bildteil 2: Seite 1–7: © Uschi Zimmermann, Seite 8: © Jens Klatt, Seite 9: © Jens Klatt / Erik Boomer, Seite 10: © Holger Lenz, Seite 11: © Holger Lenz, Seite 12: © Uschi Zimmermann, Seite 13: © Hans-Peter Wagner / Eva Rahn-Eicke, Seite 14: © Christel Schlisio, Seite 15: © Uschi Zimmermann, Seite 16: F© alk Bruder

111 GRÜNDE, DAS RUDERN ZU LIEBEN

RÜCKWÄRTS VORAUS – VON OLYMPIAMEDAILLEN UND FREIZEITSPASS
EINE LIEBESERKLÄRUNG AN DIE GROSSARTIGSTE SPORTART DER WELT

111 GRÜNDE, DAS RUDERN ZU LIEBEN
RÜCKWÄRTS VORAUS – VON OLYMPIAMEDAILLEN UND FREIZEITSPASS
EINE LIEBESERKLÄRUNG AN DIE GROSSARTIGSTE SPORTART DER WELT
Von Arno Boes
288 Seiten, Taschenbuch
ISBN 978-3-942665-58-2 | Preis 9,99 €

Rot ist Grün und Backbord ist Steuerbord! Spätestens nach dem Lesen dieses Buches verwechseln Sie das nicht mehr und wollen gleich ins Boot steigen! Was ist ein Riemen, was ein Skull? Warum heißt der Deutschland-Achter so? Was hatte die monegassische Fürstin Gracia Patricia mit Rudern zu tun? Und warum sitzen die Ruderer eigentlich mit dem Rücken in Fahrtrichtung? – All diese Fragen beantwortet Arno Boes in diesem Buch. Rudern hat eine lange und traditionsreiche Geschichte: Von der simplen Fortbewegungsart auf dem Wasser wurde es zu einer weltweit betriebenen Sportart.

Und dabei bietet Rudern nicht nur was für ambitionierte Leistungssportler, sondern eignet sich ganz besonders für die Freizeit- und Fitnessjünger, die bis ins hohe Alter Sport treiben möchten. Also: Fertigmachen zum Einsteigen, alles vorwärts – los!

WWW.SCHWARZKOPF-SCHWARZKOPF.DE

111 GRÜNDE, SEGELN ZU GEHEN

EINE LIEBESERKLÄRUNG AN WIND UND WELLEN –
ERWEITERTE NEUAUSGABE MIT BONUSGRÜNDEN

111 GRÜNDE, SEGELN ZU GEHEN
EINE LIEBESERKLÄRUNG AN WIND UND WELLEN
ERWEITERTE NEUAUSGABE MIT BONUSGRÜNDEN
Von Klaus Freund
320 Seiten | Premium-Paperback
mit zwei farbigen Bildteilen
ISBN 978-3-942665-69-8 | Preis 14,99 €

Was ist es, was die Menschen immer wieder hinaus auf das Meer treibt? In ein kleines Boot, das nur vom Wind angetrieben wird, das schaukelt und unbequem scheint? Was ist es, was sie Seekrankheit und Sturm trotzen lässt? In 111 GRÜNDE, DAS SEGELN ZU LIEBEN nimmt Klaus Freund den Leser mit an Bord und erzählt von der Faszination des Segelns. 111 kleine Geschichten: voller Tipps und Wissenswertem. Humorvoll, tiefgründig

und spannend. Während der Lektüre wächst die Lust, selbst einmal alle Leinen zu lösen und dem Horizont entgegenzusegeln.

Segeln ist Stille. Auf dem Wasser können wir in uns gehen und erkennen, wer wir wirklich sind! Wir fühlen uns eins mit allem, im Einklang mit Wind und Meer. Lernen Wolken zu lesen und Wellenbilder. Für alle, die auf den Planken ihr Glück suchen oder gefunden haben!

WWW.SCHWARZKOPF-SCHWARZKOPF.DE

ARNO BOES, geboren 1956, war schon als Kind oftmals an Nord- und Ostsee im Urlaub. Daraus wurde eine Liebe zum Wassersport, die ihn später ins Kanu, Kajak, Ruderboot und auf Segeljachten führte. Noch als Jugendlicher begann er, Sportartikel für die Lokalpresse zu schreiben. Heute ist er als freier Journalist und Moderator tätig und hat neben ehrenamtlichen Tätigkeiten für den Deutschen Kanusport u. a. sieben Olympische Spiele und viele Weltmeisterschaften in den Wassersportarten vor Ort erlebt.

Arno Boes
111 GRÜNDE, PADDELN ZU GEHEN
Entspannung, Abenteuer, Freizeit und Leistung –
mit dem Kanu unterwegs

ISBN 978-3-86265-758-2
© Schwarzkopf & Schwarzkopf Verlag GmbH, Berlin 2019
Vermittelt durch die Literaturagentur Brinkmann, München | Alle Rechte vorbehalten. Dieses Werk ist urheberrechtlich geschützt. Jede Verwendung, die über den Rahmen des Zitatrechtes bei korrekter und vollständiger Quellenangabe hinausgeht, ist honorarpflichtig und bedarf der schriftlichen Genehmigung des Verlages.

BILDNACHWEIS
Coverfoto: © Valentyn Volkov/depositphotos.com

VERLAG
Schwarzkopf & Schwarzkopf Verlag GmbH
Kastanienallee 32, 10435 Berlin
Telefon: 030 – 44 33 63 00
Fax: 030 – 44 33 63 044

INTERNET | E-MAIL
www.schwarzkopf-schwarzkopf.de
www.facebook.com/schwarzkopfverlag
info@schwarzkopf-schwarzkopf.de